浅野長晟画像　1586～1632
(『浅野長晟公略伝』広島市立中央図書館提供)

幕末の広島城眺望絵図 (『広島市史』第1巻)

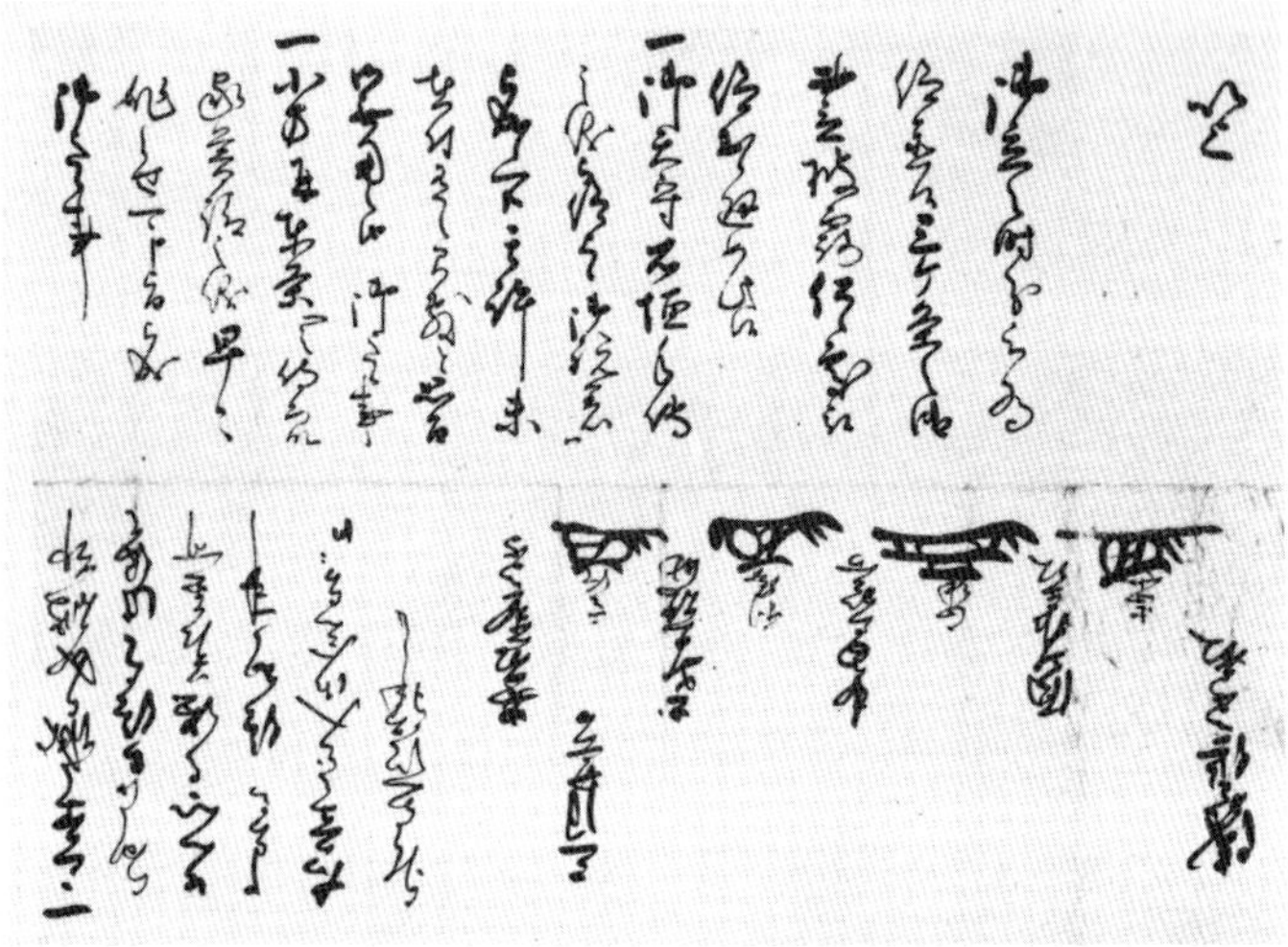

元和６年幕府老中申渡書（浅野長孝氏蔵，『広島県史』近世１より）

第二次長州戦争開戦時の長・幕軍対陣図（藤沢ヒナ氏蔵）

日本歴史叢書 新装版

広島藩

土井作治［著］

日本歴史学会編集
吉川弘文館

はしがき

広島藩の概況と時期区分　広島藩は、安芸《あき》・備後《びんご》両国一円（広島県）を領した福島氏（一六〇〇—一九）と、安芸国一円・備後国八郡を領知した浅野氏（一六一九—一八七一）とが、広島（広島市）を主城の地とした外様の大藩である。

その領知高の変遷は、慶長五年（一六〇〇）入封の福島正則が、二代将軍秀忠の代の元和三年（一六一七）領知判物によれば、安芸国二五万九三八五石、備後国二三万八八三八石、都合四九万八二二三石の知行地を宛行《あてが》われており、元和五年入封の浅野長晟《ながあきら》も初知判物で四二万六五六三石余（安芸国二六万六八六三石余、備後国一五万七三八二石余、判物高より二三一八石余の不足）の知行地を宛行われた国持大名（国主）であった。その後の寛永九年（一六三二）浅野光晟《みつあきら》の藩主襲封にともない、庶兄長治《ながはる》に五万石を分知して三次《みよし》藩（分家大名）を新しく立てた。寛永十一年（一六三四）三代将軍家光の領知判物によると、広島藩（本藩）は安芸国八郡二六万六六〇〇石余、備後国六郡一〇万九九〇〇石余、都合三七万六五〇〇石余とあり、三次藩（支藩）は備後国三次・恵蘇《えそ》両郡、御調《みつぎ》・世羅《せら》二郡の内四万七一五〇石余、安芸国佐《さ》西《さい》・豊田・高田三郡の内二八四〇石余、都合五万石を宛行うとあった。こうして三次藩は独立した城地と家臣団をもって存立することになったが、享保五年（一七二〇）に四代をもって継嗣《けいし》断絶し、遺領は本藩に還付された。

また、広島藩祖浅野長晟の弟長重《ながしげ》は、徳川秀忠に仕えて二万石を領していたが、慶長十六年（一六一一）父長政《ながまさ》の死により、その遺領常陸《ひたち》国真《ま》壁《かべ》郡（現茨城県桜川《さくらがわ》市）のうち五万石に転じ、同国笠間《かさま》城（現同県笠間市）を改築して五万三〇〇〇石に加封された。寛永九年（一六三二）長重の死後長直《ながなお》が襲封したが、正保二年（一六四五）に播磨《はりま》国赤穂《あこう》（現兵庫県赤穂市）へ転封し、赤穂藩五万三五三五石を領知した。赤穂藩は、山鹿《やまが》素行《そこう》の縄張りによる赤穂城の改築や、塩田二〇〇町歩（塩六〇万俵）経営、藩札発行をおこなったが、藩主長矩《ながのり》の時、元禄十四年（一七〇一）十二月、江戸城中で長矩は吉良《きら》上野介義央《よしなか》を傷つけ、切腹、赤穂藩は断絶となった。

これより先、支藩分知の六年後の寛永十五年（一六三八）、本藩は地《じ》詰《づめ》（内検地）をおこなって五万石を打出して四二万石格を確保しており、支藩包括後の天保五年（一八三四）幕命により作成された、「安芸・備後国郷帳」で、広島藩は、安芸国三一万〇六四八石余、備後八郡一七万二六二二石余、都合四八万三二七〇石余となり、このまま明治維新まで変わらなかった。

なお、広島藩は、幕府の許可を得て享保十五年（一七三〇）より稟米《りんまい》三万石を与えて青山内証分家を成立させ、文久三年（一八六三）高田郡吉田（現安芸高田市）に移住し、幕末動乱に備えた。

広島藩の歴史は、政治社会史上、目につく変化で区切れば、およそ五期になる。ただ、すでに一九

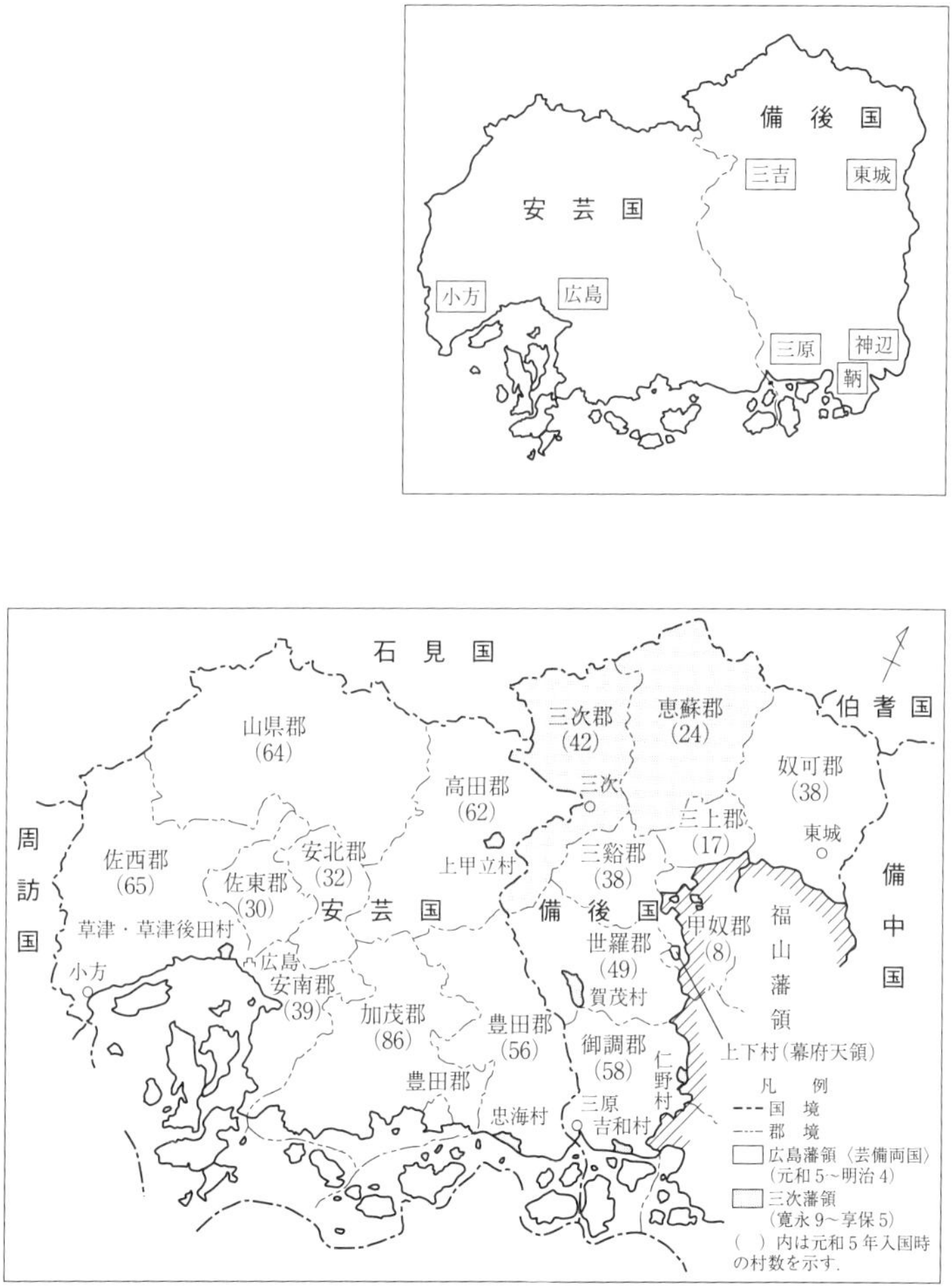

図1　広島藩領域図
上：福島正則領と支城配置
下：浅野領と三次支藩領

五〇年代の『新修広島市史』では、近世社会の成立を豊臣政権下の有力大名毛利氏および関ヶ原の役後に入国した福島正則の改易までとし、その後浅野氏の入国から元禄期までのほぼ一世紀を藩政の確立、さらに藩政の改革と弛緩、幕末の動乱と三つにわけ、合わせて四区分している。

ここでは藩社会の成立とその後の推移を明らかにする視点から、九ヵ国を支配した毛利氏時代は、戦国から近世への移行期と把握し、第一期は慶長五年（一六〇〇）、福島正則が芸備両国を藩領としてから元和五年（一六一九）に改易されるまでの一九年間とする。両国支配の体制をかためるとともに、検地と石高制村落の形成、貢租体系の創出、町在分離・交通政策などを推進して藩体制の創出を演出しており、藩社会の成立期にあたる。

第二期は浅野長晟の芸備入国から貞享・元禄期までの八〇年間ほどである。新領国における藩主権力の確立とともに三次藩の分知、地詰（内検地）と近世村落の形成、土免《どめん》制の年貢収奪体系と小農自立策、城下町・在町・港町と交通・流通網などの多岐にわたる仕組が整備され、藩社会の確立期にあたる。

第三期は五代藩主吉長《よしなが》の治世を中心にしたほぼ五〇年間である。制度の硬直化や藩財政の悪化を解消するためにおこなわれた藩政改革と、それに対抗する民衆の一揆行動が展開する。国産開発と専売統制、上米《あげまい》の制、職制改革、地方《じかた》支配を軸にした正徳新格と惣百姓一揆、享保の大凶作、吉長の好学にもとづく宗教・文教政策も推進され、藩政の改編・展開期にあたる。

第四期は六代藩主宗恒《むねつね》の代から天保の大凶作後にいたるまでの八〇年間ほどである。藩政の危機を克服するために実施された宝暦改革の基調が継承され、選別された経済・文教・社会政策を徹底させた。とくに節倹を徹底させた緊縮財政、中間層を軸にした国益政策、社倉法の実施、藩学の天明異学の禁、安芸門徒の組織化などがすすめられ、国産自給を主軸にした国益論を踏えて近代への新たな胎動がはじまる。

つぎの第五期は、天保の大凶作後から明治四年（一八七一）廃藩置県までの三〇年ほどである。ペリーの来航にともなう開港をはじめ、幕府・諸藩の動揺・解体過程のなかで起こった藩主の跡目相続をめぐる権力闘争や政治改革、長州戦争への出兵・王政復古・戊辰戦争など政情が激動するなかで、公武合体派と武力討幕派がしのぎを削ったが、広島藩は両派にくみする動きを示して態度を明確にせず、雄藩などから「日和見《ひよりみ》藩」と非難の対象にもなった。その不信が回復されないまま藩の終焉を迎えた。

藩の社会構成と認識　本書は広島藩の通史的な叙述ではあるが、広島藩という「藩社会」をどのように認識し、そのなかで政治・経済・文化がどのように醸成されたかを問うことによって、その特徴を明らかにしていく。

広島藩は、安芸・備後両国を領域とする。そこには、治者（支配者）としての藩主とその家臣団からなる武士社会と、その支配をうける被治者の民衆社会が存在していた。武士社会は、広島城と侍町、三原城と侍町および寛永九年（一六三二）分家した三次館町の三ヵ地に集結されたほか、家老知行所（東城・小方）、宮島・尾道や諸郡元の役所詰にも派遣役人の集団生活があった。いっぽう被治者の社会は、町方（都市）・村方・浦方・山方など、さまざまな生産業・流通に携わる身分・階層集団が形成されている。町方（都市）には上中下の町人（商人・手工業の各種職人）や、店借《たながり》・日雇（借家）などの階層集団が活動し、村方（農村）では上中下の百姓のほか村役人・小家《こや》（わき百姓）・浮過《うきすぎ》（無高浮かせぎ層）集団の営みがあった。また、浦方では百姓のほか漁師や船頭・加子《かこ》（水主）・中背《なかせ》（仲仕）の集団がつくられ、山方でも百姓・杣《そま》・木地師《きじし》のほか、鉄山（たたら）地帯にたたら（鑪）・大鍛冶の山内《さんない》や鉄穴《かんな》流しの職人集団が形成されている。こうしておのおのの集団がたがいにしのぎを削り、多様な関係をかたちづくって藩社会の営みを生みだしたのである。

このほか、藩社会を構成するものに、江戸の藩邸をはじめとして大坂・伏見などの藩蔵屋敷とそこの駐在者、その活動や出入りの諸業者なども視野に含まれる。それらは藩機構が外部へ接続するための端子《たんし》の役割をはたしており、それを起点に、幕府（公儀）や朝廷・寺社・他藩などにつながり、広島・江戸間を参勤交代で日数をかけて往復したり、江戸城普請や大坂城修理、島原の乱加勢（船派遣）などの公役普請手伝いが、藩社会における活動圏の広がりとして認められる。このように領域外への出張・事件・運動などにも及んでおり、日常的に構造化されていたのである。

さて藩社会の推移につれて、治者・被治者の身分的階層集団の複雑な交錯のなかにも、いくつかの歴史的な筋道があった。それは治者・被治者に両属しながら中間層的な社会的身分を形成するものや、そこから離脱した社会集団となって一定の役割をはたしていくものなどであった。

まず、学問・医術・芸術などを修行した学者（儒者）・医者・画家・芸能者らのなかから治者に登用されたのち、治者・被治者間の橋渡しの役割をはたすものが出てきた。また、寺社など宗教関係やぼう大な武家奉公人も、治者・被治者の両社会に分属して集団を形成するようになった。さらに、近世初頭に毛利氏の移封や福島氏の改易・兵農分離などにより、在郷の下級武士が帰農して百姓身分になったが、元和五年（一六一九）、浅野時代になると、藩は郡内有力者を大庄屋に、その子弟も扶持人に取り立てる策を立てたが、寛永末年に取りやめている。その後、正徳二年（一七一二）の郡制改革においても、郡中有力者から所務役人四〇人、頭庄屋八一人、合せて一二一人をとり立てて、いわゆる郷代官制を実現させたが、享保三年（一七一八）の総百姓一揆の目標とされ、この制の撤回を余儀なくされる。このように広島藩は、在郷下士制（郷士制）を設けて地方支配を徹底しようとはかったが、民衆は結束してこれを許さなかった。しかし、彼らは割庄屋・庄屋など郡村役人（中間層）として、多くは土地を集積し諸産業を起こして、それぞれ豪農地主化してゆき、藩の国益政策などにも関与して有力な地域勢力に成長していった。

治者・被治者の身分制の埒外にあった諸職能・雑芸を生業とする遊民層も、寛文・延宝期には賤民制（かわた・非人制）として整序された。そして革田《かわた》役として盗賊制止・治安維持・斃《たおれ》牛馬処理など役目遂行の必要から広島城下東西のほか、御調・豊田・三次・奴可《ぬか》郡など各郡の拠点から、村々へ派遣・移住を強制されて四五〇ヵ村（藩全村の五四％）におよぶ集団配置がおこなわれた。そして、一九世紀になるとかれら集団のもとで専業化されていた皮革加工・流通業が、殖産興業の一環として藩専売制に組み込まれたり、村々治安の役目を活かす探索術や武術の修行が農兵養成に役立てられるなど、幕末・維新期には一定の役割をはたしている。

藩政の特徴と歴史認識　広島藩政の特徴として第一にあげられるのは、その経済構造が領域だけにとどまるのではなく、中央市場大坂の商業・金融資本と結びつくことによって成り立っていたことである。それは、広島藩が成立してほぼ半世紀をへて寛文・延宝期になり、併存していた大名財政と家中財政が統一され、総体としての藩財政が構築されてからである。藩財政が領国の封建貢租を取り立てて年収を確保したものの、支出が過大になって引き合わず、節倹や藩政改革だけでは限界となり、年貢米の大坂販売、さらには領域再生産を担保に、大名貸をはじめ大坂融通銀の融資をうけて、藩経済の運営を恒常化させるというものであった。具体的には、領国から封建貢租二四〜二五万石を収納し、家臣給与九〜一〇万石、のこる一四〜一五万石をもって藩財政を構成する。そのうち七〜八万石を大坂登せ米にあて、その販売代銀をもって江戸・京大坂・国元などの総払いにあてることになるが、支払いのつど前借りをしておき、年末に精算して不足分がでると、翌年の藩債に繰越し処理された。大坂では蔵元・掛屋を兼ねた鴻池善右衛門《こうのいけぜんえもん》が藩の財政運営のすべてに関与したが、借銀調達には鴻池のほか、館入《たていり》・口入《くにゅう》が加わって、化政期までは一〇〜一四人、天保期以降は二〇人以上に増加している。とくに天保期の鴻池を中心にした上四軒組合、さらに慶応期には新たに下四軒組合が組織されて、藩の借金調達に対応している。

第二は、封建貢租体系に組み込まれなかった干拓新開地の多くが中間層に占有され、藩政に吸収・制御できない新しいエネルギーを形成することになった。文政八年（一八二五）の「芸藩通志」によると、藩の総石高四八万一三一〇石、その面積五万六八七四町歩とある。この石高は、浅野氏入封時の四二万六五〇〇石が寛永・正保の地詰によって、打出《うちだし》高三万四三〇八石および新開高一万七二八九石と、その後正徳年間（一七一一―一五）までの打出・新開高三〇七一石などを加えて四八万一三一〇石に到達したものの（「広島藩御覚書帳」）、それ以降は「村高不易」と称し、村高内部を是正する地概《じならし》・地こぶりを実施したのみで、村高の増加はほとんどおこなわれなかった。そのため、物成《ものなり》収納が元和九年（一六二三）に二四万八一九二石（免五ツ一八一九）、寛文頃から土免制の固定化がはじまり収納高二五万石余、享保三年（一七一八）の定免《じょうめん》制撤回後も土免の固定化は変わらず、文政八年（一八二五）も物成二四万八四一〇石余、明治三年（一八七〇）には二五万五三三八石と、近世を通じて収納高が二四〜二五万石を維持している。ところが、石高に対応する耕地面積は、文政八年の五万六八七四町歩に対して明治九年（一八七六）の地租改正時に九万六一四〇町歩と一・八五倍に増加している。しかも、瀬戸内沿岸部七郡は二・一倍、内陸部八郡でも一・五六倍という耕地の拡張に加えて、土地生産力の上昇も見込んでいる。このように約四万町歩の干拓新開地が高付けされず、中間層の中心となる寄生地主化した豪農商層の所有に帰したといわなければならない。

第三に一八世紀から一九世紀初頭にかけて藩の歴史的認識がいちだんと昂揚していくことがあげられる。とりわけ、藩主浅野吉長は、学問と政治との一致をめざした数少ない大名の一人といわれ、家禄や領国を継承しそれを子孫に伝えるには、国・姓名の根元や祖先の功業徳行を知る必要があると、事蹟や古文書・古記録の調査収集に努めた。戦国期から大坂の役まで諸将の判物や書状を集めて編集した「古文聞書《こぶんききがき》」(四巻二冊)や、「浅野家譜」(享保元年)を著し、儒者寺田臨川に命じて「諸士系譜」(享保八年)や「芸備古城志」を撰述させている。また藩勢大観に役立つ「御覚書帖」(享保二年・七巻)や、地方支配の理念を示した「芸州政基」(享保十八年)、などをまとめさせて、それらを領国統治に役立てるとともに、領民の歴史意識を啓発し、歴史的環境を醸成させる役割をはたしたようである。

寛政年代になると、藩伝来の文書・記録類が多量になって、その整理と検索を容易にするため、編年月日・典拠・事項を摘記した「事蹟緒鑑」(国元一八二冊・江戸一〇五冊)を作ったが、そのため藩政沿革を調べるにすこぶる便利になった。寛政十二年(一八〇〇)城中御用達所に「御旧記調席」を開設して「旧臣録」や「諸士略伝」をまとめた後、歴代藩主の伝記編さんに着手し、文政三年(一八二〇)には初代長政より宗恒まで八代の世紀を編集して「済美録《せいびろく》」となづけた。なお、重晟《しげあきら》以後の世紀編集は明治になって泉邸《せんてい》に設けられた浅野家史編集所において継承され、明治末年最後の藩主長勲《ながこと》までの歴代「済美録」が完成した。ほかに「三次分家済美録」や、広島藩が幕末・維新期、国事に奔走した記録

「芸藩志」（一五一巻）・「芸藩志拾遺」（二四巻）も編集している。

また儒官に命じて藩内の孝子・義人・奇特者三九〇人の伝記を収めた『芸備孝義伝』を民衆教化策の一環として出版した。続いて「芸備国郡志」（黒川道祐・寛文三年）の改修事業がはじまり、全郡村から「下調帳」を提出させて文政八年（一八二五）に「芸藩通志」（一五九巻）を完成させた。これは藩内各地域の沿革を重視して、安芸・備後両国および広島・三原・厳島・尾道をそれぞれ一志とし、さらに郡村志をまとめたものである。

こうした藩による藩政文書・記録類の検索・整理は、地域を単位とする史伝・地誌や地方書・年代記（旧記）・景勝案内記などとなってあらわれた。主な地誌には「知新集」（広島）・「三原志稿」・「尾道志稿」・「竹原志料」など、景勝誌に「都志見住来日記・同諸勝図」（岡岷山著）があり、地方書でも「温故郡務録」・「吹寄青枯集《ふきよせあおがれしゅう》」・「芸備郡要集」など、年代記（旧記類）も各地で記録され、ほぼ一八世紀半ばから村社会が必要とする各種情報を丹念に書きとめ、村落・各家の沿革を示す古記録・伝承を豊富に収録することに役立った。

このような一連の動向は、一八世紀から一九世紀前半の社会的変動に対応するもので、現実を直視する歴史認識の視座を提供するものと理解されよう。

藩史の視角と史料保存　本書は三〇年前の『広島県史』近世編（通史上・下巻、資料編一〜六）の編さん過程で解明された成果をもとに体系化した拙著『幕藩制国家の展開―広島藩・福山藩を中心として

―』を素材になり立っている。当時は幕藩制国家論が幕藩制研究の到達点として論じられていたことをうけて、その具体的な対象として芸備両国を領知した広島（外様）・福山（譜代）両藩を例に、その構造的特質を明らかにしようと試みた。そのうち、山陽道、なかんずく瀬戸内海地域のほぼ中央に位置する広島藩の歴史的展開とその終焉までを取り扱うことになる。しかし、広島藩の場合、同じ西南雄藩でもぼう大な藩政資料をもとに研究がすすめられた萩・岡山・鹿児島藩などと異なって、明治九年（一八七六）広島県庁舎の全焼により藩政資料の大部分を失い、また、第二次世界大戦の末期広島市の原爆被災のために、貴重な歴史・文化財もろとも灰燼に帰した。

したがって、広島の近世史研究は、いちはやく実施された「庶民史料」の発掘から出発したといっても過言ではない。広範な農村史研究を基盤にしつつ、「太閤検地論争」や共通論題「藩政確立期の諸問題」（昭和三十二年度社会経済史学会）などにも参加して、それぞれの研究分野と分析視角を争点に鍛えられていった。そして、昭和四十年代、幕府および諸藩の権力構造と編成原理の解明から政治・経済・流通過程などを有機的・総合的に把握する視角が提示され、幕府の軍役体系と封建地代のあり方を関連させた「幕藩制構造論」、さらには昭和五十年代になり「幕藩制国家論」が登場することによって、広島藩の研究状況も新たな視点を獲得することができたといえるものがある。昭和四十三年（一九六八）にはじまった『広島県史』の編さんには、そうした論点を踏まえて研究活動に携わる人たちが結集されたのである。

いま一つ付言すると、県史の編さんは、広島藩において領内郡村にたびたび布達された触書・通達類が、在地で「御用留」・「布達綴」などとして伝存されていたものを、整理して藩法例体系を集成し、藩文書・記録の欠を補い、その多くが収集されて県立文書館（昭和六十一年設立）に保存活用されるようになったこと、また享保期の「御覚書帖」や、「事蹟緒鑑」・「済美録」・「芸藩志」・「芸藩志拾遺」などの編集物は、さいわいにして藩主家に伝存され、藩史研究の骨子を形づくる役割をはたしたことも特筆する必要があろう。

目　次

口絵

挿図

挿　表

第一　中世から近世へ

一　豊臣政権下の毛利氏領国

領国の確定　全国統一の政権をめざす豊臣秀吉は、天正十三年（一五八五）二月、「毛利氏がしぶるようであれば、実力によって五ヵ国（備後《びんご》・出雲《いずも》・伯耆《ほうき》・美作《みまさか》・備中《びっちゅう》）を切り取るまでである」と、高圧的な態度にでて、天正十年以来難航していた領国割譲問題を解決した（『小早川家文書』四三一号）。これによって、毛利氏は備前《びぜん》・美作二国を秀吉に割譲し、備中国は高梁《たかはし》川を境とする半国、伯耆国は西三郡（会見《あいみ》・汗入《あせり》・日野）の半国と、安芸《あき》・備後・周防《すおう》・長門《ながと》・出雲・石見《いわみ》・隠岐《おき》の七ヵ国、合わせて「八ヵ国」の領国を確保するとともに、以後、豊臣政権の支配に属して「惣無事《そうぶじ》」の論理にもとづく全国統一戦争に動員されながら、戦国大名から豊臣期大名へと転化をとげていくことになった。

毛利氏は、鎌倉時代の中頃安芸国吉田荘の地頭職に補任され、南北朝動乱期の建武五年（一三三八）、本貫の越後《えちご》国佐橋荘南条《さはしのしょうみなみじょう》から安芸国吉田へ本拠を移し、地頭領主に成長して「安芸国人」とよばれるようになった。そして、戦国時代半ばの大永三年（一五二三）、毛利元就が本家の家督を継いでから約五〇年の間に、中国地方の大半を支配する戦国大名へと発展したのであった。このため天下をめざす織田信長の勢力と対決することになり、天正四年（一五七六）七月、信長に敵対する大坂の石山本願寺の要請をうけた毛利水軍が、織田方水軍をうち破って本願寺に兵糧を入れたのが、最初の戦いとなった。その後、中国筋に派遣された信長の部将羽柴秀吉と毛利氏の両軍が、山陽（播磨《はりま》）・山陰（因幡《いなば》）の「南北両口」を中心に六年にわたり、城取りの攻防をくり返した。はじめこそ、戦況は毛利氏に優勢であったが、天正七年（一五七九）になると、備前の宇喜多直家《うきたなおいえ》が信長にくだり、翌八年正月、別所長治《べっしょながはる》の三木城の陥落、七月には荒木村重《あらきむらしげ》の没落、まもなく本願寺の降伏とつづいた。しかも、天正九年（一五八一）十月には鳥取城も陥落するなど、毛利軍は統一政権の軍事力のまえに圧倒されていく。

かくて、毛利氏は備中・備前の国境付近を防衛線とし、備中高松城の確保に努めたが、秀吉軍もここに兵力を集中して水攻めの策を採用するいっぽう、両者の間に和平交渉が続けられている。交渉の要点は、毛利氏が備中・美作・伯耆・備後・出雲の五ヵ国を割譲すること、高松城主清水宗治《しみずむねはる》の切腹にあったから、なかなか妥結にはいたらなかった。

ところが、天正十年（一五八二）六月四日、織田信長が本能寺で明智光秀に殺害されたことを知った秀吉は、いそいで、領国割譲問題を先送りしたままで毛利氏と誓紙を交換して講和をむすび、そのあとは、織田政権の継承に向けて活動を開始したのである。

秀吉は、天正十一年五月、越前国北庄《きたのしょう》（福井市）において柴田勝家を滅ぼし、統一政権の基礎を固めると、毛利氏に対しても自分の配下にする決意と覚悟をかため、国境決定と人質派遣の実行を迫るにいたった。これに対して毛利氏の態度には、秀吉の天下を統一しようとするすさまじい意欲を理解したものの、豊臣政権下の一大名になりさがるにはいま一つ踏みきれなかった。毛利氏と秀吉の間にたって奔走した安国寺《あんこくじ》恵《え》瓊《けい》は、当時の豊臣・毛利両勢力を比較して「万一、上方衆（秀吉）と中国衆（毛利氏）とが戦えば十に七・八は中国の負けとなろう、上方衆は米銭が豊かであり、兵数も多くその動きも機敏である」（『毛利家文書』八六〇号）とのべて、宗家輝元《てるもと》の決断をうながしたので、ようやく基本的に秀吉に従うことになった。こうして、講和条件のうち人質は、同年九月、吉川経言《きつかわつねこと》（広家《ひろいえ》）・小早川秀包《こばやかわひでかね》が大坂へ送られたものの、国境問題は、美作・備前・備中など領国境目の土豪らの動向を無視することができず、なかなか決着しなかった。しかし、天正十三年（一五八五）になると、最初に述べたような秀吉の恫喝もあって、毛利氏の領国が最終的に確定したのである。

統一戦争への参加　豊臣秀吉の政権下にぞくした毛利氏は、「惣無事令」を奉ずる形で四国・九州・関東とつづく全国統一戦争に動員された。そのため毛利氏も、豊臣期大名へ転身することが必須になった。その画期となるのが天正十四年（一五八六）以降の一連の政策である。まず、この時期から毛利氏は、「天下」と「国家」という言葉の使い分けをはじめた。「天下御用の時ハ、国家の為に候間、別の理を以って馳走すべき事」（「厳島野坂文書」五五六号）とあるように、豊臣政権の世界を「天下」ととらえ、そのもとでの領国＝「国家」と位置づけて、天下御用に対応できる領国体制の刷新が意図されたのである。そして、天正十四年二月から国衆《くにしゅう》を含む全家臣を対象に起請文《きしょうもん》形式の「付立」を提出させて、全領国の知行高を把握している。これは豊臣政権の九州平定の軍事動員に対応する調査であるとともに、翌年から実施する惣国検地の前提作業でもあった。

つぎに毛利氏は、同年六月に「分国掟之条々《ぶんごくおきて》」三ヵ条を発布した。これは秀吉から去る四月十日に朱印状をもって実行を迫られていた「諸関停止《しょせきちょうじ》」・「渡船定《とせん》」と「人沙汰」に関するもので、諸関・渡船は九州出兵のための幹線道路（山陽道）の整備を目的としており、「人沙汰」は被官人や年貢が払えず逃亡した人々を、もとの主人に返還することを定めたもので、動員できる人員確保をはかったものである。

毛利氏の四国出兵は、豊臣秀吉が天正十三年（一五八五）六月、四国の長曾我部《ちょうそかべ》氏を討ったとき、小早川隆景《たかかげ》を中心に豊臣軍の先鋒となって働いたことを指す。もともと、毛利氏は長曾我部氏の進攻をうけた河野《こうの》道直《みちなお》を援助するため、天正十二年正月より伊予国に救援部隊を派遣していた。そして翌年三月、秀吉の紀伊国雑賀《さいが》攻撃に配下の警固衆を率いて出動した小早川隆景にたいして、秀吉本軍の四国出兵をつげ、隆景に毛利軍の先陣となるよう命じられたのであった。この戦いは、八月に長曾我部元《もと》親《ちか》の降伏をもっておわったが、秀吉はすでに六月十八日、隆景に伊予国を与えており、次の九州出兵にそなえて瀬戸内水軍の総指揮をとるよう期待している。このように秀吉は小早川隆景を信任し、毛利氏全体から切り離して直接支配下におく意図がみられた。

九州出兵は天正十四年（一五八六）四月、秀吉が大友宗麟《おおともそうりん》（義鎮《よししげ》）の要請を容れて島津義久を討つことに決定し、毛利氏はその先鋒になることを命じられた。毛利軍は六月に出陣することになっていたが、秀吉の「毛利氏領では家臣の言いなりになる悪習があるため、諸事手遅れになる」（『小早川家文書』三九九号）と叱責をうけながら、ようやく十月三日九州に渡海して小倉城を攻略した。翌天正十五年三月、秀吉は本隊を率いて大坂を出発し、厳島《いつくしま》に立ち寄って塔の岡に経堂（千畳閣・千畳敷ともよばれる）の建立を命じた後、三月二十八日に小倉城についた。そこから、秀吉本軍は筑前・肥後へと進み、輝元・隆景の加わった秀長別軍は日向国耳川をへて高城《たかじょう》（宮崎県児湯《こゆ》郡木城《きじょう》町）を攻撃した。この両面からの攻撃に抗しきれず島津義久は五月八日に降伏し、九州が平定されたのである。秀吉は六月になって、毛利輝元を九州に移すことを断念したかわりに、小早川隆景を伊予から筑前・筑後・肥前一郡半に国替えした。このうち筑後三郡が小早川秀包領に分与されたから、隆景は筑前国名嶋（福岡市）に、秀包は筑後国久留米に本拠をおくことになった。

こうして、西国の和平が実現したのを契機に、秀吉は輝元の上洛を促していたが、天正十六年（一五八八）七月、輝元は小早川隆景・吉川広家とともに上洛をはたし、秀吉と聚楽第で対面した後、参内して後陽成天皇より、輝元は従四位下・参議に、隆景・広家もそれぞれ従五位下・侍従に叙位任官され、さらに豊臣の姓を与えられた。これによって毛利氏は関白秀吉の廷臣となり、豊臣政権下の有力大名としての形が整えられた。もちろん、すでに永禄二年（一五五九）毛利元就が従四位上・陸奥守に、隆元が従四位下・大膳大夫に叙任されるなど、毛利宗家は本来同格であった安芸国人（国衆）に対して、その地位の優位性をたもっていたが、天正十六年以降、毛利氏一門・国衆・親類衆・有力譜代から輝元側近にいたるまで多くの家臣が勅授の位《くらい》を得たものの、それらはすべて従五位下の位であった。以上のように毛利氏は、身分的同格性を克服した輝元を頂点とする新しい身分秩序を編成することが可能になり、国衆を包摂した新しい毛利氏の「家中《かちゅう》」が形成される。そのうえで第一次朝鮮侵略戦争への動員を機に有力家臣を組頭とする組の編成がすすみ、新しい軍事組織が実現したのである。

二　毛利家臣団と広島築城

軍事力の編成　戦国大名毛利氏の軍事力を構成する家臣団は、大きく毛利氏直属（輝元）の吉田衆と国衆に分けられ、毛利両川《りょうせん》（吉川・小早川）体制を形成していた。吉田衆とよばれた毛利直属軍は、毛利氏に代々仕えた譜代の家臣団であり、親類衆と被官衆に区別される。親類衆は毛利氏の庶家（一族）が家臣化したもので、福原《ふくはら》・桂・志道《しじ》・口羽《くちば》・坂・長屋氏らを嫡流とよび、独自の地位を占めた。被官衆は毛利氏に仕えていた家臣や、吉田周辺の中小領主を家臣化したもので、赤川・飯田・渡邊氏らがそれにあたる。このほか、毛利直属軍のなかには中間《ちゅうげん》鉄炮隊が組織されていた。弘治三年（一五七五）以後、元就に仕える中間を「鉄炮放ち」に育成して鉄炮衆を編成したもので、戦国大名段階では数百人程度、天正末年には千人を越える輝元鉄炮隊が組織されていた（『八カ国時代分限帳』）。そして、最前線の城に在番する家臣団にも数十人規模の鉄炮隊が派遣されていた。

国衆は熊谷・平賀・山内・天野・阿曽沼氏など、芸備両国の範囲で、かつて毛利氏と対等の関係にあった国人領主たちが、毛利氏勢力の伸長とともにその旗下に参じたものである。さらに毛利氏の領国拡大の過程で、大内氏関係の周防・長門両国、尼子氏関係の出雲・石見両国、伯耆・美作・備中の国人領主たちも毛利氏の家臣になった。国衆はそれぞれが一つの独立の軍団を構成しており、どれほどの軍勢で出陣するかは、毛利氏と国衆ごとの個別協議によった。その動員数の基準は国並《くになみ》（他の国衆と同程度）というあいまいなものであり、結局、網の目のように結ばれた婚姻や養子縁組など、地縁的人格的なつながりによって国衆連合を形成した。その中心的な役割をはたしたのが、山陰勢を統率した吉川元春と、山陽瀬戸内勢を結束させた小早川隆景であった。天正十年（一五八二）、備中高松で羽柴秀吉と対峙した毛利軍一万の陣容は、吉田衆と安芸・備後・備中・出雲の国衆連合軍であった（「厳島野坂文書」一〇五二号、「熊谷信直書状」）。

他方、毛利氏は領国内の地侍層（土豪）を一所衆《いっしょしゅう》として組織し、寄親に譜代家臣や国衆を選んでその指揮下に編入して、軍事力の基盤拡大に利用したのである。とくに毛利氏が直接支配する公領（蔵入地）においては、譜代家臣が代官に任命され、年貢や段銭・夫役の徴収をおこなうが、代官は現地に自己の家臣を派遣して郷村支配に当たらせ、現地の給人・土豪を一所衆として指揮した。しかも、こうした一所衆の編成は、比較的有力な国衆にも及んでおり、慶長元年（一五九六）三月、毛利一族の繁沢《しげさわ》元氏《もとうじ》は、総高一万二三五一石を輝元から安堵されたが、そのなかに長門で一一一五石の給地をもつ有力国衆の杉元良《すぎもとよし》や、朝倉・河屋氏ら防長国衆らが一所衆として結ばれている（『萩藩閥閲録』巻五）。こうした一所衆は、防長・雲石をはじめ全領国の部隊編成の方法としてひろまっている。

このように一所衆の編成がすすむなかで、毛利氏は新たな組の成立を支援して家臣全体の軍事力組織が改編されることを期待した。その契機は、天正十六年（一五八八）から同十九年にかけて実施された惣国検地の結果を基礎にして統一的軍役賦課体制を整備することであり、朝鮮侵略戦争への軍事動員を通じて、有力家臣を組頭とする組編成がつぎつぎと増加していき、慶長二年（一五九七）の第二次朝鮮侵略戦争のときには完成していた。それは在地領主が各自の分限高に応じた自立性のつよい軍事組織を率いて大名に直結し、大名の軍事力を構成するという戦国大名のありかたを解体させて、軍隊の単位として組の規模の確定に重点をおいた近世的軍事力をめざす豊臣期の軍事組織であった。

ちなみに慶長二年（一五九七）からはじまる第二次朝鮮侵略戦争（渡海前）の毛利氏家中の軍事力編成は、国別の有力国人数と軍役賦課基準からまとめると表1・2のようにあらわされる。表1は毛利氏の領国全体にわたった有力国人のすべてが、七つの組に編成されている。宍戸《ししど》元次《もとつぐ》・毛利《もうり》元康《もとやす》・天野《あまの》元政《もとまさ》の三組は、組頭が毛利一門であり、その権威と組頭との人格的結合関係にもとづいて編成されており、安国寺恵瓊組は筆頭の益田《ますだ》元祥《もとなが》の人格的結合関係を中心に編成しているといわれ、福原《ふくはら》広俊《ひろとし》・椙杜《すぎもり》元《もと》

表1　慶長2年毛利氏各組の有力国人一覧

組名	家臣名	石高	給地	出自
宍戸元次	宍戸元次	石 25,030	備中	一門
	内藤元盛	7,398	長門	元次弟
	成羽	3,451	備中	備中国人
	赤木蔵人	1,444	備中	備中国人
	伊達	1,438	備中	備中国人
	野山	1,085	備中	備中国人
	石蟹	1,560	備中	備中国人
	杉原	1,409	出雲	備後国人
	和智	2,974	備後	備後国人
	日野	1,000	安芸	伯耆国人
	槇野(湯)	1,200	長門	出雲国人
	天野元嘉	3,243	備後	安芸国人
毛利元康	毛利元康	20,000	備後	一門
	吉見	15,215	石見	石見国人
	三吉	7,454	備後	備後国人
	佐渡元連	4,366	備後	石見国人
	熊谷	8,487	安芸	安芸国人
	赤穴	1,668	出雲	出雲国人
	天野元信	7,140	備中	安芸国人
椙社元縁	高須	447	備後	備後国人
三輪元徳	多賀	840	長門	出雲国人

組名	家臣名	石高	給地	出自
天野元政	天野元政	石 15,365	石見	一門
	浅口	6,070	備中	備中国人
	平賀	11,854	安芸	安芸国人
	阿曽沼	4,813	安芸	安芸国人
	山内	6,746	備後	備後国人
	出羽	1,013	備後	石見国人
	冷泉	5,470	出雲	周防国人
安国寺恵瓊	益田元祥	12,501	石見	石見国人
	尼子	1,000	石見	出雲国人
	三澤	10,000	長門	出雲国人
	周布	1,002	石見	石見国人
	三刀屋	1,800	長門	出雲国人
	有地	1,518	出雲	備後国人
	馬屋原	1,313	備後	備後国人
	多賀山	1,210	長門	備後国人
	宍道	6,174	長門	出雲国人
	内藤周竹	1,869	周防	周防国人
福原広俊	宮	1,032	石見	備後国人
	祖式	1,683	石見	石見国人
	杉	1,133	長門	長門国人

(1) 各組の石高は，椙社・三輪両組が400石以上，他の組が1000石以上を収載した．

(2) 給地は国別に最も多い所をあげた．

(3) 山口県文書館『毛利家文庫』「朝鮮国御渡海之時御当家御旗本組人数」による（光成準治『中・近世移行期大名領国の研究』227ページ表1を転載）．

表2　毛利氏各組等の軍役賦課基準

組名等	総石高	軍役人数	100石当りの軍役負担数
	石	人	人
宍戸元次組	58,703	2,935	5
毛利元康組	66,216	3,311	5
天野元政組	55,806	2,790	5
安国寺恵瓊組	60,821	3,056	5
福原広俊組	67,793	3,389	5
椙社元緑組	13,581	679	5
三輪元徳組	3,285	168	5
吉川広家	70,000	3,500	5
御手廻り・御小姓衆		809	
毛利元清代	15,430	771	5
堅田元慶代	7,000	350	5
熊谷元吉	601	30	5
警固衆		500	
対馬御座御番衆	1,119	56	5
合　計		22,344	

光成準治『中・近世移行期大名領国の研究』228ページ表2より転載.

縁《より》・三輪《みわ》元徳《もとのり》の三組は、一門の権威や人格的・地縁的要素にもあまり頼らない軍役の編成替えや法度の支配にもとづいて編成されたものといわれる。ただし、各組の構成メンバーはかならずしも固定したものではなく、渡海後の軍事的状況に応じて幾度も編成替えがおこなわれた。たとえば、同年九月には吉川広家軍に杉原・槇野・湯原・天野元嘉・山内・佐《さ》波《わ》・赤穴《あかな》氏らが合流しているし、十月の蔚山城普請には、宍戸元次組に浅口・吉見・三澤・三吉・天野元信・平賀・周布《すふ》・馬屋原《うまやばら》・令泉《れいぜい》氏らが合流する一方で、益田・熊谷氏を組頭として梁山城普請をおこなっていた。このように状況に応じて自由な編成替えが可能な組織であったことが判明する。

また、表2は各組の軍役賦課基準をまとめたもので、吉川広家を含めてすべての編成が一〇〇石あたり五人役という統一基準によって軍役を賦課している。これは第一次朝鮮侵略戦争時の動員に苦労をした経験を踏まえたもので、賦課基準を一〇〇石あたり四人役から五人役に強化して各組を編成したことが知られる。ただし、この組編成は軍事行動に限定した組織であり、軍事面をこえた家臣団の統制が実現したわけではなかった。その後、これらの組は慶長四年（一五九九）三月の大坂城普請のための派遣人数組を単位に一〇〇石につき四人役と定められているように、軍事以外の諸役負担の単位になり、大名の家臣団統制の組織として普遍化していった。

広島城の築城と城下町　豊臣秀吉の統一政権の成立過程は、毛利氏領国にも大きな影響を与えたが、それに敏感に対応したのが小早川隆景であった。天正十年（一五八二）備中高松城での和議の翌年から、毛利両川体制の一翼、山陽瀬戸内軍の指揮をとる隆景が、海上交通の至便な備後国三原城を整備して本拠地としたのは、そのあらわれである。もっとも隆景は、天正十三年（一五八五）秀吉の四国出兵に参加して伊予国を与えられ、湊山に築城をはじめたり、同十五年（一五八七）六月九州平定後、筑前・筑後・肥前一郡半に国替えを命じられ、翌年二月から名島城の築城をはじめ、天正十七年ごろには名島城下町と博多町の整備が同時並行で進められている。したがって、隆景が備後三原城と城下町の本格的な整備を行うのは、文禄三年（一五九四）十一月、小早川秀俊（後の秀秋）に家督をゆずり、三原に隠退してからのことになる。

毛利輝元の本拠安芸国郡山《こおりやま》城は、標高三九〇㍍の郡山にきずかれた大規模な山城で、城郭と城下町の整備は進んでいたが、中国八ヵ国を統括し、四国・九州への出兵にあたって、多くの兵員と物資の輸送を容易におこなうことができず、その不便さを痛感していた。そのような状況にあって天正十六年（一五八八）七月に上洛した輝元は、聚楽第や大坂城の様子をまのあたりにして、郡山城にかわる壮大な新城建設への決意を固めたのである。それは輝元が公儀から八ヵ国の統括的支配権を認められたことにより、その象徴としての城郭（広島城）を建設し、領国内の首都的流通機能をそなえた城下町を整備する構想を自覚したからにほかならない。

かくて、天正十七年（一五八九）二月には輝元みずから新城の候補地、広島湾頭（太田川河口）の明星院山（二葉山）、比治山《ひじやま》、己斐松山《こいまつやま》にのぼって地形を観察し、五箇村の箱島（白島）の南デルタに築城を決めたという。普請奉行には二宮就辰《にのみやなりたつ》・穂田元清《ほいだもときよ》が任じられ、同年四月十五日築城の鍬初めの儀式がおこなわれた。デルタ上に築城するため「島普請」とよばれ、建設に必要な労力と資材は知行高に応じて割りあてられており、安芸国吉川領をはじめ備後・出雲・石見国などの国衆も動員された。城郭の普請は天正十八年末に主要部分がほぼ完成し、翌年正月には、輝元がはじめて新城に入った。また、秀吉も文禄元年（一五九二）四月、朝鮮出兵のため九州下向の途中広島城に立ち寄り、城の内外を案内されて「輝元にふさわしい城である」と、その出来ばえを賞賛している（『毛利家文書』八七五号）。

この太田川河口デルタの地が「広島」と称される初見としては、天正十七年七月、備後の国人湯浅氏に城普請の労力を求めた際に、「佐東広島之堀普請」とのべているのが知られる。後の記録には、輝元が鍬初めのとき毛利家の祖大江広元の広と、この地の案内人となった福島元長の島とをあわせて命名した（「山県源右衛門覚書」）とあるなど諸説があるものの、もともとはデルタのなかの広い島という地形によるものとみるのが妥当であろう。

広島城の本丸（天守閣）につづき、二の丸や城壕の石垣などは、文禄・慶長期にかけて整備された。これと並行して城下の都市計画としての町割も、出雲国人出身の平田屋惣右衛門（後に広島町人頭）を招き、普請奉行二宮就辰と力をあわせて進められた。城下町の位置は、北で太田川の流路が二またに分岐してひろがるほぼその中央に立地した城郭の南部に展開した。町割の基準は、城の大手前をほぼ南北に通ずる白神通り（今の大手町通り）と、これに直交して東西に通ずる本通りであり、南北方向の街路を縦町、東西方向を横町とする碁盤目状の町々が整然と配される構造であった。ただし、南方向はすぐに海岸線になるため行き止まりとなり、陸上交通の中心は東西方向の街路である。こうして、城郭・城下町ができると、領国内の家臣・商工業者たちを広島に集住させる政策が進められた。とくに天正十五年からはじまった惣国検地も完了し、領主の在地性を否定して家臣たちの城下町への集住を義務づけ、兵農分離を推し進める絶好の機会となった。

築城当時（天正十八年末）の広島城下を描いた絵図（「芸州広島城町割之図」）によると、家臣屋敷や町屋敷、寺社地など全体の様子が知られる。城の本丸を囲んで吉川・小早川らの一族と、輝元奉行人の屋敷が配置され、本丸の外郭には親類衆・譜代家臣、有力国衆らの屋敷がみられる。屋敷全体の構成では、侍屋敷が八五％と家臣屋敷がきわめて高い占有率であり、町屋敷一一％、その他（寺社など）

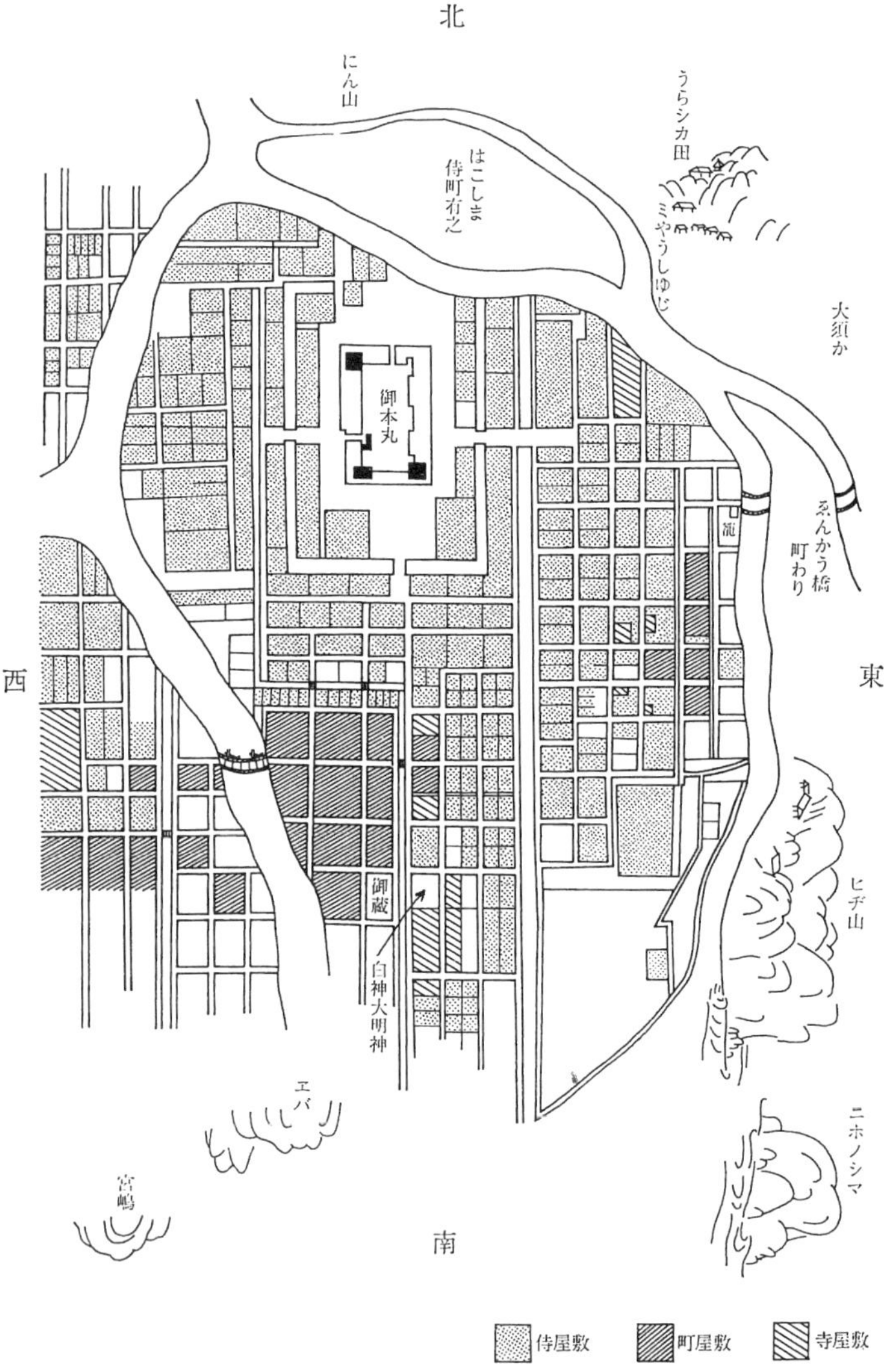

図２　毛利時代の町割図
（毛利家文書「芸州広島城町割之図」，『広島県史』近世１より）

四％となり、八ヵ国に分散する家臣団を城下に集住させる意図があらわれている。たとえば、打ち渡された所領が五〇〇〇石以上の一門および有力家臣は、すべて屋敷地が与えられ、五〇〇〇石以上の譜代・側近・新参・国人領主の大部分も屋敷地をもっていた。しかし、五〇〇〇石以下の家臣になると屋敷の所持率は低くなり、さらに一〇〇石未満の下級家臣では、わずか四％の所持率を示すのみであった。

このようにおもだった家臣団の集住地として計画的な屋敷割がおこなわれることによって、旧来の家格や系譜にとらわれないはばひろい家臣を集めた権力中枢ができ、毛利氏の中央政務機構が成立したといえる。ところが、実際には家臣たちの本領にある居屋敷が維持され、広島の屋敷は当主の出仕や人質としての妻子を住まわせるもので、国衆が広島に住むことを「在広島役目」とよんで軍役の一種と意識していた。また、譜代家臣も、吉田から広島へ完全に移住したとはいえず、依然「吉田住人」を名乗るものもあった。毛利氏は領地をもつ家臣の在地性を完全に否定しなかったから城下屋敷をもつ有力な家臣をはじめ、中小家臣の城下への常住性はきわめて低かったのである。いっぽう、屋敷地の一一％を占める町人屋敷については、大手の南堀（西堂川）をはさんでブロック状の区画に町割がおこなわれていたが、町名がみられるのは革屋・板屋両町と大工町の三町にすぎなかった。したがって、当初の城下町には、城郭・屋敷の作事に必要な大工・板屋などといった職人が多く集住していたことを物語っている。このように町屋の未発達は、領国内の兵農分離がすすまなかったのと同様に、安芸・備後をはじめ領国の各地に発達した地域市場を支配する目代《もくだい》などがそのまま存続していたように、城下町への商工業者の誘致が徹底していなかったことを意味する。毛利氏の本拠であった安芸国郡山城下でも、広島築城後においても十日市・六日市・多治比などの市目代がそのまま維持されており、吉田商人がすべて広島に移転していないことが確認されている。

以上のように広島城と城下町の建設は、毛利氏領国内の首都的機能を最高に結集する意図があったものの、天正末〜文禄年代には、家臣団とくに中小家臣層、商工業者ともに城下町への常住はなかなか進まず、領国内の政治・経済・軍事の中枢機能が高い段階に達していない状況にあったといえよう。

三　毛利領国の検地

天正末期の惣国検地　毛利氏領国において豊臣期に実施された検地は、二期に区分される。一期目は天正十五年（一五八七）から同十八年にかけておこなわれた惣国検地であり、二期目は慶長二年（一五九七）・三年にかけて実施された兼重《かねしげ》・蔵田《くらた》検地である。毛利氏の惣国検地は、輝元が家臣の山内《やまのうち》広道に「殿下の御下知」によって分国検地をおこなうと伝えているところから、秀吉の指示によってはじめられたとみられる。ただし、太閤検地とは異なる内容をもち、検地もすべて毛利氏の手でおこなわれているから、毛利氏独自の検地というべきであろう。この検地は、「惣国平均検地」とよばれるように、検地様式も統一されて領国全体におこなわれたが、領国支配の基礎になるのはもちろん、とくに毛利氏の朝鮮出兵への軍事動員体制を確立する必要に迫られていたからであった。

毛利氏は惣国検地の前提作業として「家来分限究《ぶんげんきわめ》」と称される家臣の知行高調査を実施し、国衆を含む全家臣から郷村単位に知行高をしるした「付立」を提出させた。検地の実施にあたっては、総奉行に内藤元栄《ないとうもとひで》を、国ごとに検地奉行を任命し、さらに郡別の検地奉行を指揮しておこなうことにした。最初に実施されたのは、天正十五年（一五八七）長門国からであった。まず、郷村から田畑・屋敷一筆ごとの所在地・面積・分米《ぶんまい》・分銭《ぶんせん》・名請人などをしるした坪付指出帳の提出をもとめ、これにもとづいて、郡別に定められた検地奉行の指揮下に編成された検地役人が、郷村ごとの検地作業をすすめた。その際の検地基準は、三六〇歩＝一反、大・半・小の単位を用いて畝《せ》を使用しない、分米・分銭はいずれも年貢高をしるすなど、太閤検地とは異なる基準で統一されていた。ついで同十六年には周防国、同十七年には安芸国・出雲国、同十八年備後国・石見国と順次すすんでいき、十八年末には全領国の検地が完了している。

検地の具体例として、「周防国大滝村野執帳《のとりちょう》」（岩国徴古館蔵）を検討してみると、検地役人が検地にさきだって村から指出しをうけ取り、それをもとに天正十六年八月二十四・二十五日の両日間、村内を一巡し、田畑・屋敷の一筆ごとに所在・面積・分米・分銭・名請人・給主名を実地調査して「野執帳」を作成していることがしられる。毛利氏はこの野執帳をもとに、正式な「郷・村検地帳」を作成して吉田または広島に保管したが、これを郷村に与えることはせず野執帳を残したものと思われる。

かくて、この検地帳が「打渡し」の台帳となり、給人別に給地を名寄せして「打渡坪付」が作成され、給人ごとに交付されたのである。天正十六年から同十八年までの給地打渡しは、総奉行内藤元栄を統括責任者とし、長門国は林就長、周防国は長井《ながい》元親《もとちか》が内藤とともに、郡別の奉行を指揮しておこなっていた。ところが、天正十九年から翌年にかけては、大規模な知行替えに対応するため、八人の年寄・奉行あるいは四人の奉行が連署した打渡状を集中的に発給している。同時に四人の奉行のうち佐世《させ》元嘉《もとよし》・二宮就辰が内藤元栄を介さず、直接検地奉行や現地の代官を駆使して打渡しを行っている。これは惣国検地が、すべての家臣の本領や給地を統一的に掌握したことにより、知行替えを容易にし、軍事的動員の賦課基準を統一することができたからである。

表3の左欄は、総国検地のあと全家臣に交付された打渡坪付を国別に集計したもので、総高は七六万〇三四二石である。これは坪付の分米・分銭をトータルしたもので年貢高にほかならない。毛利氏はこの惣国検地の結果を豊臣政権に報告しており、これをうけた秀吉は天正十九年（一五九一）三月十三日付で、毛利氏の領知高一一二万石の秀吉宛行状を下付したのである。この領知高は、毛利氏の提出した坪付高（年貢高）に三二％を加えて収穫高（生産高）に直したもので、以後毛利氏の軍役負担の基準となった。

つぎに、惣国検地によって確定された郷・村ごとの名請農民の構成をみると、表4のとおりである。

表3　豊臣期毛利氏の国別領知高

国引	惣国検地		兼重・蔵田検地			B/A
	坪付高(A)	秀吉宛行状高	坪付高(B)	物成高	百分率	
	石	石	石	石	%	
長　門	107,709		133,790	100,342	75	1.2
周　防	122,539		162,580	130,064	80	1.3
隠　岐			12,000	4,800	40	
石　見	74,475		110,560	88,448	80	1.5
出　雲	105,390		186,150	158,227	85	1.8
備　後	108,818		189,200	141,900	75	1.7
安　芸	146,160		212,950	159,712	75	1.5
伯　耆	36,660		62,700	43,890	70	1.7
備　中	58,591		117,760	70,656	60	2.0
合　計	760,342	1,120,000	1,187,690	898,039	76	1.6
朱印状比	68	100	106	80		

典拠：毛利家文庫「八箇国御時代御分限帳」,『大日本古文書』毛利家文書957号,
福原家文書「九ヶ国御領知之時広嶋御時代分限帳」による.

表4　惣国検地における村落の農民構成

面積	周防大滝村（天正16）			安芸西浦村（天正18）			備後神村（天正19）		
	名請人	百分率	屋敷持	名請人	百分率	屋敷持	名請人	百分率	屋敷持
反 80～110							1		1
60～80				1		1			
40～60		5.7		2	21.7	2		7.8	
20～40	1		1	1		1	2		2
10～20	2		2	1			4		2
7～10	8	30.2	3	2	17.4	2	5	13.3	3
4～7	8		2	2		1	7		1
1～4	16		5	1			43		9
1反未満	14	64.1	6	2	60.9		17	78.9	2
屋敷のみ	4		4	11		11	11		11
合　計	53		23	23		18	90		31

『広島県史』近世1の表5による.

この大滝・西浦・神の三ヵ村は、ともに一村全体にわたる坪付であって、一耕地に一名請人を原則とする耕地保有状況を知ることができる。それぞれの村落には、数町以上の名請地をもつ土豪・有力農民がいるいっぽうで、一町〜四反の中位名請農民は一三〜三〇％とその占める割合がさして大きいものではなく、四反以下の小農民（小百姓）が六一〜七九％と圧倒的な割合を占めていたのである。しかも、耕地をまったく持たない農民であっても屋敷の名請人とされている者が、西浦村では四八％もあることは、点役《てんやく》（田積・屋敷数に応じて賦課される雑税）の賦課基準となる屋敷地を確保して収納強化の手段とする方針が示されている。

とにかく、毛利氏の惣国検地は、戦国期における村落内の実態である耕地への権利を強めつつあった小百姓の存在を認めて、農民掌握をおこなおうとしたあらわれといえる。しかし同時に、旧来の経営を変質させつつ維持してきた土豪・有力農民の村落内における支配的地位も、いぜんとして容認されていた。したがって各村の上位名請人の多くは、同時に毛利氏の家臣であり、給人でもあって、家臣の手作り経営が容認されていたのであった（『萩藩譜録』大呑十郎兵衛）。給人らは年貢確保のため、給地内の土豪・有力農民との関係を強化し、かれらを散使《さんし》や肝煎《きもいり》など郷村役人に取り立てて収納にあたらせることがひろくおこなわれはじめた。

また、この惣国検地は、全体的に面積や石高（年貢）を倍増させるものであったから、農民は年貢減免を求めて検見《けみ》などを要求している。そのため給人らは年貢の一定の割合の減免を認めて、残りを農民に請け負わせる方法をとった。たとえば、厳島社では打渡坪付をもとにしながら検見結果をみて三割減免であれば、これを「三損下げ」と称して村落の「惣の下百姓」（小百姓）を除いた有力農民にのみに請け負わせていた（「厳島野坂文書」一八二九号）。

慶長初年の兼重・蔵田検地　毛利氏の文禄検地は計画されたものの、朝鮮出兵などで中止された。その後、毛利輝元の嫡男松寿丸（秀就《ひでなり》）の誕生による養子秀元への知行分配や、小早川隆景の急死による遺領および旧家臣団の取り扱いと、それにともなう家臣給地の総入替え計画などを理由に、全領国の総検地が慶長二・三年にかけて実施された。これを兼重・蔵田検地と称している。

この検地は毛利氏の権力強化を望んだ安国寺恵瓊が「統領」（検地総奉行）となり、検地奉行の兼重《かねしげ》元統《もとのぶ》・蔵田《くらた》就貞《なりさだ》両人が、国・郡ごとの検地役人を指揮して検地作業を推進したもので、まず、慶長二年（一五九七）に周防国から開始され、さらに長門・安芸・備後・石見・出雲・伯耆・備中と順次全領国におよぼされ、翌三年末にはすべて終了している。その間にも秀元への知行割は、長門一国・周防吉《よ》敷《しき》郡・安芸佐西《さ さい》郡廿日市などで領高一八万石余が分与され、さらに隆景の遺領問題や、家臣給地の総入替え計画も相応に落着したあとで全家臣への打渡坪付の発給がおこなわれたので、これは同四年六月以降となった。

この検地の条目によると、田畑・屋敷ともに一反＝三〇〇歩制をとり、田地は上ノ上より下ノ下にいたる九段階（または六段階）、畑・屋敷は上・中・下の三段階に分けて石盛《こくもり》をし、山畑・茶・楮《こうぞ》・

桑・漆をも、年貢の対象として把握することなどが定められ、いちおう太閤検地の基準にしたがった検地であるといえよう。しかし、実際には条目通り統一した検地がおこなわれたとはいえず、打渡坪付や野執帳・検地帳によっては、田畑・屋敷の一筆ごとの石盛表示がなく、最後の合計で石盛に換算されていたり、畑・屋敷は三段階の等級をつけず、いぜんとして分銭表示のものもある。さらに安芸国沼田荘内の打渡坪付では、田畑の反あたり平均分銭は二一七文であって、惣国検地のときとほとんど同じであり、この畑地分銭は収納年貢高とみられる。ただ、田地については、反あたり平均一石以上となっていて、この分米増は明らかに生産高表示の近世的な高付であった。このほか、中国山地のたたら製鉄地帯では、鉄穴銭《かんなせん》を把握していて高のうちに組み入れているように、耕地以外の生産力を掌握するなど、毛利氏独自の土地把握もみられた。

毛利氏は兼重・蔵田検地を実施した後の家臣団の知行高や、その配置状況を「広嶋御時代分限帳」としてまとめているが、これを国別に集計して示したのが表3の右欄である。全領国の総石高一一八万石余はいわゆる生産高であり、物成高八九万石余は、その七六％にあたる。これを惣国検地と比較してみると、惣国高（秀吉宛行状）一一二万石に対して一一八万石余と六万石増、物成高七六万石余に対して八九万石と一三万石余増となるが、その増加要因として面積基準が一反＝三六〇歩から一反＝三〇〇歩に切り換えられたこと、年貢徴収率が六八％と八〇％の違いがあることなど、全体的には第二次朝鮮出兵中であることから、領国内の現状把握に重点を置いていたことがうかがわれる。もちろん、この総石高は、軍役をはじめとする諸役賦課の統一基準とされたことはいうまでもない。毛利氏の軍役負担は、第一次朝鮮出兵のとき一〇〇石に四人役、第二次朝鮮出兵のとき一〇〇石に五人役、慶長五年（一六〇〇）では、一〇〇石に三人役とかわった。ただこれは年貢高から生産高に変更して算出されたもので、増加分の平均比率を仮に一・五倍とすると、一〇〇石に三人役でも従来の基礎数値に直せば一〇〇石に四〜五人役となり、軍役負担の軽減とはいえなかった。

また、毛利氏は検地後の慶長四年四月、家臣の給地替えに際して次のような新しい規則を定めている（『萩藩閥閲録』一〇）。

定

一　村切に遣候もの入部の事、正月十五日より仕るべきの事

一　在郷のもの、先様の知行相定り候までは、其在所に置べき事

一　扶持人の儀は新知行所召連れ相越べき事

付《つけたり》　百姓の儀は一人も先様へ相越ましき事

慶長四年十二月廿六日　輝元様御印形

堅田兵部少輔とのへ

三カ条はそれぞれ給人が新給地へ入部・移動する際の取り決めに関するもので、第一に給人が新給地に在村すること自体を禁じてはいないが、在地領主制は容認せず給人の村落支配を大きく制限して

いる。第二に兵農分離の推進である。小規模給人や国人領主の被官らのいわゆる土豪層の多くは、みずから農業経営を行っていたが、給地替えを契機に兵・農いずれかの選択を迫られた。兵を選べば土地への直接的支配権を失って伝統的な在地との関係を絶たれ、農を選べば武士の地位を喪失し、農民に帰属するわけで、土豪層のあり方を抜本的に変質させるものであった。

さて、年貢・諸役の村請制は、検地を通じて自立した農民で構成された村落共同体を基盤に成立するが、その過程には農民による村落（村）の創出、百姓身分の確定、土地（村）への緊縛などを必要とした。毛利氏の領国においても、兼重・蔵田検地をへて村請制が成立したといわれるが、次にあげる例は、中世末の代官請にちかい性格のものといえよう。

一　古志村千石余の地、蔵納めの儀、廿三人に百姓として銀子九貫目請付候条預ケ遣《つかわし》、今年より来年八月迄、無役目申付くべき事

一　寺社家下、百姓屋敷の廻《まわり》、竹木切荒しべからずの事

付《つけたり》、惣下百姓として、自然廿人者ニ対して申分候ものは聞届け候、其方以下呼越し非分の方相究め、有躰《ありてい》下知すべき事

一　当年の儀仕様ニ来年の事候、其方以下へ役目申付べきの間、全代官状たるべく件《くだん》のごとし

慶長四年八月朔日　元直（花押）

竹内惣右衛門殿　源五郎

加藤与兵衛との　　　　　　平兵へ
槙原神右衛門との　　　　　安井
（以下一七人）

右の史料は、毛利氏家臣団のうち有力国人熊谷元直の所領であった出雲国古志村《こし》（現出雲市）の年貢収納に関する村請命令書である（『新修島根県史』史料編1「山本文書」）。古志村は村高一〇〇〇石余で、慶長四年（一五九九）の年貢その他九貫目（石高に換算して約六〇〇石、村高の六〇％にあたる）を、被官土豪三人と有力農民二〇人の二三人に請負わせ、収納を命じている。この場合、領主との契約で年貢を請負ったのが村落上層の二三人であり、惣の下百姓と呼ばれる小農民は、この請負から除かれていて、明らかに地下請《じげうけ》に近い性格である。そして、領主は年貢請負農民と惣の下百姓との争論には、公平に裁判することを命じるなど、惣の中の発言力に留意する対応をおこなっている。

つぎの表5は、関ヶ原戦後の慶長五年十二月、福島領となった安芸国佐西郡玖島村の当年貢のうち、すでに毛利氏給人が取り立てた残り分の納入請負状況を示している、すなわち、玖島村の当年貢は、村高の四六・二％にあたる五一五石余となるが、そのうち毛利氏先給人一八人が十一月八日まで収納済の一三五石余を除いた残りの三七九石余について、在村の毛利氏旧給人三人と上層農民一六人の一九人が年貢納入を請負っているのである。年貢請負人のうち村岡平右衛門尉・長沼間宮内・同下人は、いずれも手作地をもつ旧給人であり、他の一六人は、「くに広」・「久清」・「しけミつ（重光）」など荘

表5　慶長5年安芸国玖島村の当年貢請負者一覧

肩　書	請負人	納入高	備考(天文21年名・反高)
かわかみ	三郎太郎	石 44.690	
ゆ　の	彦右衛門	44.030	
よしすへ	新五左衛門	39.567	吉末名1町3反
国　枝	宋左衛門	28.582	国ゑた名1町7反
くに正	五郎左衛門	26.257	国正名1町7反
大めう	左近太郎	23.049	大名
	九郎左衛門	21.036	
正いへ	藤四郎	19.130	
かねやす	三郎次郎	17.782	かねやす名1町3反
よりさた	九郎左衛門	17.720	よりさた名7反
しけミつ	源三郎	17.625	しげ光名1反7町
村おか	平右衛門尉	17.638	手作り18石067
ふしのめう	五郎左衛門	15.370	
長沼間	宮　内	13.200	手作り17石639
同	下　人	9.000	手作り5石901
久　清	又左衛門	9.161	久清名8反
くに広	十郎左衛門	8.810	くにひろ名3反
	石　見	5.450	目　代
いつくしま領	五郎左衛門	1.870	
合　計	19人	379.967	(年貢高515石207)

典拠:「玖島村当年貢成前注文」による.

園制下の名《みよう》を肩書きとし、一つの名が一人の農民に限って肩書となっていることから、中世の名を単位として年貢納入を請け負う組織であったと判断される。したがって、村内農民の現実の耕地保有関係とは別の年貢納入組織であり、自己の保有する高請地に応じた年貢を負担することに不安定な小百姓が、村請制に到達する過程で、利用した年貢納入の仕組であったといえよう。

輝元の朝鮮出兵　全国統一をなし遂げた豊臣秀吉は、かねて念願の大陸征服の計画を実行に移した。大明国を経略することを目標にして「唐入り」と称したが、結局、緒戦から「高麗陣」に終始して失敗に終わった。

秀吉は文禄元年（一五九二）三月を期して、朝鮮に出兵することを宣言した。これをうけて毛利氏は、輝元・隆景と安国寺恵瓊が上坂して指示をうけ、領国内の家臣に広島集結を命令した。朝鮮出陣の総兵力は二〇万四〇〇〇人余、九軍と船手軍に分けられたが、輝元（三万人）・隆景（一万人）・秀包（一五〇〇人）の軍は立花・高橋・筑紫軍とともに、第六軍に編成された。毛利氏の軍役知行高は八九万石で、出陣軍役は「百石四両宛」とされ、家臣には一〇〇石につき四人役に近い賦課率となっている。

朝鮮出兵は、毛利氏にとって経験したことのない兵士・水夫・人夫の大動員と、大量の軍需物資の調達を必要とした。とくに瀬戸内海に面した国々では、海上輸送に重要な役割を担い、渡海用の大安宅船（軍艦）を作ることを命ぜられ、大坂から肥前名護屋までの主要な港湾・宿駅に継船・継馬が置かれた。継船は尼崎・兵庫・室《むろ》・鞆《とも》・瀬戸・上関・下関の七港におかれ、さらに慶長二年（一五九七）には、秀吉が輝元に命じて早船二艘・馬二疋ずつを鞆・蒲刈《かまがり》・大畠・天神国府・下関の五港に配置した（『毛利家文書』九〇八号）。

朝鮮出兵の第一陣が釜山に入港したのは文禄元年四月十二日で、五月三日には首都京城を攻略したが、その後日本軍は八道にわかれてすすんだ。輝元・隆景軍も四月十九日に釜山に、京城から輝元は慶尚道を、隆景は全羅道をうけもった。輝元は慶尚北道の開寧に本拠をおき、公布した掟によれば、人々に帰農を呼びかけ、農耕の安定、民心の獲得に努めている。しかし、侵略をうけた朝鮮の側では日本軍を倭寇とひとしく敵視し、ゲリラ戦を展開して抵抗が止むことはなかった（「巻子本厳島文書」九五号）。この間、李舜臣の率いる水軍が日本水軍に手痛い打撃を与え、七月には明も援軍を送ってきて日本軍の前線も平壌でとどまった。文禄二年正月、明軍に包囲された小西軍は平壌を放棄し、京畿道の開城にあった隆景軍とともに京城に撤退した。しかし、勢いにのって南下した明軍も、一月二十六日の京城北方碧蹄館の戦いで、隆景らに大破されたのを機に、戦闘が一段落して明との和平の機運が高まった。そして、四月には講和がなって、日本軍は撤退したのである。

さて、文禄二年より秀吉と朝鮮・明との間でおこなわれていた和平交渉は、交渉の使者小西行長と相手の沈惟敬《しんいけい》との間に種々の画策もあったが、慶長元年（一五九六）、秀吉が勘合貿易や朝鮮四道の割譲を要求したため決裂した。秀吉は多くの反対を押しきって、慶長二年朝鮮再征を発令したのであった。同年八月に再出兵を命じられた輝元は、この戦いは「非道」と反対したがかなわず、秀元を名代に渡海させることとし、率いる軍勢も前回と同じ三万人を割り当てられた。しかし、再征した諸大名の軍勢は、朝鮮南部をわずかに占拠したにすぎず、慶長三年（一五九八）正月の蔚山城の防戦を機会に、大名の多くが帰国を命ぜられた。さらに八月に秀吉が死んだため出征していた諸軍勢はすべて召還されたのである。

関ヶ原の戦いと毛利氏の防長移封　秀吉の没後、実力によって諸大名を服属させようとする徳川家康は、上洛をうながした上杉景勝の拒否にあって、慶長五年（一六〇〇）五月、景勝征伐を諸大名に命じ、みずからも関東に下向した。会津出兵の督促をうけた輝元は、安国寺恵瓊と吉川広家に出陣を命じた。七月十二日家康の関東下向を好機とみた石田三成は、近江佐和山に大谷吉継や恵瓊を招いて、豊臣方の主将に輝元を仰ぎ、家康打倒の計画をはかった。その二日後の大坂木津の毛利家屋敷では、恵瓊・広家に益田元祥・熊谷元直・宍戸元次らが集まって、家康攻撃の是非を議論している。家康打倒の首謀者の一人となった恵瓊に対して広家は、家康と戦っても勝ち目がないこと、たとえ勝ったとしても三成ら豊臣氏奉行人が実権を握るだけと激しく反対した。他の重臣も、とりあえず家康と合戦になっても輝元の本意でないことを表明しておくのが得策と、家康宿老への書状を用意した。ところが、輝元の決断と行動は素早く、恵瓊の使者に接するとただちに広島を出発して、七月十七日大坂城西の丸に入り、西軍の大将として家康を討つことを号令した。この輝元の迅速な大坂城入りは、恵瓊の策略にのせられたとする主張が強いが、むしろ、輝元の行動は秀吉の遺命を守るという点にかけて、家臣間の対立を一つに統一しようとした覚悟の表明であったとおもわれる。そのことが毛利氏の緒戦の行動にあらわれている。

輝元を主将とし、宇喜多・長曾我部・島津・小西らの諸大名と、三成・吉継・正家（長束）らの奉行人を中心とする西軍は、八月一日に伏見城を攻略すると、軍を北陸道・美濃・伊勢方面の三手にわけて東軍の攻撃にかかった。毛利軍は秀元と元康を中心に伊勢国津城（津市）を攻め、八月二十五日に落城させた。ついで元康や小早川秀包らが、近江大津城の京極高次を降した（『萩藩閥閲録』巻四）。九月に入って西上反攻してくる東軍を迎え討つため、西軍は美濃国に集結したが、戦意があがらないのをみて三成らは九月十四日美濃大垣城から関ヶ原辺に陣を後退させた。このとき、広家と重臣福原広俊は、輝元に相談もなく家康の老臣と起請文を取り交わし、輝元の身や毛利分国の安堵について密約を成立させていた（『毛利家文書』一〇二〇号）。翌九月十五日の関ヶ原における両軍の天下分け目の戦いは激戦となったが、南宮山に陣して東軍の背後をつける毛利軍は、先陣の広家が兵を動かさなかったため、攻撃に加わることができなかった。さらに松尾山の小早川秀秋軍は、家康から催促されて西軍を側面から攻撃したため、ついに西軍は総崩れになった。戦場から逃れた三成と恵瓊はやがて捕えられ、のち処刑された。

こうして豊臣秀頼をいただき、大老・奉行で運営する西軍は、新たな統一権力として成長してきた家康のまえに敗れ去ったのである。大坂城にいた輝元は、家康より分国安堵の意向をうけると、ただちに大坂を引きはらった（『吉川家文書』一五二二号）。輝元にかわって大坂城に入った家康は、十月二日一転して輝元が西軍の積極的な首謀者であった証拠をあげて、毛利氏を取り潰す旨を告げた（『関原陣輯録』）。輝元の罪状は明白で申し開きは困難な状態であったが、広家が関ヶ原の戦いで内応した功により、周防・長門両国を与えられることになっていたのを、吉川氏の「本家を立てたい」との申し入れで、十月十日、防長両国を輝元の幼児秀就に与えられることになり、ようやく毛利氏の存続が許されたのであった（『吉川家文書』九一四号）。

第二　広島藩の成立

一　福島氏の入国と対幕関係

正則の芸備入封　慶長五年（一六〇〇）九月、関ヶ原の戦いに勝利した徳川家康は、十月に大坂城西の丸に入って戦後処理に着手した。西軍大名九〇家を取り潰し、減封処分にして浮いた六六九万石の封地を東軍に味方した大名に配分したが、とりわけ、豊臣恩顧の大名には手厚い増封をおこなって、徳川氏への忠誠を期待した。福島正則《まさのり》は尾張国清洲二四万石から一挙に一六万石の加増をうけて安芸・備後両国四〇万石に封ぜられ、毛利輝元が総力をあげて建設した広島城に移ることになった。正則には、家康と毛利氏との間を取り持った因縁のほかに、防長二ヵ国に削封された毛利氏を監視する役目を負わされており、豊臣恩顧の大名にたいする家康の狡知《こうち》がうかがわれる。

正則は同年十一月、重臣を派遣して毛利氏の家臣佐世《させ》元嘉《もとよし》から広島城をうけ取り、自らは翌六年三月、家臣七〇〇余人とともに清洲を発って海路広島に到着し入城したといわれる（『福島太夫御事』）。その間、正則の命をうけた重臣によって、新領国村々から毛利氏の先納年貢分の書き出しを命じたり、毛利氏に対し先取年貢の返還交渉を行い、また厳島《いつくしま》へ掟をくだして、四季の法会・祭礼以下の旧例を認めるなど、若干の政策をおこなっているが、秀吉政権下でつちかわれた積極的な領国経営を展開するのは、正則の入国以後からである。

正則は新領国の経営にあたって、毛利氏ではなしえなかった中世的な遺制を一掃し、幕藩制的な社会体制（藩社会）の実現にむけて、新たな支配政策をつぎつぎに打ち出していった。まず、太閤検地につながる検地と刀狩りを徹底して石高制を成立させ、近世的貢租体系を整備したこと、また、兵農・兵商分離を実施して正則の家臣・武士はすべて城下町方へ、町人は町分へ、農民は郡村へ緊縛して、社会的分業を基礎とした身分制的な社会秩序を推進して藩社会の実現をはかったのである。

ところで、この芸備の地は、毛利氏発祥の地であり、毛利氏監視の役目を負わされているとともに、大坂城に秀頼の健在な時期にあって、豊臣家に心をよせる豊臣恩顧の大名である正則は、早急に領域支配権を確立する必要から、領国の支配と防衛の見地を優先して支城領化をはかった。すなわち、正則は広島城に入城してそこを本拠にすると、ただちに領国を巡視して国境の要地をえらんで支城をきずき、一族・重臣を配備して領国体制をかためた。小早川隆景がきずいた三原城は、広島につぐ規模で養嗣子の福島刑部少輔正之《まさゆき》を城主にすえ、梶田《かじた》出雲《いずも》・上月豊後《こうづきぶんご》・間島美作《まじまみまさか》・大崎玄蕃《おおさきげんば》らの重臣を「三原かけもち衆（与力七九人）」として配置したのをはじめ、西の周防国境の小方《おがた》（現大竹市）に亀居《かめい》城をきずいて甥（弟長則の子）の福島伯耆守正信《ほうきのかみまさのぶ》を城主とした。東の備中国境には神辺《かんなべ》城を再興して家老福島丹波守《たんばのかみ》治重《はるしげ》（与力三〇人）を配し、備後鞆《とも》にも城山に新城を設けて家老大崎玄蕃長行《ながゆき》（与力一三人）を城番として詰めさせた。また、北部の出雲国境に近い備後三吉《みよし》（のち三次）にも新城（尾関山《おぜきやま》城）をきずいて筆頭家老尾関石見守《いわみのかみ》正勝《まさかつ》（与力三〇人）を配し、伯耆国境に接する東城《とうじょう》（現庄原市）にも新城（五品嶽《ごほんだけ》城）をかまえて長尾隼人正《はやとのしょう》一勝《かずかつ》（もと山路久之丞）を城主に取り立てるなど、あわせて六支城制をとって領国防衛に備えたといえる。

ただ、こうした正則の行動は、幕府から警戒の目で見られたこともたしかで、『当代記』によると、慶長十四年（一六〇九）正月の頃に、徳川家康は中国・西国の大名があちこちで城普請をしていることに不快感をつのらせていると記し、また、正則みずからが薩摩藩主島津家久にあてた同年七月二十九日付の書状に「毛利の代からの端城を一・二か所普請したら家康の耳に新城をきずいていると告げる者があり、機嫌を損ねているので、右の城を破却して謝った」と書き送っている（「薩藩旧記雑録」後編）。これは正則の支城体制に深くかかわっており、とくに小方・亀居城がその対象とされている。亀居城は周防・安芸国境の備えとして重視され、正則が朝鮮侵略に際して巨済島倭城で明軍との攻防により学んだ経験を生かして新城を計画したもので、城山頂上から本丸・二の丸・三の丸と下り、平地までの斜面に有の丸・詰の丸・鐘の丸・妙現丸など一〇の郭を配し、補給路となる四町余（四三六メートル余）先の港をかこみ、土塁・石塁をきずいて確保する規模になっていたといわれる（「小方村国郡志書出帳」）。築城の着手は慶長七年（一六〇二）で同十二年にはほぼ完成したが、築城に要した職人や木材・石材などを厳島にも求めたため（「厳島野坂文書」衣斐伊賀守書状）、同十年に広島城内で火災があったのを宮島の神木を伐採した神罰とする噂がながれたという（『イエズス会年報一六〇五・六年』）。

そして、慶長十七年以降に作成された「福島正則家中分限帳」にも、広島知行取りのほか城番衆として三原・鞆・三吉・神辺・東城での知行取りはみられるものの、小方・亀居衆を欠いているので、同十四年七月までに破却されたことは確かであろう。このように小方・亀居城は正則の築城技術の粋を集めたものであったが、完成後まもなく破棄されたことになり、正則の支城領化の推進がかなり派手な築城・修築となったため、幕府（家康）の疑惑を招くことになったのであり、これを払拭する必要から亀居城を犠牲にして叛意のないことを証明したと思われる。

正則と対幕関係　福島正則はもともと羽柴秀吉の子飼い（従兄弟）から統一戦争のなかで成長した大名であり、天正十五年（一五八七）に伊予国今治一一万石を領知したあと、文禄四年（一五九五）十月には尾張国清洲二四万石を領して、秀吉恩顧の武辺者として信任を得ていた。しかし、朝鮮侵略戦争の処理をめぐって秀吉取立大名のあいだに文吏派と武断派の対立が生じ、秀吉の死後、五大老の一人徳川家康が武断派の諸大名をとりこんで、着々と自己の地位を確立するにいたった。関ヶ原の戦いでは、正則の居城清洲が東軍の集結地となり、決戦においては正則は黒田隊とともに東軍の先鋒となって大功をたてた。とりわけ、黒田長政らとは、かつて西軍の毛利氏に働きかけ、その前衛の吉川広家《きっかわひろいえ》・福原広俊《ふくはらひろとし》らを東軍に内通させて軍を動かさず、輝元の大坂からの出陣を不可能にさせた。こうした正則らの働きは、石田三成らが家康を排除することによって幼い秀頼の安泰を期待したのとは反対に、後見役としての家康の誠意を信じ、まず、みずからが家康に忠誠を捧げるべきだと考えたからにほかならない。ところが、関ヶ原の戦いに勝利した家康には、秀頼の後見役としての役割が消えて名実ともに天下人としての勢威が確立されていった。いっぽう正則の立場は、東海道の要地を追われて西国の毛利氏発祥の難しい地を新領国とし、しかも防長両国に削封された毛利氏監視の役目を負わされることになったのである。

ともかく正則は新領国において大名支配権の徹底をめざす藩政を推進しようとするが、それを妨げる過重な幕府公役や豊臣討伐の軍役動員があった。幕府（家康）が正則の行動を警戒した理由に、慶長八年（一六〇三）徳川秀忠の娘千姫と豊臣秀頼との婚儀が成立したとき正則が西国諸大名を語らって秀頼に奉公の誓紙を差し出したという聞き捨てならない風聞が伝えられたこともあったが（『当代記』）、幕府の諸大名に課した普請公役の過大な負担に対する不満もあげられる。

幕府は慶長九年八月、江戸城修築のため諸大名に木材と石材の運送を命じたが、それに先立って正則は石船九反帆五〇艘・同一〇反帆五〇艘を来年三月までに建造するよう国元へ申し送り、幕府公役に備えた。そして、同十一年三月、諸大名とともに江戸城の修築工事にしたがい、伊豆国から江戸へ石垣の石材を運ぶ三〇〇〇艘余の石積船が往来したといわれている（『慶長見聞録案紙』下）。このように正則の態度は、当初は協力的であったが、同十四年（一六〇九）に丹波国篠山城に助役した大名は、名古屋城の課役を除かれるたてまえにもかかわらず、正則・輝政（池田）・幸長《よしなが》（浅野）の三大名だけは重ねて命をうけることになった。そのためか、正則は同じく助役中の輝政にむかって「近年の助役に諸大名みな疲弊せり、御辺は大御所とのおちなみもあれば、諸人のため言上せられよ」と話したが、これを聞いた家康は、輝政を召して「諸大名たびたびの助役に難儀するときゝぬ、さればいずれも本国に馳せかえり、城池を固め人衆を集めて、わが討手のいたるを待つべし」と挑発した。これをきいた諸大名は、大いに恐懼して築城にはげんだとある（『東照宮御実紀付録』巻一二）。その後も慶長十六年に禁裏修造の役が諸大名に課せられ、同十九年（一六一四）正月から江戸城増築の手伝いがあったが、いずれも正則・清正らはまぬがれていない。このように正則は慶長十一年ごろからほぼ連年にわたって、幕府公役の普請手伝いにおわれる有様であったが、さらに豊臣家の安泰をねがう正則を追いつめたのは、家康の秀頼対策であった。

慶長十六年（一六一一）、徳川家康と大坂城の秀頼との会見をとりもって成功させた正則は、翌十七年、お礼言上の意味をこめて駿府の家康と江戸の将軍秀忠に参勤した。ところが、将軍とのお目見えがすみ、秀忠のゆるゆる国元で休息するようにとの「御暇被下」に感激して拝辞したばかりに、正則は国元へ帰ることができず、そのまま大坂冬の陣・夏の陣にも江戸に留めおかれて、結局帰国を許されたのは元和二年（一六一六）のことであった。とくに大坂冬の陣の起こる直前に、正則は豊臣家安泰のために、自分が徳川氏の使者として大坂城に行き説得したいと願いでたが許されなかった（『台徳院殿御実紀』巻二八）。

慶長十八年十月はじめ、大坂方は籠城のために兵糧米や武器弾薬の収納につとめ、当時大坂に置かれていた徳川方の蔵米三万石とともに、福島正則の兵糧米八万石の収奪を伝えているが（『当代記』九）、正則は大坂方の借用申し込みに対して飛脚で「秀頼御意次第」と返答したうえで、十月八日付で秀頼あてに書簡を送り、「事態の決裂を避けるため、ぜひ淀君に江戸へいってもらい、翌春にも秀頼自身が江戸へきて家康・秀忠と直接話し合えば、円満に解決するのでは」と切々と訴えていたのが知られる（大坪文庫『駿府記』）。しかし、正則の心配もむなしく大坂冬の陣の戦端は開かれた。正則は江戸に留められ、国元にいる子忠勝に家中を率いて従軍させた。夏の陣も事態は変らず、しかも忠勝の軍勢が大坂に着いたのは五月七日、大坂城の落城した後のことであった。幕府は忠勝ら遅参の大名に戦いで破壊された堤や道路などの修復を命じている。

幕府はこの元和元年閏六月、居城以外の城を破棄する一国一城令をだし、さらに七月には武家諸法度を制定して大名統制をきびしくした。そのなかに大名が居城を修補する場合にも、幕府の許可のもとでおこなうよう規制したのであった。正則の領国において一国一城令で破棄の対象となったのは、広島城を除く五支城のすべてで、神辺城・鞆城・三原城・尾関山城・五品嶽城におよび、正則の支城領化はついいえたのである。

正則の広島改易　福島正則は、元和二年（一六一六）に帰国を許され、久しぶりに広島へ帰ってきたが、翌三年六月に従三位参議に叙せられ、九月には徳川秀忠の芸備両国の四九万八二二三石の領知判物が下され、面目をほどこしたかと思われた。ところが、この年の広島は春・夏の長雨、豪雨で太田川が氾濫して大洪水となり、広島城も三の丸まで浸水し、城の石垣や塀・櫓などの損壊もはなはだしかった。このため正則は再三にわたって幕府の執政本多正純を通して、その修復の許可を申請した。しかし、正純はこのことを将軍に通ぜず、正則には修復だから正式の許可はいるまいなどと曖昧に答えていたという。結局、将軍の許可を得ないまま修復工事に着手し、同五年正月、治水工事に続いて城の石垣の修築をはじめた。四月になって幕府は、突然将軍の許可を得ない城の修築は認められないと、修築箇所の破毀を命じた。正則は弁明のため江戸へ参勤するとともに、修復箇所を破壊して謹慎の態度をしめしたので、一時はことなく落着するかに思われた。

しかし、その五月将軍秀忠は諸大名を率いて京都にのぼり、ここに忠勝の上洛を求めて六月二日、にわかに福島氏改易のことが発表された。また、在江戸の正則に対しては、幕府も諸大名に命じて兵を集めて正則の屋敷を取り囲ませるなど周到に準備したうえで、牧野駿河守・花房志摩守の両名を上使として遣わし、芸備両国を召し上げ替地として津軽に四万五〇〇〇石を与える旨を伝えた（『御制法』七）。正則ははじめから恭順の意を表して上使をむかえ、六月十四日付で命を奉ずる旨の請書を認《したた》めた。そして牧野主馬《しゅめ》を使いとして、上洛中の忠勝にことの由を報ずるとともに、忠勝より広島の留守居の者にたいして、台命に従い、国を退き、城を異議なく明け渡すようにと申し送っている（『福島略系』）。

広島への上使は長井直勝・安藤重信らであり、広島城請取りのことにあった。いっぽう、福島氏の家臣らが籠城などにおよぶことに備えて、防長の毛利氏、備前の池田氏、美作の森氏、因伯の池田氏、出雲の堀尾氏など中国地方の諸大名をはじめ、四国・九州の諸大名にも出陣の用意が指令されるという、ものものしさであった（『毛利家文書』一一六三号）。城請取りの上使は、まず、国境の備中笠岡につき、急使を遣わして広島城の明け渡しを申し込んだ。広島城に立てこもるのは家老福島丹波と家臣の総勢四〇〇〇余人であったが、六月二十日、正則が江戸からおくった書簡と京都の忠勝書簡がともに届けられ、正則・忠勝の健在と静穏に城を明け渡すようにとの意思を確認することができたので、異議なく主命に従うこととなった。家老福島丹波の指揮下で城中をはじめ侍屋敷の清掃を済ませ、城中の武器・弾薬・諸道具の類は明細に記し、正則の妻室をはじめ家中の妻子・家財などをまとめて五〇〇艘の船でおくり出した後、家老以下使番《つかいばん》までの上士のみが城にのこって、城引き渡しにのぞみ、それが終わると粛然と退去していったと伝えられる（『福島紀事』）。これより先、幕府は正則改易後の替え地としての津軽四万五〇〇〇石について、弘前藩津軽氏の越後への国替えを内命して確保しようとした。藩主津軽信枚《つがるのぶひら》は六月二十一日、移封止むなしとして家臣やその家族・又者《またもの》、有力寺社など可能な限り越後へ連れていく方針を示し、移動の態勢を早急に整えるよう指示すると同時に、幕閣の有力者を通して正則の津軽替え地の変更と越後移封の中止をつよく訴えている。

かくて、正則も忠勝とともに終始恭順の態度を示し、広島城明け渡しも事なく済んだことから、幕府は津軽の地を信濃国川中島に変更し、四万五〇〇〇石を給することにした（『玉滴隠見』七之十）。正則父子は高井野《たかいの》（現長野市）に蟄居したが、忠勝は翌六年九月、二二歳で卒し、正則は寛永元年（一六二四）七月享年六四で逝去した（「福島家系譜」）。

広島移封後の福島正則は、領国で近世的な藩社会の創出に努力を惜しまなかったが、ほろびゆく豊臣家への忠誠を脱却することができず、徳川氏の幕藩制の体制固めの基軸から排除されざるをえなかったのである。

二　太閤検地と石高制村落の形成

慶長六年の福島検地　福島正則は慶長六年（一六〇一）秋の収穫期、天下統一の最大の基盤整備となった太閤検地につながる福島検地を領内一円に実施して、耕作と年貢諸役の責任者を確定する石高制村落（近世村）を創出し、領主の家臣団に対する知行制配置と農民に対する地方《じかた》支配および貢租体系を成立させるなど、藩社会を構築するための政策浸透をはかった。

正則にとって太閤検地は、秀吉子飼いの取立大名だけに、ともに歩んできたといえるほどで、天正十五年（一五八七）七月伊予国に封ぜられた正則が、太閤検地の推進者浅野長政の検地（戸田勝隆領）と隣合せで領内検地をおこない、五郡一一万石余の領知判物を与えられた経緯があり、貫文《かんもん》制から石高制に切り替えてその徹底をはかった実績をもっている。また、文禄四年（一五九五）五月、正則は尾張清洲二四万石に封ぜられるが、この地は豊臣秀次の遺領で、天正十九年（一五九一）から翌年にかけて太閤検地がおこなわれて、村々は石高制に切り換えられた。続いて文禄二年（一五九三）から翌年にかけて秀吉みずから検地を行い、「百姓親子ならびに親類、家一に二世帯住むべからず、別々に家を作るべき事」と、名請人の単婚家族化をはかり、年貢負担の担い手となる小農の自立化を促進している。このようにすみやかに近世村落の形成をすすめた尾張領の支配を経験しているだけに、新封地の芸備両国の経営にも期するものがあったと思われる。

福島検地の実施過程をみると、現在知られている検地帳（一二郡一〇〇ヵ村分）によれば、慶長六年十月ないし十一月初旬の日付をのこしており、検地奉行も大崎兵庫（玄蕃）・牧（野）主馬・村上彦右衛門・山中織部ら多くの家臣を任命したうえで、一人または数人を組み合わせて領内一円に配置し、郡村ごとの担当地域をきめて順次検地を実施している。一例として安芸国佐西《さ　さい》郡玖島《く　じま》村では、検地の流れを知ることができる文書があるので紹介しよう（「玖島小田家文書」）。この村では、領国引き渡しの済んだ一ヵ月後の慶長五年十二月、代官あて（郡奉行）の「村指出し」を提出している。それによると、この年の兼重・蔵田検地の村高五一四石九斗九升、物成三九六石五斗四升二合、免七ツ七分であり、物成の上納状況は毛利氏先納分一七三石一斗七升七合、百姓手元へ残り分二二三石三斗六升五合となる。したがって、福島氏は毛利氏に対する先納分の返還と、残りの物成分の取り立てを百姓におこなった。

続いて翌六年八月十四日、同村庄屋平左衛門は検地奉行山中織部・村井次郎兵衛あてに土地明細を記した村差出帳を提出した。その合計は田数一〇九町一畝一二歩・分米一〇九五石八升四合、畠数一七町八反二三歩・分米六一石七斗三升六合、居屋敷二町九反一畝三歩・分米四三石六斗六升五合、田畠屋敷合一二九町七反三畝八歩・分米合一二〇〇石四斗八升五合、同年の荒一二石三斗三升であった。そして、同年十月十四日、奉行の一人村井次郎兵衛が田畠屋敷の等級別合計高を示して村方の確認を得たあと、十月十八日に検地奉行両名によって「玖島村物成定」を村庄屋・惣百姓中に通知したのである。その内容は、村高一二〇〇石四斗八升五合、免相四ツ七分、物成五六五石二斗二升八合、「未進無く納所仕るべく候事」としたうえで、このたびの検地帳は、「小百姓中いずれも残らず具《つぶさ》に見せ申し合点させ申べきこと」、次に物成の賦課率は畠方六ツ成、居屋敷は定成、田方は「当毛、上中下九段に見分し、米盛り仕り甲乙なき様ならし仕るべく候」としたこと、最後に庄屋・年寄・小百姓三人連署した請書を提出することとあった。

このように、玖島村では、慶長六年の早い時期に検地の施行が知らされ、八月十四日に土地状況の差出帳の提出があった。それをもとに検地作業が八～九月におこなわれ、十月中旬には検地帳の下げ渡しが済んでいる。そこで注目されるのは、「村指出し」の田畠屋敷合計高が検地帳の村高と同額であることから、村差出帳の作成に当たって検地役人から前もって検地方法や基準等の指示をうけ、田畠等級・屋敷一筆ごとの面積・分米・名請人などが入念に仕上げられており、実際の検地ではその確認調整作業になったのではないかと思われるほどである。その結果、前検地（慶長二・三年の兼重・蔵田検地）の村高五一四石余に対して今回の検地の村高一二〇〇石余と二・三三倍に増加が決定したこと、物成も一・四二倍と増加することについて、検地帳の開示や物成の賦課率を明らかにして公平な取り扱いを強調しているのであった。もちろん、玖島村はごく普通の村であり特別な取り扱いはなかったから、福島検地は以上のような方針でおこなわれたのであろう。

福島検地の基準とされたのは、①村々の境界を確定したうえで、村を単位として実施する。②田畠・屋敷は一筆ごとに位付けをおこない、田畠は上々から下々まで一〇ないし一二等級にわけた。③一反＝三〇〇歩制、六尺五寸の間竿《けんざお》を用いて面積をはかり、分米（石高）を算出した。④一地一作人の原則によって名請人を決定し、作合《さくあい》（中間搾取）を否定した。⑤検地帳の作成は、村を単位にして丈量した田畠・屋敷の筆順に従うか、田・畠・屋敷別に記載し、分米の集計をもって村高とし、年貢賦課の基準とされた。⑥検地帳によって耕地、屋敷内の茶・漆木の本数をはじめ、田地の作柄、畠地の作付種類と作柄、当荒・年々荒などを一筆ごとに記した場合もあり、これらは収穫期の村々の現状にそくして、土地生産力の実態をより精細に掌握しようとする意図がみられる。

石高制村落（近世村）の形成　福島検地による総石高は明らかでないが、元和三年（一六一七）九月五日付で将軍秀忠が正則に与えた領知判物の芸備両国四九万八二二三石を検地による実高であると考えてよい。したがって、毛利氏による前検地（慶長二・三年の蔵田・兼重検地）の芸備両国総石高四〇万二一五〇石より九万六〇七三石が増加し、約二四％を打ち出したことになり、福島氏によって領国支配の基盤が確立されたといえよう。

しかし、同時に石高の増加にとどまらず、石高制村落（近世村）の創出にとって解決すべき問題はいくつかあげられる。まず、兵農分離制の徹底で注目されるのが、毛利氏の遺臣で地侍的な性格を十分揚棄することなく旧領に留まっているものの、福島氏に召し抱えられるか百姓身分に登録されるかの岐路にたたされた者がいた。福島氏は在村の旧給人に帰農をすすめたが、なかには由緒書を差し出させ、郷士身分で遇するなどの懐柔策がみられる。たとえば、安芸国能美《のうみ》島の旧族山野井氏や、同山県郡穴村小田弥左衛門、備後国芦田郡広谷村の有間久右衛門、同深安郡竹田村の鼓《つづみ》善太夫、同三谿郡向江田村和田氏、同恵蘇郡三上源太兵衛らである。山野井氏は「御城下郷士烈仰付られ候」と郷士身分をみとめられ、本拠能美島には検地奉行を入れない指出しですませ、東西能美島村、東西塩浜村と四ヵ村にとどめて村切りもおこなわれなかった（『大柿町史』）。有間久右衛門は、周防から輝元の命による給地替えで家来とともに来住したもので、「郡中案内者」として神辺城の福島丹波に仕えている（『広島県の歴史』）。鼓善太夫は南北朝以来備後国竹田に拠って活動した鼓一族で、鞆城代大崎玄蕃に仕え大坂の陣にも参加している（「鼓文書」）。和田氏や三上源太兵衛も「由緒有り、何格式無く候得共、帯刀是迄通り指申べく候」(佐々木家文書「古今雑録」)などと、いずれも郷士身分として遇されている。ただし、福島氏の給人として召し抱えられなかった牢人・土豪らに対しては、検地以降にも刀狩りを実施している。神辺城の福島丹波は慶長六年十月、深津郡惣百姓に対して「諸給人衆ノ百姓手作りハ堅クご法度ニ候」(土肥文庫「御法度被仰出候条々」)と命令しているが、これは福島氏給人の在所居住と手作りを禁じており、逆に召抱えられなかった有力土豪らも検地帳請人(百姓)とされた。そこには諸給人の在地領主制や手作り経営を禁じていることはもちろん、代官・給人の百姓召遣いや名請百姓の奉公人化をも禁じて、農民の土地緊縛を規定している。

また、毛利氏時代には広く認められていた寺社領の存在も、福島検地によってすべて没収され、必要に応じて扶持米の給与に変わった。

さらに、福島検地では、領国内を町方と在方に峻別し、検地対象を在方の「村」に限って実施している。検地対象からはずれた町方は、広島城下町・三原城下町・宮島町の三町であるが、広島城下町は城郭および町屋敷(侍町・町人町)以外の町外れ・町新開が検地をうけており、石高一七〇一石余が領高に結ばれた。三原城下町も東西両町も対象からはずれ、地子免除となった。宮島町も厳島社の門前町として除外された。ただし、地子銭は徴収され、厳島社御三家の手当てに配当された。その他の在町はすべて検地の対象とされたが、草津・廿日市・海田《かいた》・吉田・四日市・下市・尾道・府中市などの八町は、町分と村分に二分した検地を実施しており、可部・甲山《こうざん》・川西・原・麓・鞆町などは、町屋敷中心の在村として一帳にまとめられた。

在方の郡村は、この検地以前に何々郷をはじめ、荘・村・名などまちまちによばれていても「八幡庄かがり村」とか、「奥山郷之内中原村」などと、基本単位を篝村・中原村など「村」に統一され、境域・村高・面積・石盛・名請人など村を構成する要件を整えていった。それは当時農民の生産と生活の場として発達していた地域共同体であり、領主支配の行政単位として制度化されたといえる。福島検地によって確定した芸備両国の村々、慶長九年（一六〇四）のころ幕府の命で差し出された「大崎玄蕃・間島美作極之印有之帳」をひき写して浅野・水野両氏に与えた「安芸国備後国御知行帳」（「自得公済美録」巻一二下、『備陽六郡志』）から、石高別村数を整理すると表6が得られる。すなわち、芸備全領域二二郡にわたって八八一の村が成立したことは画期的なことである。村の規模は、最大の安芸国豊田郡阿鹿《あが》村の三五三三石余から同佐東郡川田村の一〇石余までの間であり、一〇〇石未満の村は五四ヵ村で全村の六・一%にあたり、五〇〇石までは四二五ヵ村で四八・二%、一〇〇〇石までは二六六ヵ村で三〇・二%、二〇〇〇石までは一一五ヵ村で一三・一%、それ以上の村

表6　福島検地による石高別村数

	安芸国	備後国	合計(百分比)	
3,000 石以上	2		2	0.2
2,500 石 〃	1	2	3	0.3
2,000 石 〃	10	6	16	1.8
1,500 石 〃	26	7	33	3.8
1,000 石 〃	43	39	82	9.3
500 石 〃	123	143	266	30.2
300 石 〃	71	111	182	20.7
100 石 〃	119	124	243	27.6
100 石未満	29	25	54	6.1
合計	424	457	881	100.0

浅野・水野両氏「安芸国備後国御知行帳」による．ただし，備中国の一部は除いた．

は二一ヵ村で二・三%と分布し、一〇〇石から一〇〇〇石までの村に六九一ヵ村、全体の七八・五%と集中している。このことは、中世末に発達してきた郷村を、近世村として編成する基準が、だいたい一〇〇石以上一〇〇〇石以下の村高規模とする政策が働いていたのである。

三　家臣知行と地方支配

家臣団の知行割　福島氏の家臣団は、三原・神辺など五つの支城が設けられたことと関連して、城番の部将と与力の侍士・陪臣らが支城詰として在地に屋敷を構えていたが、その他はすべて広島城詰めとして広島城下に集住していた。

福島家臣団の戦力構成をみると、全体を直臣と陪臣に分けて、直臣は知行取り侍士六〇〇人、扶持取り侍士一一五人、歩行《かち》同心（鉄炮等）四七〇人、のぼり衆一六人など、合わせて一二〇一人であり、陪臣は馬上（侍士）一三六人、歩行・足軽二三四三人、小者（草履取り・馬口取り・小荷駄など）一万〇九八三人などで一万三五六二人を数えるので、戦力の総数は約一万五〇〇〇人弱ということができよう（『広島県史』近世1）。そのうち、軍役の中核となる知行取り・扶持人の有り様を「福島正則家中分限帳」（京大本）からまとめると、知行取り六〇〇人のうち広島城詰め四三三人、支城詰め一六七人であった。広島詰めでは馬廻り組一二組・小姓衆・代官衆・万奉行衆・定番《じょうばん》衆、番はずれ衆など役職で構成され、知行取り全員の知行高は三六万五八二三石余となった。扶持方は馬廻り・与力の無足、小姓衆・無足衆、広島・三原の五ヵ寺、諸職人役方など一一五人、二万九五五三石余（一四六四人扶持）となる。したがって、知行取り・扶持人数は七一五人で、石高にすると三九万五三七六石余であり、これが家臣団に配分される知行高となり、残る一〇万二八四六石余が藩主直轄の蔵米ということになる。このように福島氏の領知高の配分は、藩主直轄分が約二一％に対して家臣団の知行が七九％と比率が過大であり、軍役重視の戦国の余風を色濃く残しているというべきで、藩の財政的基礎が成立していなかった。

つぎに福島家臣団の知行割は、知行取り六〇〇人の多くが、慶長六年（一六〇一）福島検地の直後に地《じ》方《かた》知行の形態でおこなわれ、知行宛行《あてがい》状および目録は正則花押の御墨付をもって発給されている。たとえば、知行高一〇〇四石余の志賀小左衛門は、給知を安芸国豊田郡上北方《かみきたがた》村に高四五八石余（物成二八五石余）、備後国奴可《ぬか》郡塩原村に高四二二石余（物成一六九石余）、同小串《おぐし》村に高一一四石余（物成五五石余）の三ヵ村のうちから宛行われている。そして、それぞれの給知から収納する物成（年貢米）も塩原村の免四ツ、小串村の免四ツ五分、上北方村の免六ツ二分と定められ、合わせて免五ツとなっていた。いっぽう、給知村の備後国御調《みつぎ》郡羽倉《はぐら》村では、村高八四五石余が給主の松本忠蔵に高二三〇石、森新七に高二三〇石、梶田総七に高二三〇石、須賀左兵衛に高六八石余、杉平右衛門に高八七石余の五人に分割して宛行われたのである（『御調郡誌』）。

このように、給主の知行高の大小を問わずおこなわれた分散知行の存在形態として、その特徴の第一は給主の地方支配を排除するものであった。それは給主が郡村の土地を直接支配・統治したうえで年貢率などを自分できめて徴収するのでなく、藩の郡奉行・代官が郡村一円に支配して年貢率を定め、村庄屋を通して徴収する仕組を貫徹することができるので、藩権力の中央集中が容易になったことを意味した。第二は福島氏の知行目録には、村別の給知高に物成高（年貢米高）が記されていたことである。物成は原則として固定したものではなく、毎年の作柄に応じて変動したが、正則の知行目録にはかならず物成高（率）を記載していた。これは慶長六年の収穫期に検地をおこない、合わせて作柄を把握して物成に反映させたものであり、これを物成の標準とする意味があったと思われる。つまり、知行目録が知行高だけでなく、物成高まで固定化させようとする試みは、給主に対する知行の事実上の給米化にほかならなかった。

福島氏の地方支配　福島氏の藩職制を明らかにできないが、各種の資料から部分的に政務担当の奉行や代官職名が知られる。『福島家分限帳』によれば、「万奉行衆」として水野次郎右衛門（一九八八石余）・大橋茂右衛門（一〇〇〇石）ら七人をあげているが、具体的な職掌は明らかでない。もっとも、他の史料で、水野次郎右衛門を普請奉行と記し（『福島太夫殿御事』）、大橋茂右衛門らが作事奉行ないし船作事奉行であったとする（「大橋文書」）。勘定奉行ないしこれにあたる職制は知れないが、町奉行は慶長八年ごろ小河若狭守が、そのあと福田宇右衛門をあげているが（『知新集』）、福島氏の職制に正式な町奉行の呼称があった確証はない。

このように福島氏は藩政中枢の職制が成立したとはいえない状態にあり、むしろ、新領国の民政安定策としての強力な支配機構を展開し整備されていったといえよう。すなわち、福島氏が入封当初に配備した支城制を基礎にして町・在を含めて民政の統轄者を大奉行の名称で、広島城詰めと三原城詰めと大きく二分して複数人設置したところからはじまった。

民政の最高責任者「大奉行」にあげられたのは、広島城詰めで安芸国担当の小河若狭（知行四四〇〇石余）・坂井信濃（同三二〇〇石余）・牧（野）主馬（同七〇〇〇石）の三人、三原城詰めで備後国担当の間島美作（知行一八〇〇石余）・村上彦右衛門（同四二〇〇石余）・大崎玄蕃（同八一〇〇石余）の三人、合わせて六人であった。つづいて、家中からとくに「りはつ巧者なる者」二二人を選び出し、芸備両国の郡ごとに一人ずつの「郡奉行」を置いた（『福島太夫殿御事』）。そして、実際の政務担当としては、「御代官衆」が活動している。広島城付の「代官衆」に小河若狭・坂井信濃を組頭とする両組がみられる。小河若狭組には飯田喜左衛門・小島太郎兵衛・櫛田角兵衛・山野与次郎の四代官が所属し、坂井信濃組は衣斐伊賀・村上六郎右衛門・野田籐七・箕浦十右衛門・善可・小谷弥三右衛門・田頭源左衛門の七代官が属するグループである。これは大奉行二人をそれぞれ代官頭（組頭）とする代官衆グループであり、大奉行が検地奉行の署名人となることはもちろん、各村の免相（免率）の決定や免状の署名人、蔵入分の年貢徴収者に「代官衣斐伊賀」と記している。また、三原城付で備後国の庶政に当たった大奉行も同様であり、大崎玄蕃や間島美作らも、検地奉行の署名人や各村の請免状の宛先奉行として貢租徴収者の「御代官梶田新介」らをあげている（「三原城壁文書」）。

このように、『福島太夫殿御事』にある「大奉行」の名称は、分限帳など他史料からみると郡代ないし代官頭に相当し、「郡奉行」も免状にある郡ごとの代官にあたっている。郡代ないし代官頭は、広島城詰めと三原詰めに分けられ、郡ごとに配置された代官を指揮して、それぞれの地域総体にわたった郡政を統括し、給知・蔵入を問わず各村の免相を決定し、その署名になる免状を交付していた。また、直接農政に関与する職制として山奉行が設けられた。これは農政はもとより軍事上・治水上の意義からも山林行政が重視されたとみられ、衣斐伊賀（知行一〇二三石余）が任命された。衣斐伊賀は分限帳などで代官としてあらわれるので、あるいは代官衆のなかから山奉行の職が選ばれていたのかもしれない。

福島検地によって実現した九〇〇弱の近世村を運営する村役人は、庄屋・組頭制として整えられていった。慶長六年（一六〇一）十月福島丹波が備後国引野村へ申し渡した条目のなかに、百姓の給人奉公を禁じた項で「其村の肝煎・名主・庄屋の儀ハ申ニ及バズ」とあり、村役の名称が庄屋・名主・肝煎などまちまちであったことが知られる。安芸国玖島村免状では、慶長六〜九年十月ころ庄屋・年寄制であったが、同十九年以降から庄屋・組頭制に改められている（「小田文書」）。また、同年の備後国恵蘇郡かミ村惣百姓請文の署名にあらわれる村役人も庄屋・組頭になっており（「山田与左衛門知行所惣百姓請文」）、このころには、村役人が庄屋・組頭制として整備されたことは明らかである。そして、村々は村役人を中心に惣百姓体制ともいえる村中の連帯が強く求められた。近世村はなによりも村請制による貢租収取と治安維持の単位とされたから、村役人は藩からの法度や通達を遵守させる立場にあった。

近世貢租体系の成立　慶長六年（一六〇一）の福島検地は、収穫期に実施されたから、検地終了後ただちに家臣の知行割と同時に物成定の決定もおこなわれた。福島領の年貢の賦課対象となるのは安芸八郡で四二四ヵ村、備後一四郡四五七ヵ村の八八一ヵ村、石高四九万八二二三石のうち家臣知行高三九万五三七六石余と蔵入高一〇万二八四六石であった。年貢収納の具体例をみると、蔵入村の場合、慶長六年十月十八日の「安芸国佐西郡玖島村物成定事」のように、村高・免率・物成高を決定して、村中に示し、庄屋・年寄・百姓代表による請書の提出を求めている。また、家臣知行地に対しては、各給人の知行宛行状に添えられた「知行方目録」に、知行地村ごとに給知高・免率・物成高を記し、当年貢の収納方を指示していた。これに対して相給村《あいきゅう》の備後国御調郡羽倉村では、慶長八年三月に庄屋・年寄が差出した大崎玄蕃・間島美作・上月《こうづき》助右衛門あての請免状によると、村高八四五石のうち、二二三〇石は給人松本忠蔵、二二三〇石は同森新七、二二三〇石は同梶田総七、六八石余は同須賀左兵衛、八六石余は同杉平右衛門へ、物成合三五五石余、免四ツ二分（去年は四ツ三分）を惣百姓に割付け、間違いなく惣として納付するとある。

さらに慶長六年十月、福島丹波が引野村惣百姓にあてた「条目」のうち貢租に関するものを要約すると、①免率は七ツ免を基本とし、破免の際は検見をうけ、三分の一を「百姓さくとく（作徳）」にのこす。②米のほか麦・大豆の割合は、城下市立ての相場を基準にするが、「定」の代替米で済ますこともできる。③升は京桝を用いるが、すべて新儀に定めたものとする。④年貢収納には口米を一石に二升ずつ添える。俵詰めは摺籾とも四斗入り、俵は二重俵とし、納所までの運送は五里までは百姓持ち、五里以上は給人・代官負担とする。⑤小物成の収納権はすべて公儀（蔵入）に属す。対象物件は大奉行・代官が行い、蜜柑《みかん》・油・茶・漆《うるし》など諸木類は、収穫の三分の二を収納し、三分の一を持主にのこす。⑥夫役は高一〇〇〇石につき一人役とし、出役のない時は一〇〇〇石につき一〇石の夫米負担とする。

これをさきの玖島村の物成定とあわせ見るとき、福島氏の貢租制の基本を知ることができる。年貢の免相は、蔵入・給知ともに大奉行・郡奉行（代官）が決定権をもち、慶長六年は検地とともに作毛検見《けみ》（収穫高検査）の方法をとったものの、翌七年からは、作付前に免率をきめる土免《どめん》方式を採用している。凶作年には検見をもって領主七・百姓三の比例配分とし、年貢には大豆・麦を一部残したが、だいたい米に統一した。年貢収納時の京桝・口米・俵装・運送費負担なども規定した。とくに、土免制は福島時代「弐拾ヶ年の間に検見入候事四・五度ならでこれ無く候」（『福島大夫殿御事』）とあるので、原則的におこなわれたと見られる。こうして、検地で決定した田畑・屋敷とその名請人は、それぞれの村に緊縛され、貢租負担の基礎として固定されることになったし、個々の百姓が貢租負担者として皆済《かいさい》に責任をもつことはもちろんのこと、さらに各村が貢租皆済機能をはたすよう義務づけられたところに特徴がみられる。

近世貢租制の中心は年貢収納であるが、ほかに高内外の小物成や諸役・諸運上等にもふれる必要がある。元和五年（一六一九）八月、幕府が浅野・水野両氏に与えた「安芸・備後国郷村高帳」の末尾に福島氏が賦課徴収した領知高内外の諸色《しょしき》が記されている。高内で備後国の鉄役（たたら）四四七石余・吹役（大鍛冶）三三七石余・鉄穴役（小鉄《こがね》）一四四石余合せて、九一八石余と畳表《たたみおもて》機役高一五八四石余、小物成高一四六七石余、野上村山役三八五石余、計三四三七石余とあり、高外では切畠が安芸・備後合せて一二九八石余、万小物成が安芸国で銀七四貫余、備後国で三七四石余、その種類は漆の実・茶・鹿皮・紙・馬札（駄賃）銀・蜜柑分などである。

領知高内外については、高内が領知高の不足を補う措置であったと思われ、高外との諸色収益の運上内容に差は認められない。高内とされた鉄山役高は、鉄穴《かんな》・鑪《たたら》・鍛冶に三分割されているものの、備後国四郡村々の山地で分業経営された砂鉄採取・製鉄（鑪・鍛冶）過程の稼業収益に対して運上を徴し、それを石高に換算して領知高に組み込んだものであり、畳表機役高も同様で備後国山南《さんな》地方の藺草・畳表生産を対象としたものである。福島氏は慶長七年（一六〇二）以降畳表の上品（献上表《けんじょうおもて》）三一〇〇枚を、幕府に毎年献上しており、すでに沼隈《ぬまくま》郡山南村以下一六ヵ村に畳表生産のための機数七七二が確保され、中指表を中心に二四種の規格を定めていた。小物成は高付けされた土地以外の山野河海の産物を課税対象とし、村ごとに産物を指定し、現物で納めるか、代銀で納めるもので、「漆・茶・綿等請山役・鉄砲役・栗・蜜柑・万肴《よろずさかな》代銀、浦役・海役等之運上を約《つず》め、毎年上納」したとある（『広島藩御覚書帳』）。

このほか、労役＝夫役負担として徴されたものに、千石夫や諸職人水役などがあった。千石夫の制は、慶長六年十月に「夫役之儀ハ高千石ニ付小人《こひと》一人たるへく候、ただし百姓出ざる在所ハ千石ニ付拾石づつ出べく候」と、百姓に対して労役を強制するもので、事情によっては代米納も認めている。小人は「百姓の城下詰並ニ江戸上リ下リ人夫、其他労働に使用せらる」、別に「台所の薪炭、もしくは馬飼の藁草など」とあって、千石夫名目の現物徴発や、藩召出しの雑用使役を課していたことが知られる（『芸藩志拾遺』巻二）。

これに対して沿岸部の村々には浦方水主《かこ》役を徴し、苫《とま》・大綱等が課せられた。慶長十七年（一六一二）三原町の「定」によると、家数四九三軒のうち三五一軒が水主役に指定された。のこる一三三軒は諸職人・後家・比丘・盲人等で役を免ぜられ、九軒は駅用宿として除かれている。水主役の負担は、一軒前「かこ一人に付」一年に二回、大坂まで上下することを基準とし、実際の徴発には三五一軒の三分の一にあたる一一七軒を選んでいた。しかも、この年以降は、大坂上下一回を銀五匁と計算して、一一七軒分の銀一貫一七〇匁を毎年納めさせた（『三原志稿』巻一）。また、領内の諸職人に対しては水役が課せられた。水役は家持の職人が一ヵ月に二回ずつ、の割合で、藩の作事業務に使役される制である。したがって、職人には千石夫・水主役等の負担が免ぜられ、また、田畑を持つ職人は、夫役賦課の基準とされる高を持高からさし引かれている。

このように、領内百姓・職人の夫役徴発も枚挙にいとまがなかった。これら夫役負担は、年貢負担のような高割とは別に、役家割《やくやわり》を基礎に徴発されるわけで、臨時的な要素もつよく百姓・職人への重圧はさけられなかった。

四　広島城下町と流通の拡充

近世城下町の整備　広島城下町の近世都市としての整備は、福島氏の入国にはじまった。広島城郭は慶長四年（一五九九）に「二の丸」を築造して体裁を整えたものの、外郭（三の丸）の総構えは自然の濠を利用したため不十分であり、石垣はあったが櫓や塀などはなかった。正則は早々と整備をはかり、内堀・外堀はすべて石垣積みにしたうえ、御内櫓・平櫓・二重櫓・長櫓など八〇余棟を半丁間隔に構築し、それらの櫓を結んで塗籠めの白塀をめぐらすなど、外観のめんぼくを一新した。また、城の北・搦め手に箱島（白島）をへだてて流れる太田川の分流城北川を堰き止めて外濠とし、西・分流の口に樋門を設けて城濠の取水口とし、東・明星院川との合流点を堅固な堤防でふさぎ、本川と明星院川の城郭側の堤防を対岸より高くきずきなおしたと伝えられる（『芸陽記』）。

以上のように城郭を堅固に修築しただけでなく、城下町の範囲も、北の「箱島」をとり込み、南は新開地に進出し、東は猿猴《えんこう》川の東側、西は小屋川までに及んでおり、さらに東の安《あ》南《なん》郡矢賀・尾長両村境の岩鼻《いわのはな》、西の佐西郡草津境、南の比治山近傍の三ヵ所に大門を設けて城域の設定をおこなった。

注目される城下町の整備は、新領主の商工重視政策が反映していちじるしく変貌した。まず、毛利時代に城下の大部分を占めていた侍屋敷を縮小して町人屋敷を拡大したことである。その画期となったのは、城北を通っていた西国街道（山陽道）を城南の城下町に引き入れ、東西に貫通させたことであり、それにともなって城下諸川の架橋、町割の変更などを大規模におこなった。とくに慶長八年（一六〇三）には、星野越後守・小河若狭守を奉行に任命して町屋敷の全体を改めさせ、毛利家臣熊谷玄蕃屋敷跡付近の地に、銭屋又兵衛請願の西光寺《さいこうじ》（真言宗）本尊の観音胡像を西引御《にしひきみ》堂《どう》町から移すことを許可したうえで、町名を東引御堂町・胡町《えびすちょう》とし、両町でそれぞれ四日ずつ、合わせて八日市立を行い、商業の中心地とした。市立を賑やかにするため、城主正則の命で吉田出身の歌舞伎清七を招いて歌舞伎芝居を興行したともいわれる（香川南浜「秋長夜話」）。また、猫屋（堺）町を起点として十日市・西引御堂町から横川橋を渡り、可部・三次をへて松江・浜田に通ずる出雲・石見路を開設して、城下街道筋を町人町とし、商工業者の集住に便宜をはかった。さらに慶長十四年（一六〇九）、真宗仏護寺とその触《ふれ》下《した》一二ヵ寺を、広瀬地域の出雲・石見路をはさんだ一角に引き移して西の寺町としたのをはじめ、西

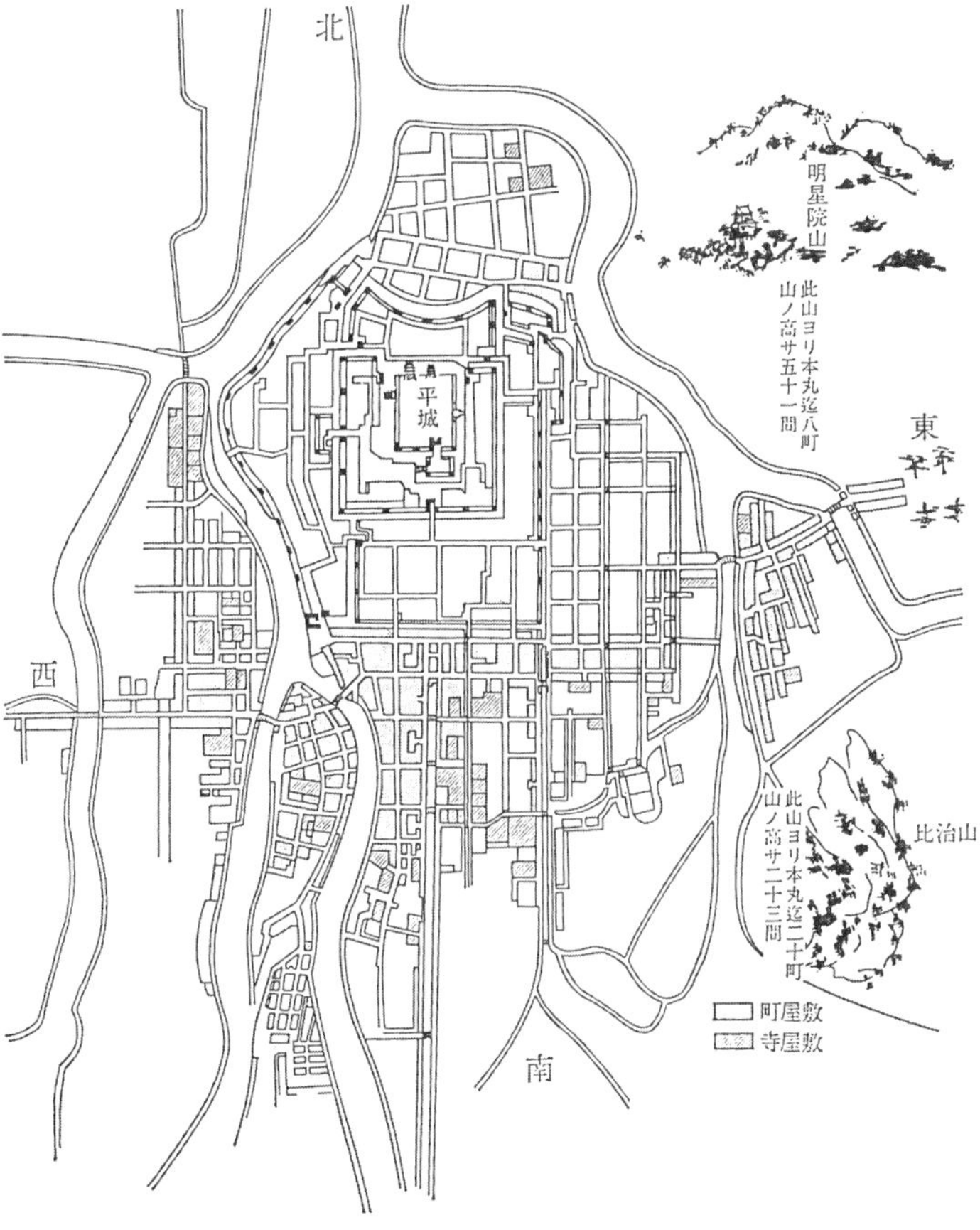

図3　福島時代の町割図
(「浅野長晟入国時の城下絵図」,『広島県史』近世1より)

塔橋筋から新川場《しんせんば》・竹屋町につらなる一画に国泰寺とその塔中《たっちゅう》寺院、曹洞・臨済両派の禅宗寺院を多く集めて、いわば東の寺町を形成させた（『知新集』）。このように増加した町域は、城下を東西に貫通する西国街道にそった城下町人町は、東から西へ猿猴橋・京橋・橋本・石見屋・山口・銀山・釿屋《ちぎや》・堀川・平田屋・播磨屋・革屋・横・中島・塚本・堺・小屋の一六町（長さ二九町一一間）を街道筋とし、町並の整備、九つの河川・運河に橋梁を架設した。出雲・石見路では西国街道の堺町を分岐して猫屋・十日市・西引御堂・寺町の四町（長さ八町四七間）を通り、横川橋を渡って佐東郡へでるものであった。

このように町人区域の拡大と商工業の基盤が整うにつれて、町々は新たに町組の制を採用した。まず、各町は町内の屋敷持町人のなかから自治的な業務にたずさわる町年寄を選出し、さらにいくつかの町をまとめた町組に一人の大年寄をおき、町組全体の施政に関しては大年寄の合議制をもっておこなうというもので、五組六三町が形成されている。

たとえば、白神組はもっとも古く、はじめの町割では一二町を計画したと伝えるが、本町（白神一〜六丁目）を中心に、その周辺の猿楽・細工・紙屋・塩屋・豆腐屋など職人町を集めて一三町で構成された。大年寄は福島期に伊予屋嘉右衛門・万屋宗甫の両人が知られている。中通り組は西国街道を引き入れて新たに町人区となったもので、平田・研屋《とぎや》・播磨屋町などの八町と、地域的にはなれるが、船場《せんば》（川場）・竹屋・東箱島の三町を加えて一一町で形成され、大年寄には平田屋惣右衛門、その後を三原屋庄左衛門が勤めた。新町組は城下町の東入口から西国街道にそって中通り組の平田町にいたるまでの地域に形成された町々で一七町が数えられる。大年寄には松屋太郎右衛門の名が伝えられる。中島組ははじめの町割で一六区が計画されたが実現しなかった。しかし、本川と元安川に挟まれた「中の島」周辺を中心に藩の船頭・加子《かこ》屋敷や木材の陸揚場に指定されたこともあって、中島本町や新町（地方《じかた》町）・天神（船町）・加子・材木・木引《こびき》（挽）町など八町が形成された。大年寄には雁金屋嘉右衛門が任命されている。広瀬組は城下町の西端に位置し、毛利時代吉田から十日市を移して市町がにぎわい、また、西国街道につづいて出雲・石見路の開道、その一画に寺町を建設するなど、十日市・西引御堂町のほか堺・猫屋・油屋・鍛冶屋など商職人の町を中心に一四町が含まれる。大年寄には芥川屋孫右衛門が任命されている（『知新集』）。

かくて、福島期における広島の城下町の整備は一段とすすみ、領国経済の中心都市にふさわしい商業・職人の町体制へと転換され、近世城下町の基礎ができあがったのである。

在町支配と流通政策　福島正則は検地や刀狩りを実施して藩社会の体制を固めていくなかで、町在分離をおこない、瀬戸内港町や交通の要地を指定するなどして、領内小市場の役割を担わせる政策をすすめた。町方に指定された広島・三原・厳島の三町のほかに、福島検地をうけて町分（在町）と後地《うしろじ》（在方）に分割された町村に、沿岸部では佐西郡廿日市・草津、賀茂郡竹原下市、御調《みつぎ》郡尾道、沼隈《ぬまくま》郡鞆《とも》の五町と、内陸部では安北郡可部、高田郡吉田、世羅郡高山《こうざん》、奴可郡川西、三吉郡原、安那《あな》郡麓《ふもと》（神辺）、芦田郡府中市の七町、合わせて一二町があり、在町として町年寄制をしき、商業・交易市場の機能をみとめている。

町方の厳島は、慶長五年（一六〇〇）、社家・供僧の屋敷を主体とする西・南両町のほかに、商業・手工業者らの町人屋敷のならぶ東町（有浦・塔ノ岡）が形成されていた。ここには仲介者的役割をはたす宿屋業、港湾荷役・倉庫業を営んで裕福になった町人層が居住しており、瀬戸内海各地から集まる問丸的商人と京・堺・博多など外国貿易にも従事する初期豪商らとの商品交換の場を提供していた。同年十一月、正則が厳島に触れた「掟」にも、町方商況の繁栄を容認した交易商事、船乗りの廻船稼ぎ、旅宿の営業などが支障なくおこなわれるよう指示し、自由な商業活動を保証するものであった。もちろん、この法令は厳島にかぎらず、領国の町方・在町の商業・交易市場に対する方針とうけ取られるものであった。また、備後国尾道も中世以来瀬戸内の有力商港であったが、慶長六年の福島検地では尾道浦三四八石余、尾道村（後地）七三三石余と浦（在町）と地方《じかた》に分けられ、町方には久保・十四日・土堂の三町が成立して大西屋（渋谷）与右衛門・泉屋一相・笠岡屋又右衛門らの初期豪商とよばれた有力商人が港町商事をおこなっていた。初期豪商の経営とは、運輸手段の廻船をもつと同時に、商品売買の機能を備えて地域交易や遠隔地貿易を営むもので、尾道ではとくに町の責任で備後蔵入地の年貢米を預かり、その売り払いを請負っていたことが知られる（『備後志稿』巻一〇）。

沼隈郡鞆町も内海交通・交易の寄港地として知られており、慶長六年の福島検地では鞆町三一〇石余、同後地村一五三石余と町方と村方に分けられ、町方に原・鍛冶・石井・関・道後・西・江浦の七町が成立していた。正則は鞆城山の地に新たに城郭を建設し大崎玄蕃を城番としたが、元和二年（一六一六）イギリス商館長リチャード＝コックスは、シャム国王の注文で鉄六万斤を鞆港で購入しており、イギリス商館の指定船宿とともに貿易関係の役割を知ることができる（『リチャード＝コックス日記』）。

つぎに、福島領国の海陸交通の整備がどのようにおこなわれたかをみると、文禄・慶長期、秀吉の朝鮮侵略を契機に、京・大坂より肥前国名護屋にいたる間の陸路・海路にわたって宿駅・海駅を設立したと伝える。正則はこれらをうけて、芸備両国を範囲に西国街道や出雲・石見路などの主要道路をはじめ、内海交通の港湾施設の整備などを積極的に手がけている。西国街道ではすでにのべたように広島城下町を東西に貫通させ、街道筋の整備をおこなったのをはじめ、賀茂郡四日市駅の町割や、三原駅と神辺駅との間に今津を新たな継宿に指定するなど宿駅制を確保するとともに、街道筋の道路の拡張、橋の架設もおこなって街道の整備をはかった。出雲・石見路も広島・三原・尾道などから北上して大朝・布野《ふの》で国境をこえる脇街道として開通された。そのほか、西国街道の廿日市から分岐して津田をへて津和野にいたる津和野路や、鞆から東城をへて伯耆国に通ずる伯耆路の開通もこの時期であろう。

福島氏の瀬戸内海運への関与も積極的で、公式な海駅の整備をはじめ、港町の初期豪商の海運力に依存するいっぽう、みずからの水軍力の増強をすすめた。領国内の公式海駅は、備後国鞆駅と蒲刈下《かまがりしも》島三之瀬《じまさんのせ》の二ヵ所である。鞆港には背後に支城をきずき大崎玄蕃をつかわして海駅施設の拡充をはかった。蒲刈下島については、はじめ蒲刈上島の向浦にあったのを、正則が海上望見の優位性を選んで対岸の蒲刈下島三之瀬に移転し、船着場に長さ六〇メートルにおよぶ雁木《がんぎ》（階段のある桟橋）をきずいて船舶の便宜をはかっている。福島氏はみずからも船を建造して水軍力の強化をはかった。その場合、幕府が慶長十四年（一六〇九）西国大名の所有する五〇〇石以上の大型船を没収してその所持を禁じたのに影響をうけたが、元和年間（一六一五―二三）にかけて二階棚の一〇端帆船一艘をはじめ、梶木据の九端帆船三艘、一〇端帆の荷船一〇艘などつぎつぎに建造し、船および水主の管理を妹尾与右衛門に命ずるなど、船手方の職制をととのえた（大橋文書『広島県史』近世資料編Ⅱ）。

また、瀬戸内海の中枢をしめる広島藩は、内海海運の担い手となる厳島・尾道・鞆など商港の初期豪商と結び、その海運力を利用して遠隔地交易、なかんずく廻船の集中する大坂市場につよく結ばれていた。正則が領国沿海の諸浦に水主役家《かこやくや》の制をたて、水主役家一軒前の負担が年に大坂上下とみつもる基準をたてたことからも、広島藩と大坂との深い結びつきがうかがわれる。正則は大坂商人であり朱印船末吉船で活躍した平野五郎兵衛らとも親しく、幕府の普請手伝いや多数の家臣とともに国外活動をおこなう莫大な出費をかれらに依存しており、大坂に蔵屋敷を設けて八万石余の兵糧米をたくわえ、多額の金子《きんす》もあったといわれるので、領国の年貢米や特産物を廻送し、積極的に大坂市場を活用していたことを物語っている（「大橋文書」、尊経閣文庫「福島正則文書」）。

なお、正則は領内河川の開発にも積極的であった。広島デルタを形成していた太田川は、可部河戸まで舟運が開通していたが、支流三篠《みさき》川の下深川村まで開削し、ここに米蔵を設けて高田・賀茂郡北部の年貢米積下しの拠点とした。さらに高田郡三田まで舟路開削をくわだて京都の角倉了以《すみのくらりょうい》を招いて踏査をすすめていた（永井家「三田村株記録」）。

五　福島氏の宗教政策

寺社領の再配置　慶長六年（一六〇一）の福島検地は、毛利氏が多くは「指出し」で済ませていた寺社領を一挙に没収し、荘園制的な寺社の領主権を否定して寺社編成をおこない、改めて寺社地を与えたり、一定の扶持を給与したのであった。毛利氏時代の寺社領は、芸備両国で寺領六八二八石余、社領三四八九石余、合せて一万〇三一七石余（「八箇国御時代分限帳」）におよんでいたが、検地後に給与された寺社給・扶持米は二五七〇石一二人扶持とわずか二五％にすぎなかった（『広島県史』近世1）。

主なものは、厳島社の場合、社領総高四三九四石、物成二六二三石余（野坂文書「慶長六年厳島社領高辻物成覚」）であったものが、検地によって社領はすべて没収となり、あらためて蔵米一三五〇石および厳島町中地子銭・四季法会かり屋銭を給付されている（「野坂文書」一四八二号）。備後国一宮の吉備津神社でも、毛利氏の寄進社領三〇〇石が没収され、扶持米三〇〇石余を給付された（「水野記」巻一四）。また、広島城下白神《しらがみ》社も社領が没収されて衰微するところであったが、慶長九年社殿を再興して二〇石五人扶持が与えられた（「知新集」巻二四）。そのほか、佐東郡上安村安芸津彦神社に五〇石、同じく安神社に二〇石、御調郡東野村糸崎神社に一〇石七人扶持が給与され（『広島縣史』社寺志）、さらに知行地をもつ福島家臣の神田寄進や、地域住民の社地寄進もおこなわれて、神社の維持がはかられた（「水野記」巻一三）。

寺領没収も社領と同様におこなわれたため、真言宗寺院の賀茂郡吉行村国分寺、高田郡甲立《こうたち》村理窓院、三吉郡三吉村吉祥院、豊田郡南方《みなみがた》村楽音寺、臨済宗寺院の山県郡戸河内《とごうち》村実際寺、曹洞宗寺院の御調郡西野村法常寺、恵蘇郡新市村功徳寺など、多くの寺院が衰微した（『広島縣史』社寺志）。そのいっぽうで正則がみずから崇敬する寺院、利用価値のある寺院に対して新たな保護・整備をおこなった。小早川・毛利両氏の尊崇厚かった三原の臨済宗匡真寺は、福島検地で寺領八〇〇石が没収されたものの、同年正則の嫡子正之が三原で没し同寺に葬られたので、寺領一〇〇石と寺地を給付し、別に蔵米一〇〇石を毎年寄進するとともに、寺号も正之の法号をとって宗光寺と称した（『三原志稿』巻三）。広島城下の国泰寺は、安芸国安国寺の分身として毛利輝元がたてた新安国寺の後身で、安国寺恵瓊が関ヶ原戦後に京都で殺されたあと、正則が弟の普照禅師桂英を尾張雲興寺から招いて住持とし、国泰寺に改称して三三五石五斗を給して福島氏の菩提寺にした（「福島氏分限帳」）。なお、新山（広島市北部）の安国寺は、恵瓊の没後廃寺になったが、慶長九年（一六〇四）正則が熱田不動院の宥珍法師を住持に迎

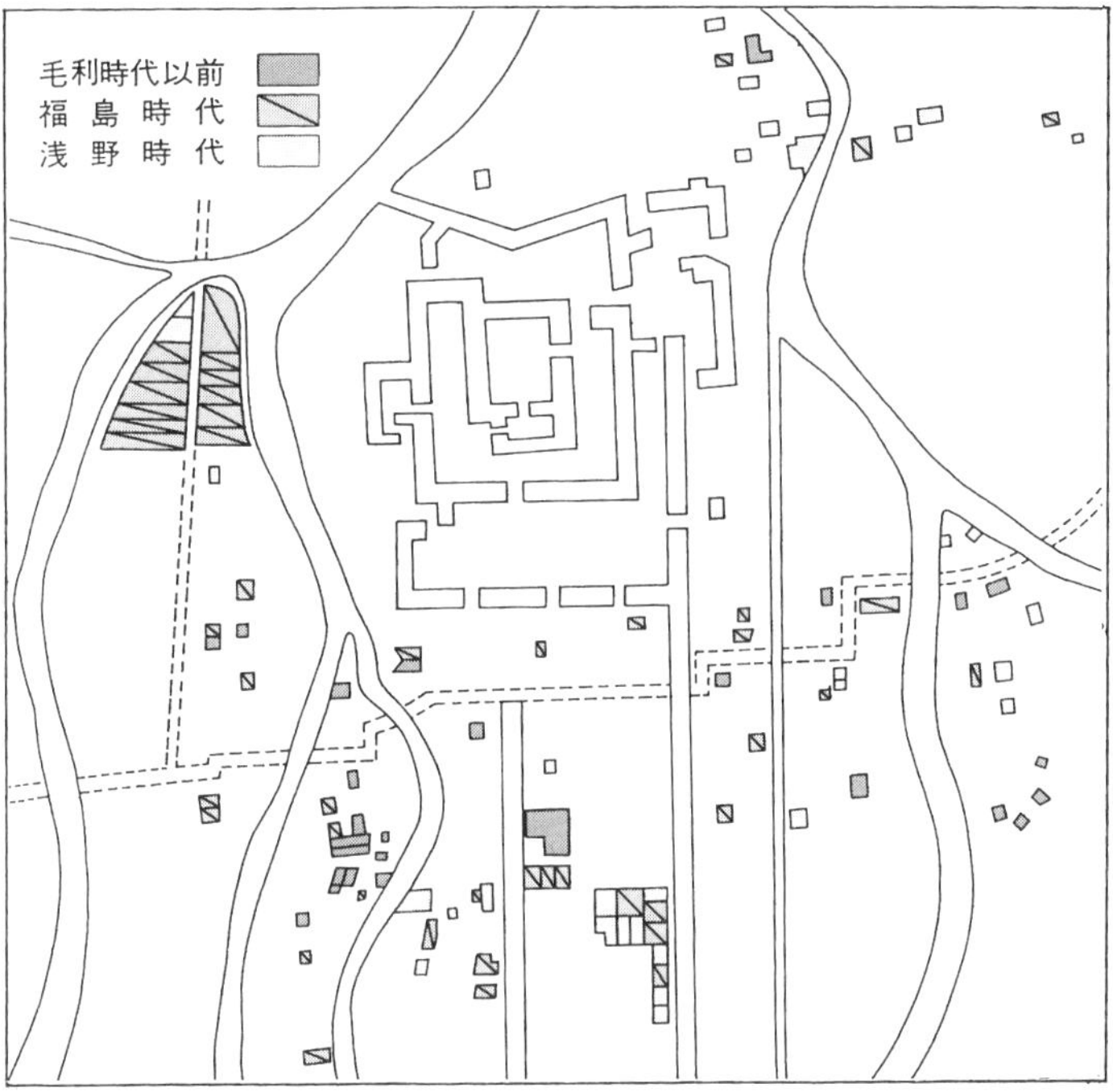

図4　広島城下の寺院配置図（『広島県史』近世1より）

え、不動明王を安置し不動院と改称して九一石の土地を寄進、扶持米三〇石・祈禱料若干を付与した。世羅郡甲山町の真言宗安楽寺も蔵米二〇石ずつ寄付されており、正則の領内巡視の際に止宿した縁によると伝える（『広島縣史』社寺志）。

ほかに、広島城下では浄土宗寺院が多くなり、その代表が妙慶院（新川場町）で、正則の入国早々尾長村にあった浄土宗来迎寺を、ここに移して菩提寺としたものである。住職は明智光秀の遺子増誉を招き、正則母の法号妙慶の名をとって寺号とし、寺領一〇〇石を寄進した。また、高田郡吉田村にあった海前寺（のち戒善寺、浄土宗）を城下西魚町に移し、元和二年（一六一六）高一〇〇石（物成五〇石）を与えた。同じく吉田村から移った浄土宗寺院に慈仙寺・浄土寺の二寺があり、城下で創建された寺院に西蓮寺・常林寺・円入寺・長性寺・大信寺（のち薬師院）の六寺があった（「知新集」巻一四）。

寺町の形成と真宗寺院　芸備両国の浄土真宗寺院とそれを支えた門徒は、戦国期にいちじるしく増加して大きな勢力になったが、毛利氏の広島築城を機会に仏護寺以下安芸国南部の寺院を広島城周辺に移転させ、広島湾頭あるいは佐東郡の真宗門徒の動向に配慮している。福島正則は、広島周辺に移っていた真宗寺院を、さらに広島城郭から川ひとつへだてた西方要地に集めて寺町を形成させ、城の防備に役立てるとともに、寺院統制のもっとも強力な布石としたのである。元和五年（一六一九）九月、浅野長晟《ながあきら》の入国直後の寺町屋敷割は、太田川（本川）と小屋川が分岐する地点から南北にはしる出雲・石見路に沿っておこなわれており、仏護寺屋敷が面六〇間の広大な面積を占めたほかは、東側に六軒、西側に七軒の寺院が配置された（「知新集」巻一九）。しかし、この段階では仏護寺と十二坊との本末関係の成立を示したとは考えられない。真宗寺院の寺町集中はかならずしも強制とはいえず、報専坊のように寺地を与えられながら佐東郡上安村《かみやす》に留まっていて、ようやく寛文年代（一六六一―七三）に移ってきた例があるし、広島築城とともに城下猫屋町に創建された浄土真宗明教寺や、材木町に建立された浄円寺などは、その地で正則から諸役免除を許されている（「知新集」巻一七・一八）。

表7　広島城下寺町の真宗寺院（元和5年9月）

寺　名	寺地		移転時期	以前の所在地	備　　考
	面	裏へ			
仏護寺	間 60	間 60	福島時代	佐東郡打越村小河内	
蓮光寺	20	30	〃	佐西郡己斐村原北	五世住職了窮のとき沼田郡長束村に移る
光福寺	〃	〃	〃	佐東郡西原村	
香林坊	〃	〃	〃	佐西郡広瀬（村）	後の元成寺
立蔵坊	〃	〃	〃	佐西郡古屋（村）	後の徳応寺
東林坊	〃	〃	〃	安南郡明星院村	後の光円寺
△東前坊	〃	〃	〃	安北郡上町屋村	後の真行寺，東派に転じた以後は空地
△順　慶	〃	〃	〃		
専福寺	〃	〃	〃	佐東郡東原村	後の超専寺
正明坊	〃	〃	〃	佐東郡上安村	後の園龍寺
正善坊	〃	〃	〃	高田郡井原村か	
東専坊	〃	〃	〃		
慶蔵坊	〃	〃	〃	佐西郡利松村	後の善正寺
五葉院	〃	〃	移転せず	移転せず（佐西郡五日市）	後の光禅寺
報専坊	〃	〃	寛文年間	佐東郡上安村	

『知新集』巻19による．△はいわゆる十二坊には入っていない．

さて、浄土真宗寺院は、近世初頭に道場を含めていちじるしく増加している。広島藩では慶長年間（一五九六―一六一四）に賀茂郡の二一寺、沼田郡の一〇寺などを含めて四〇寺院、元和・寛永年間（一六一五―四三）に二一六寺院が増加して六六寺院となった。そのうち、創建五五、他宗からの転宗一一と、はじめから真宗寺院として開創されたものが多かった（『広島縣史』社寺志）。その理由として慶長・寛永期のキリスト教禁止令の影響が大きく、信者への転宗強制や寺院がキリシタンでない証明となる寺請制度などと無関係ではなかった。なお、慶長七年（一六〇二）浄土真宗本願寺が東西に分立するころ、安芸国南部の真宗寺院の多くに、興正寺—東坊—仏護寺—末寺という本末関係が成立しつつあった。そのため、本寺興正寺の動向にしたがって多くの寺院・坊主が総本山として本派本願寺をいただくことになった。

これに対して備後国でも、もっとも由緒の古い沼隈郡中山南村の光照寺は、開基明光良雲の法縁につながる鎌倉最宝寺の末寺であったが、寛永八年（一六三一）本願寺准如の意向をうけて近江国八幡村本行寺の末寺となり、光照寺の末寺・門徒ともすべてこれに従うことになった。こうして、備後国でも西本願寺—本行寺—光照寺—照林坊—末寺という本末関係が形成されていった（『備陽六郡志』）。

広島教会とキリシタン禁制　天文十八年（一五四九）日本に伝えられたキリスト教が、芸備地域でさかんになるのは、慶長初年からである。慶長四年（一五九九）、広島城下に住院（教会）が開設され、山口からコンファロニエーリ神父と修道士を招き、奉行佐世元嘉の好意で二〇〇人以上の信者が活動した（『芸備キリシタン史料』）。翌五年毛利氏の退去によって広島教会は閉鎖されたものの、新たに入国した福島正則がキリスト教に好意的であったため、広島を訪れる神父や日本人修道士もひんぱんになり、信者の再組織への努力がはじまった。福島氏の家臣団には、もと大友宗麟の家臣で大友氏族の志賀親次（ドン・パウロ）や、高山右近の旧臣でのち岐阜で織田氏に仕えた入江左近（ルイス）らがいて、宣教師を招致して広島布教に努めたので、慶長九年三月、正則は毛利家臣佐世元嘉の邸宅跡に小天主堂を建て広島教会を復活させた。このため、広島地方におけるキリスト教の受洗者は増加して、同年に新たな信者四〇〇人、年間の受洗者一五〇人を数えた。広島教会の再開から全国的禁教政策の強化で閉鎖される同十九年まで一〇年間の受洗者は二〇〇〇人に及んでおり、その約半数が広島城下の武士や町人・農民であったと推察されている（『芸備キリシタン史料』）。

広島教会を根拠とする神父や修道士らの布教活動は、四国の伊予方面にも拡がり、年平均五〇〇人の受洗者を獲得し、同十二年には最高の一二五二人に達している（『新修広島市史』文化風俗史編）。また、広島教会で重視されたのが慈善事業で、同十八年数人のハンセン病患者に洗礼を授け、ハンセン病病院を設けて治療を施した。この事業は規模不明であるが、広島教会の南キリシタン新開（のち竹屋新開）の田畠の間に設けられ、すくなくとも寛永初年ごろ一〇年間は継続されていた（同上）。

幕府は慶長十七年（一六一二）、禁教令を発して教会の破却、宣教師の追放、信者の改宗などを命じたので、日本各地のキリシタンは大打撃をうけることになった。当時江戸にあった正則は、国元四人のキリシタン組頭に書面を送って棄教を促したが、これを拒絶した同人たちを迫害することはなかったという。しかし、キリスト教禁止がいっそう厳重となった同十九年には、広島藩内でも幕令にしたがって広島教会を閉鎖させ、神父たちを肥前国長崎へ追放し、信者たちも一時はげしい迫害をうけ、飢えと寒さに苦しめられた。それでも正則のキリシタン弾圧は、まだ徹底的ではなく、かれらは信仰を維持することが可能であった。元和元年（一六一五）、神父らの報告によると、中国地方には二人の神父がひそかに活動し、うち一人は備後・備前・美作・播磨・讃岐方面を、他の一人は周防・長門・伊予などの国々を担当し、ときどき広島伝道所へ集まって、たがいに励ましあっていたという（同上）。

しかし、同二年には広島伝道所の破棄と信者の改宗強制がおこなわれ、ドミニコ・加藤が転宗を拒否して磔刑に処せられている。翌三年ローマ法王に送られた書簡には、安芸国広島のキリシタン一三人が署名しているが、そのほとんどが福島家臣で組頭真鍋五郎右衛門（禄高四〇〇〇石）から無足衆上田長兵衛（一五人扶持）までであり、元和五年浅野氏入国当初まで健在であったのは入江多左衛門のみ、福島重臣佃又右衛門（一三〇〇石）をはじめ多くが処刑され、一部がやむなく転宗したとみられる（『芸備キリシタン史料』）。また、元和六年十二月九日（西暦一六二一年一月一日にあたる）付でローマ法王に送った書簡（『バルベリニ文書』）には、播磨・備前・備中・安芸・伊予五ヵ国の信徒代表二五人が署名しているが、そのなかに広島のキリシタン代表五人がいて、浅野氏家臣三人、厳島社楽人一人、あと一人は入江多左衛門であった（H・チースリク「浅野時代のキリシタン」『芸備地方史研究』二〇号）。さらに寛永二年（一六二五）、ポルロ神父が中国地方を巡回したとき、広島で多くの信徒から熱烈な歓迎をうけたと報告している（一六二五年度『イエズス会年報』）。

これらの書簡でうかがわれるように元和五年入国の浅野長晟も、当初はキリシタンに比較的寛大であったが、寛永年代に入ると広島の信者にとって大きな試練が訪れた。寛永元年（一六二四）江戸でのキリシタン大量処刑の余波が広島にも及んで、同三年すべてのキリシタンの退去とそれを拒んだ二人が斬首刑に、二人が磔刑に処せられるなど迫害がきびしくなった（一六二四年度『イエズス会年報』）。また、同七年には長崎奉行からの通報で、日本人神父六左衛門ら一行三人が長崎から広島木挽町を訪れ、大坂へ赴いたことが判明、これに関連した広島のキリシタン男女二九人が逮捕され、同十年転宗を拒否した五人が佐西郡己斐《こい》村の河原で火罪に処せられた（「玄徳公済美録」巻四下）。これを契機に広島藩でも領内の宗門改めが組織的におこなわれるようになったが、現存する「尾道町宗旨人別帳」は、当時の人別を詳しく書上げており、港町であっただけに厳重に調査されている。その後、承応二年（一六五三）までの二〇年間に、広島藩内のキリシタン潜伏を幕府から通報されて逮捕されたもの三四人、その処遇の内訳は、江戸送り三人、成敗（刑死）八人、牢病死九人、赦免五人、不明九人であった（同上）。

これ以後は、領内のキリシタン発覚を公に伝えたものはない。しかし、寺請制による宗旨人別改め（宗門改め）とキリシタン類族に対する監視はながく励行された。

第三　藩社会の確立

一　浅野氏の入国と大名権力の確立

浅野長晟の広島入封　伏見城に滞在していた将軍秀忠は、元和五年（一六一九）七月十五日、和歌山藩主浅野長晟《ながあきら》の広島四二万六〇〇〇石への転封を決めた。長晟に正式な下命があったのは七月十八日のことで、長晟が国元重臣にあてた書簡によれば、「秀忠はいつも寝所にしている奥座敷に長晟を召し、五万石を加増のうえ芸備を遣わすと親しく申し渡したあと、付言して、浅野家は長政《ながまさ》以来将軍家に忠節を尽くして遺漏がなく、その上振姫（家康三女、元和三年死去）との因縁で一度は縁続きとなった間柄である。しかも、広島は中国の要めともいえる枢要の地であるが故に、滅多なものに与えることができないが、お前ならば安心して任すことができる」と、その時の様子を誇らしげに報じている（『芸藩輯要』）。しかし、これはあくまで表向きであって、秀忠の真意は、浅野氏の跡へ異母弟頼宣《よりのぶ》を移封させて、畿内近国を将軍一族で固めるとともに、豊かな平野と山林に恵まれた紀伊国を外様大名から取り上げることにあったと解される。

七月二十二日和歌山に帰った長晟は、二十七日に浅野左衛門佐ら四二人を広島城請取りに先発させ、みずからは八月四日家臣団を率いて海路西下し、六日に備後鞆《とも》に到着した。鞆には、福山藩主となった水野勝成《かつなり》に領地引き渡しを終えたばかりの幕府上使が待機しており、ここで滞りなく新領知の引き渡しをうけた長晟一行は、ふたたび海路広島へ向かい、八日の夕方に広島入城をはたした。かくて、浅野氏を新領主とする安芸国一円・備後国八郡、領知高四二万六〇〇〇石の広島藩が成立したのである。長晟は入城二日後の八月十日、新領国の百姓中に法度を布達して村々から請書を徴したのを手はじめに、以後つぎつぎと法令を発布して領内の徹底的な掌握にのりだした。

浅野氏の性格　浅野氏は、代々尾張国丹波郡浅野郷（現愛知県丹波郡扶桑町）に住したので、浅野姓を称したといわれる。戦国末期、長勝がでて織田信長に仕え、男子がなかったので娘二人のうち（『藩翰譜』巻七上ではいずれも養女）、姉娘を豊臣秀吉に嫁がせ、妹娘には安井重継《しげつぐ》の息長政を養子に迎えてめあわせた。長政は信長に仕えて秀吉の配下とされたが、信長横死の翌年近江国に二万石を給されて大名となり、京都奉行（京都所司代）に任ぜられたのを皮切りに、若狭国をへて甲斐一国を領し、秀吉の晩年には五奉行首座となった。長政は武将としてだけでなく、民政にも有能であり、太閤検地にその能力を発揮した。天正十年（一五八二）最初の太閤検地である山城国に、その検地奉行を務めて以来、秀吉の新征服地での検地には長政の手になるものが少なくない。その行政手腕は秀吉にたかく評価され、秀吉の統一事業の進行とともに大をなした典型的な豊臣取立大名であった。

長政の嫡子幸長《よしなが》は、天正十七年（一五八九）一四歳で左京太夫に任ぜられ、二男長晟は慶長二年（一五九七）一二歳で二〇〇〇石を賜った。幸長は、父にしたがって秀吉の統一戦争に参加し、数々の武功をたてて勇将といわれ、文禄二年（一五九三）父とともに甲斐一国の大名となった。その後、慶長五年（一六〇〇）関ヶ原の戦功により紀伊国和歌山三七万石に封ぜられたが、同十八年（一六一三）嗣子のないまま没した。いっぽう、長晟は少年時代から家康に認められ、関ヶ原の戦以後家康に仕えて慶長十五年（一六一〇）二五歳になると、備中国芦守《あしもり》二万四〇〇〇石をたまわって大名となった。その時父長政は長晟に家臣の新規召抱え・倹約・年貢収納・金銭の貯えなど細かに指示した後、「兄幸長は、お前の年ごろには、一人前の武将として活躍し、父に少しの心配もかけず随分親孝行な息子であった。しかるにお前は、父によく無心をいい心配ばかりかける不孝者である。これを機会に諸事が肝要である。お前可愛さの余り注意するのだ」と、父の目にも、長晟は兄にくらべて器量に差があり、大名取立ては「不慮の仕合せ」に映っていた（『浅野家文書』一八二号）。

この長晟が、三年後の同十八年、二八歳で兄の遺領を継いだのであるが、浅野家中の間には、長政・幸長をもり立てて奮闘し、朝鮮侵略に出兵するなど、いわば苦楽をともにして浅野家を大きくしてきたという自負があり、いわば幼少より浅野家を離れて成長し、いままた、芦守から急きょ宗家を継いだ長晟を、馴染みの薄い存在として、その能力や行政手腕も未知数の主君としてうけとった。そのため家臣のなかにはこの青年藩主をただちにうけ入れられず心服できなかったものも少なくなかった。その旗印となったのが、長政の甥で戦功も多く、家中から「国老」と敬称されていた浅野左衛門佐知近《ともちか》であった。

ただ、長晟にとって幸いであったのは、襲封直後の二大事件を切り抜けたことであった。第一に大坂両度の陣で、老臣を中心とする家臣団の奮戦に助けられて大いに戦功をあげることができたこと、第二に大坂出陣の留守をねらって紀伊国に蜂起した熊野一揆を、浅野忠吉《ただよし》の機敏な処置によって、首尾よく制圧することができたことである。そのうえ元和元年（一六一五）三月、幸長の息女が尾張徳川家に嫁いだのに続いて、十一月には長晟と振姫との婚儀がととのったことも、長晟の大名としての地位がゆるぎないものに強化されていくことに役立ったと思われる。

大名権力の確立　元和五年（一六一九）八月広島に入封した長晟は、その三ヵ月後の十一月二十六日、広島城内で左衛門佐知近を謀殺し、禍根を一挙に除去している。三日後、幕府に届けでた「浅野左衛門佐知近不届条々」（「自得公済美録」巻一二上）によると、紀伊国以来の左衛門佐の不届きを七ヵ条にわたって書き上げており、その直接のきっかけは知行割に対する不満であった。

長晟は、十月二十二日、四家老に対して知行割を実施して、三原を希望していた左衛門佐知近には三次三万石を与え、三原には浅野右近太夫忠吉をもってあてた。左衛門佐知近はもと安井作兵衛といい、長政の代から出仕して立身し、甲斐で二万石、紀伊では三万石を賜り、家中筆頭として重きをなしてきた。ところが戦功におごりがあったのか、若い君主に対してとかく「慮外《りょがい》」「不義」の振舞いが多かったといわれ、いままた、長晟の広島での初仕事ともいえる知行割に異議を唱えて出仕せず、屋敷に立てこもったのである。長晟の言い分は、拝領地の仕置と侍の配置を自分の料簡でおこなうのは当然であり、このようにないがしろにされたのでは、「拙者命をかぎり（将軍家の）御用に立ちがたく」、是非なく生害申し付けたというのである。この言い分はことの本質をつくものであった。幕藩制下の領知判物や朱印状の発給は、将軍と大名の個人的関係に属し、大名が家臣に知行を宛行《あてが》うのは、将軍から賜った土地の一部をさいて与えるわけで、あくまでも大名の権限に属する行為にほかならない。これに反抗することは、知行権という大名の重要な権限を犯すことであり、許容できるものではなかった。長晟は大名の威信をかけて左衛門佐知近を成敗し、大名知行権の絶対であることを家中に誇示するほかはなかった。このほかに左衛門佐知近が紀伊国でおかした不届きは、長晟の軍令に背いたこと、法度を破りながらさんざんに長晟の悪口を言ったこと、長晟の相続をわが手柄のごとく吹聴したことなどであったといわれる。大坂の陣のきびしい軍令下のもとであったことを考慮すれば、いずれをとっても厳罰に値する行為であるが、襲封まもないことでもあり、長晟としては全面的な衝突をさけざるをえなかったのである。それが広島入国を機会に、新領国での初仕事となる知行割反対を口実として左衛門佐知近を除くことに成功したのである。これによって、長晟は家中に対して大名権力の絶対性を確認させるとともに、御家騒動ないしは改易の禍根を未然に断つことができたのであった。

かくて、長晟は独裁的権力を確立した後、翌六年には一搬家中に対する知行割をも完了している。そのための基礎作業を岡本修理亮に担当させたことに象徴されるように、長晟に出仕した側近から有能な行政担当者に成長し、藩政の中枢に登用される道が開かれていたのである。

なお、寛永元年（一六二四）にも、家老の亀田高綱《たかつな》（知行高一万六〇〇〇石）が脱藩する事件が起きている。原因はともに家老である上田宗箇らとの大坂の陣以来の確執によるもので、長晟の調停もむなしく、亀田は意地をつらぬき広島を退去した。長晟は幕府の思惑も考えて、さった後も彼を慰留したが、結局認めざるをえなかった。長晟はこの危機を乗り切ったことを機会に、さらに家臣団の掌握と結束を強固にするよう努めている。

幕府公役の負担　長晟は将軍家の「御用」に立ったため左衛門佐知近を成敗したといっているが、この言い分は、大名が幕府権力に組み込まれることなくしては、みずからの権威を確立することができなかったことを示唆している。そのことをよくあらわしている例が、諸大名に課せられた幕府公役の負担であろう。広島藩主三代が負担した主な幕府公役を示すと表8のとおりとなる。一見して公役のうち普請手伝いが圧倒的に多いが、これは幕府公役が外様大名に過酷な負担を強いていたことのあらわれといわれる。たしかに普請役は、家中を総動員し、百姓や諸職人からも夫役を徴発し、道具や資材まで大名自身が調達するもので、期間も数ヵ月から一年以上におよぶことも普通であり、莫大な費用を要するものであった。長晟が「去年（慶長十九）御普請・御陣打続き候ニ付、家中輩相労《つか》れ」と

表8　浅野氏に課された幕府公役

年　代	藩主	内　　容
慶長 8(1603)	幸長	江戸市街修治
〃 9(1604)		江戸築城
〃 11(1606)		〃
〃 14(1609)		丹波篠山築城
〃 15(1610)		名古屋城造築
〃 16(1611)		禁裏造営
〃 17(1612)		禁裏仙洞造営
〃 19(1614)	長晟	江戸城西丸修築
元和 7(1621)		〃　天守閣造営
寛永元(1624)		〃　清水門造営・大坂城修理手伝い
〃 4(1627)		〃　日比谷門南方石塁築造
〃 5(1628)		〃　和田倉門・桜田門・兵庫橋築造
〃 10(1633)		〃　普請（鉄1万貫献上）
〃 12(1635)	光晟	江戸城石塁造築
〃 14(1637)		〃　本丸修築
〃 15(1638)		島原の乱加勢（船舶派遣）
〃 19(1642)		江戸城二の丸普請（鉄3000貫献納）
正保元(1644)		加藤風庵を預かる
元禄10(1697)	綱長	美作津山城在番
〃 11(1698)		寛永寺家綱廟・本坊造築

『徳川実紀』・「済美録」・『寛永重修諸家譜』による．
なお，普請役の本役・助役を区別していない．また，大坂の陣や参勤交代・朝鮮信使接待・将軍社参の供奉などは省略した．

いい（『自得公済美録』巻八下）、またくだって元禄十一年（一六九八）の家綱廟の築造にあたっては、藩が翌年から家中に五ヵ年間一割五歩の借知をおこなうなど（「顕妙公済美録」巻八下）、大名だけでなく家臣にとっても大変な負担増になったのである。しかし、たび重なる公役賦課によって領内が疲弊し、諸大名の間に不満がでたとしても、家康の「もししからんには、速に帰国し、城を高くし池を深くし、吾いたらん日を待るべし」（『台徳院御実紀』巻二）というおどしが生きており、大名は拒否することはできなかった。幕府は大名に公役を課すことによってその財力を削り、かれらを臣従させようとしたものにほかならない。したがって、逆に大名の側からみれば、莫大な負担となっても、この公役をみごとに乗り越えることができれば、大名としての存続を許され、自己の権力を強化することができるという側面も見逃せない。

浅野氏は、天正十一年（一五八三）長政の二万石の大名から出発して、元和五年（一六一九）広島四二万石の外様大名に成長したもので、その過程では行く先々で新規に召抱えた家臣が多数にのぼり、家臣団はいわば寄合い世帯であった。この寄合い世帯を率いて戦闘に参加し、公役を負担し続けることによって、藩主を中心に組織化された家中が形成されていき、大名権力を強固にしていった。長晟が「御左右次第出陣遊さるべき御覚悟」（「自得公済美録」巻八下）というように、大名は幕府公役をはたすことによってはじめて大名の立場が保障されたのであり、幕藩体制という秩序のなかに位置づけられることによってのみ、家中・領民に対する大名権力を確立することができたのであった。

二　藩政の確立

長晟・光晟の政治　長晟は入封直後の元和五年（一六一九）八月、芸備領国一三郡にほぼ一万石を単位とする代官制をおこない、それぞれ二、三人の代官を配置するとともに、別に升さし奉行（二人）・両国小《こ》物《もの》成《なり》総奉行（二人）・小物成奉行（安芸・備後各四人）・留《とめ》山《やま》改《あらため》奉行（二人）・材木留（六ヵ所各一人）・西条柿奉行（一人）などをおいて草創期の施政にあたらせた。このときの代官には、浅野日向守（三〇〇〇石）をはじめ、七人の馬廻り組頭以下一〇〇〇石以上二〇人を含む総勢一四〇人におよぶ侍

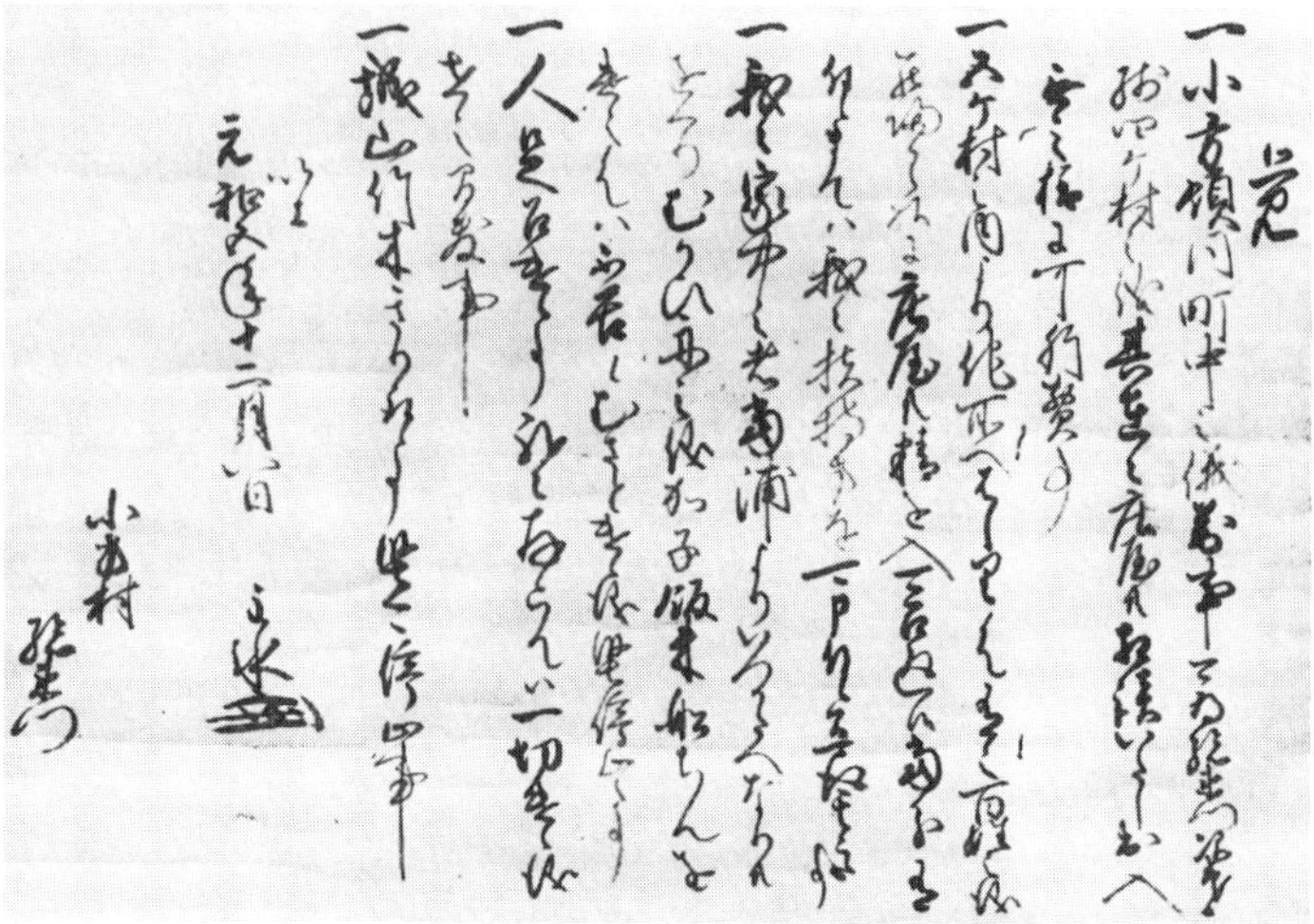

図5　家老上田主水の給知支配条目（小方・和田家蔵）

士が動員されていた（『芸藩輯要』）。このように多数の有力武将が代官として郡中に配属されたことは、領主の交替にともなう動揺をおさえるための軍事的意義が大きかったと思われる。

ついで同年十月に四家老すなわち浅野知近・浅野忠吉・上田重安《しげやす》・亀田高綱を、それぞれ三吉三万石・三原二万八〇〇〇石・小方《おがた》一万石・東城《とうじょう》七〇〇〇石に配備し、翌六年には一般藩士の知行割をおこない、その判物を発給するが、長晟は同じ年の正月浅野知近成敗の弁明をかねて急きょ転封の御礼言上に出府している。このとき家中取締りのための留守中法度と、農民支配の大綱を示した郡中法度を申し渡した（「自得公済美録」巻一三上）。この両法度は、それ以後の藩主出府のつど少しずつ文言をかえながら布達されるのが慣例となり、広島藩のいわば基本法といえるほどの位置を占めることになった。郡中法度のねらいは、領内を徹底的に掌握し、百姓を居つかせて年貢を確保することであった。福島時代の年貢を調査して全郡村から請書を徴するとともに、村々百姓を土地に緊縛して耕作に専念させること、出奔した百姓の還住《かんじゅう》と荒廃地の再開墾を奨励し、そのためには二、三年のあいだ年貢を免除してもかまわないこと、また、武士が百姓に対して少しの非分もかけてはならないことなどを強調している。法度の遵守には十人組をつくって連帯責任をもたせ、もし違反する者がでたら、十人組はもとより一村までもことごとく成敗するとまでいっている。

元和六年七月、家中への知行割を終えた長晟は、入国直後の家中動員体制を解いて、領内の郡中支配を郡代（郡奉行）・代官制に改め、郡単位に代官を配置し、その上に二、三の郡を合せて管轄する郡廻りを設けた。郡方支配の基本単位となる村々には、庄屋・組頭・十人組をおいたが、寛永元年（一六二四）には郡々に豪農のなかから数人の大庄屋をえらんで郡政に参与させ、郡村制の支配系列をととのえた。

町方（都市）支配は町奉行制をとった。広島城下町では、元和八年（一六二二）城下町を東西に分けて寺社町奉行を置き、その下に五つの町組を作り、町組ごとに大年寄をおいて寄合による自治的な町政を運営することとし、その下部組織に町ごとの年寄・組頭・十人組を編成させた。また、宮島・三原の町方も町奉行支配の町年寄・組頭制をとり、在町とされた尾道町も元和六年（一六二〇）、竹原下市は正保元年（一六四四）、廿日市・可部・吉田の各町も寛永十二年（一六三五）以前に各郡代官のもとで町年寄制を採用している（『広島県史』近世1）。

さらに瀬戸内海に面する広島藩は、船奉行植木小左衛門のもと、紀州より引き連れた船頭・加子一〇〇人のほか新たに広島で三〇〇人を召抱えて水軍を編成し、江波《えば》島に江波奉行をおいて配備した。元和十年二月には浦触れをだして他国諸廻船の寄港や難船の処理、公儀御用に関する送船取扱い、他領出船の取締り、藩領所属の川海船登録（焼印）、船床銀の賦課など、水軍を含む浦方支配の整備をすすめた。

このほか、元和・寛永期には公事《くじ》訴訟を中心とする司法機関の整備もすすみ、藩主の直裁を最高に、だいたい家中出入りは家老・組頭、郡中百姓出入りは郡奉行、町方出入りは町奉行、浦辺・加子出入りは船奉行がそれぞれ管掌した。租税体系も年貢・小物成制のほか、壱歩米・厘米・水役銀、札役・諸運上などの雑税を創始して近世の負担体系を固めた（「広島藩覚書帳」「芸藩志拾遺」巻三雑税）。

寛永九年（一六三二）十月に襲封した二代藩主光晟《みつあきら》にとって、藩政が大きく動くきっかけとなったのは、三次《みよし》藩の分知とそれに続く領内地詰《じつめ》（内検地）の実施であった。この方策を無難にのりきり、その上にひろく諸策を実施して藩体制の確立をなしとげたのであった。当時家老には、老臣上田重安と忠吉の嗣浅野忠長があり、加判役に浅野高英と重安の嗣上田重富がいたが、寛永十八年（一六四一）四月浅野高英を家老に昇格させて、以後三家老制をとった。

広島藩の寛永検地は、幕府に届けなかったことから地詰とよんだが、寛永十五年（一六三八）に蔵入地を、正保三年（一六四六）に知行地をと二回に分けて実施された。この地詰は、三次分封に伴う領知高の減少を補うもので、本藩の格式を保持する意図があったといわれる（『新修広島市史』政治編）。寛文四年（一六六四）幕府に差し出した帳面によると、公儀帳面高三七万六五〇〇石のほかに、改出高（打出し高）三万四三〇八石余、新田高一万七二八〇石余、あわせて五万一五八八石余が増加して惣高四二万八〇八八石余となり、実質上四二万石の大名たる格式をたもったのであった（「広島藩御覚書帳」）。

かくて、地詰後から蔵入地村の徴租法に土免制が採用され、慶安年代には一般化された。また、慶安二年（一六四九）には浦辺蔵奉行をおき、三原をはじめ尾道・木原・竹原・三津《みつ》の五ヵ所に米蔵をもうけて新しい年貢納所方式をととのえ、大坂登せ米の確保と積出しを格段に推進することにした。また、幕府の政策、なかんずく参勤交代の制度化、島原の出兵、巡見使《じゅんけんし》の派遣などを契機として広島藩は、完全に幕藩制の一翼をになって、藩社会共通の制度化が整えられる面もあった。寛永十年（一六三三）広島藩では初めて巡見使を迎えたが、これを機会に諸国共通の道路の制をたて、道幅を西国街道二間半、石見・出雲街道七尺、村伝い道三尺にさだめ、一里三六丁の制を採用して諸要道に一里塚をつくり、各地に公設の駅・茶屋を設けて宿駅制を一段とすすめた（「玄徳公済美録」巻四上）。正保三年（一六四六）五月のいわゆる正保国絵図・郷帳の調達も、幕藩制の確立をしめす指標と評価できよう。その前年、幕府は諸藩に国絵図と郷帳の提出を命じたが、国絵図は支配領域をこえて国単位に作成することが求められた。広島藩は町絵師長谷川長助らにあたらせ、備後国水野領についても水野氏から下絵図の提供をうけ、広島藩の責任において安芸・備後両国の国絵図をととのえた（「玄徳公済美録」巻一六）。

大名財政のしくみ　大名財政は将軍から与えられた領地から収取される年貢・諸役のうち、家臣に分与した残り分をもって構成されており、その比率は全収取高の三分の一以下というのが普通であった。したがって、幕府軍役などは家臣に転化させたものの、大名の財政的基盤はきわめて弱体であって、江戸・上方および国元の諸経費を賄い切れるものではなかった。そのため上方の諸商人から融通銀をえて、その場を切り抜け、あとで年貢米の売払代銀をもって返済するという財政運用の方法をとるほかなく、つねに借銀によって運用される構造をもっていたのである。

前領主の福島氏（慶長五～元和五年）は、惣石高四九万八〇〇〇石余のうち、家臣知行三九万五〇〇〇石余（切米・扶持人を含む）に対して蔵入地一〇万二〇〇〇石余で、その比率は二〇・六％の大名財政の基盤を形成していたにすぎなかった。そのため、大名財政のほかに領知高の七九・四％を占める家臣知行の面々においても、それぞれ相対的に自立した給人財政の機能をそなえ、出陣可能な軍役備えから自家消費・慶弔にいたる諸経費を賄う仕組をもっており、家臣知行米が領内米穀市場で販売されていた（京大本「福島分限帳」）。

浅野氏の場合も、家中知行割をおえた元和七年（一六二一）には、領知高四二万石のうち蔵入地一二万七〇〇〇石余（三〇・三％）、家臣知行地二九万三〇〇〇石余（六九・七％）と諸大名の例にもれず、大名財政の基盤は領知高の三分の一以下にすぎなかった。ところが、半世紀をすぎた寛文・延宝期になると、総石高四三万三〇〇〇石のうち藩蔵入地二七万六〇〇〇石余（六三・七％）、家臣知行地一五万七〇〇〇石余（三六・三％）と、逆転して藩庫収納が三分の二近くを占めるようになり、藩の財政的基礎が成立しているのであった。その間の経緯は後述するとして、ここでは大名財政の収支構造を明らかにしておきたい。

大名財政を構成する米銀収支の全体をしめす資料は限られているが、元和五年十一・十二月の収支勘定（浅野文庫「勘定方記録」）と翌六年の「銀子払帳」（同文庫）が知られる。前者は同五年八月浅野長晟の広島入国から二ヵ月をへた十一・十二月両月のもので、同年を締めくくるものと理解される。請取り（収入）総額は銀四〇七貫余、いずれも年貢・小物成および福島古米などであり、払方総額は銀一五三貫余、その大部分が京・上方での日用品購入代の返済として、京町人辻藤兵衛をはじめ上方・国元商人への支払い分が占め、収入分の三七％にあたっていた。後者の「銀子払帳」は、銀奉行青木平太夫から加判役岡本修理・算用奉行湯川五兵衛あてに提出されたもので、正月から十二月まで一年間の総収入と支出の銀子明細が知られる。総収入は銀二〇五〇貫、内訳として年貢方一八〇一貫余、小物成八六貫余、古米代銀一〇四貫余、鉄山上り銀二四貫余・借銀弁済代三五貫余などであった。これに対して支払い総額は、収入の六八％にあたる一三八五貫余であり、家中に関するものは江戸・国元の切米代・模相銀《もやい》（参勤交代など家中の共同経費のための積立金）など一九四貫余で、大半は算用方・作事方・台所方・舟手方の諸経費および上方・江戸での諸買物・諸入用費にあてられていた。

この諸払いに家中軍役に関する支出が含まれていないことは、それが大名行政の経常的費用にあたり、臨時的支払いとは別途支出の方法が講じられていたといえる。しかも、支払い対象の大半が京・上方・国元の町人、つまり商人や職人に対する銀払いであった。年間の支払い銀を月ごとにみると、十二月（閏月あり）・正月の三ヵ月で支払い全体の六三％を占め、それに六・七両月の二三％を合せると八六％を超えている。このことは、大名財政が秋・冬の年貢米収納とその売り払いおよび小物成などの夏上納に大きく依存していたことを示している。当時の領主の物資調達は現銀購入でなく、多くが物品を調達した際に品目・代銀・日付・取扱者などを記した「切手」を渡すもので、代銀は後払いで精算する掛《かけ》売《う》り商事の形態をとっていた。それは浅野氏とは和歌山時代からの「御用商人」であった京都の呉服商辻藤兵衛との関係に象徴されよう。

藤兵衛が浅野氏に調達した物品代の収受を記した覚書（浅野文庫「勘定方覚」）によると、慶長十八年（一六一三）から寛永元年（一六二四）までの一二年間に、総額一八二〇貫余の調達品代銀がみられる。藩はこれを二回に分けて精算し、はじめの七ヵ年（慶長十八～元和五年）では、調達した物品代を七八七貫余のうち銀七三八貫余を返済して差引四九貫余の未払い分をのこした。つぎの五ヵ年（元和六～寛永元年）では、藤兵衛が調達に応じた代銀一〇三三貫余（残り借銀を含む）に対して銀八三四貫余を返済したので、一九九貫余が未払い分としてのこされた。藩はこの残銀のうち一〇〇貫目を「押《おさえ》」として割り引かせ、九九貫余を返済して寛永元年以前の借銀をことごとく精算したのであった。

このように広島藩と辻藤兵衛との関係は親密で、和歌山時代は毎年銀一〇〇貫以上、米に換算すると約一万石に匹敵する物品調達がおこなわれていたことになる。元和五年（一六一九）八月、京都大徳寺で前藩主幸長の七回忌を営むにあたって、藩主長晟は広島国替と重なったため、法事一切を藤兵衛に任せている（「事蹟緒鑑」巻二八）。また、延宝八年（一六八〇）三月、辻藤兵衛家が経営不振におちいった際、広島藩は三原・尾道煙草の運上銀を取り立てて、そのなかから毎年銀一〇貫目を扶助にまわすなど援助している。

広島藩と辻藤兵衛の間でおこなわれた御用調達とその返済方式は、大名財政にとって特別なものではなく、一般的におこなわれた方法であった。藩は同様な方法で京都の三宅・桔梗屋・松屋・三島屋・平野屋らの商人と日常あるいは臨時に必要な諸物資の調達をおこない、当座の町人借銀で切り抜けたが、この借銀が大名財政にとって大きな比重を占めたのであった。

藩主歴代の一代記「済美録」（浅野文庫）のなかで、慶長十五年（一六一〇）から寛文十二年（一六七二）までの藩借銀を拾ってみると、京・上方商人二六人（三八件）に総額三〇四八貫を借銀している。ほかに国元の広島・尾道・吉田・廿日市四町からも銀三〇〇貫を借入れていた。これら借銀の七五％が元和五年から寛永期までに借入れられており、しかも大半が京・上方商人によるものであった。その理由の主なものは、元和五年（一六一九）の国替えによるもの、寛永九年（一六三二）の藩主相続および三次藩分知に関するもの、同十二年の江戸城石垣普請など幕府公役に関するもの、同じ年の藩主光晟の婚儀にかかるもの、同十九年の江戸城二の丸普請および凶作・飢饉に関するものなどである。また、借銀の返済にあたっては、未払い分がでるとこれを正式な新規借銀に切り換え、改めて期限を定めて返済する措置がとられた。借銀の利子は、一ヵ月単位に銀一貫目に何匁と記され、一ヵ年をすぎると元利を加算して返済された。もし返済できなければ一二ヵ月分の利子のみはらって元銀を年越して新規借銀に切り換えとなった。利率は慶長年代が二割四分と高く、元和・寛永初年には一割九分から一割五分としだいに低率となり、その後は一割前後に落着いている（各代「済美録」）。

かくて、大名財政にとって重要な機能をはたした京・上方商人からの借銀も、慶長・寛永期にかけては高額で推移したが、正保年代以降は大きく後退している。この現象は町人からの借銀がなくなったからではなく、初期の大名財政から藩財政に移行することによって、借入れ対象が大坂町人へ移り、蔵元・掛屋を軸にした収支システムが成立したからである。

災害と身分制　近世の災害はいずれも大規模で、藩社会の人々にとって大きな脅威となった。寛永十五年（一六三八）から延宝年間（一六七三―八〇）にかけて連年のように、旱魃《かんばつ》や冷害・風水害に見舞われ、被害は甚大となった。たとえば寛永十六年九月の旱魃は、租米一万三〇〇〇石の減少、農家の牛馬が過半死するという被害であり（「玄徳公済美録」巻一一）、延宝二年（一六七四）五月・八月の暴風雨・高潮・洪水は、広島城下の浸水でほとんどの橋が流失し、全壊・損壊家屋八七三五軒、堤防の決壊三五ヵ所、ほかに田畑損毛高八万五一四五石余、死者六五人以上に及んだとある（「顕妙公済美録」巻三）。藩は、臨時に日損奉行や耕作改奉行を任命して実情を緊急調査し、罹災者には村ごとにお救米銀、麦・稗・塩など救恤物資を支給または貸与した。また、離村した難民には小屋を設けて収容し、緊急の救済策を講じて領民撫育につとめている。こうしたたび重なる被害は社会問題化し、治安対策ともふかく連動して近世身分制の成立にかかわってくる。

広島藩は農村の治安対策として郡奉行の管轄下に、郡村牢舎の設置や、村廻りの定期廻村をさだめるとともに、寛永七年（一六三〇）に牢番を郡中かわたの役目に指定した（「自得公済美録」巻二一）。もちろん、この職務が最初というわけではなく、すでに戦国大名毛利氏時代から在地のかわや・鉢屋《はちや》・河原者の集団に課された警護役の一つであったが、浅野氏は芸備入封後からかれらの名称を、「かわた」（えたの異称）と総称して身分的職務に一般化したのである。そして寛文十二年（一六七二）幕府指定の破牢者の探索・逮捕に領内かわたを動員したのをきっかけとして、盗賊制止を主内容とする革田役《かわたやく》の設定へとすすみ、農村の治安維持の役割をはたさせようとした（「玄徳公済美録」巻四〇）。こうした新たな社会的身分の創出への動向は、これまでの士・農・町民身分に組みこまれなかった社会層、つまり、皮作りの技能者・諸芸能に携わる人々、あるいは、家父長的農業経営が解体したり凶作・飢饉などを契機として農業生産から遊離した遊民層の増加にともなうもので、近世農村にとって大きな社会問題となった。

藩は慶安二年（一六四九）二月、郡中かわたに対して「在々村々へ他国・他村より参り候こせ《ごせ》・座頭《ざとう》・

乞食《こじき》・非人《ひにん》・其の外村の用に立たざる者をは堅く吟味仕り、追払い申すべき事」（「玄徳公済美録」巻二〇）と、他領他村から領内村々に入りこむ遊民層の追払いを命じ、その職務を番人役《ばんにん》といった。しかし、特定の社会層を排除するだけでは根本的な解決にならず、大名権力に服させる新たな方策が必要となった。延宝二年の凶作・飢饉《ききん》に、藩は徹底した難民救済対策をすすめるいっぽう、翌三年三月から非人改めを実施して「定《さだめ》非人」を設け、これに在所に帰るあてのない野《の》非人や捨て子らを収容する町抱《まちかか》え非人の制を整えたのである（「顕妙公済美録」巻三）。この定非人制は、野非人と定非人をきびしく区別して前者の追払い、後者の町抱えをおこなうもので、実質的な小農維持に効果を期待しており、藩社会の士・農・町人につぐ身分としてかわた・非人制の成立をすすめるものであった。

三　家臣団と知行制

家臣団の構成と職制　浅野氏の家臣団は、長政・幸長・長晟の三代が召抱えた家臣を中核に形成されており、元和五年（一六一九）八月、長晟の広島入封時の侍帳（「浅野家文庫」）と伝えるものによると、老臣浅野知近・同忠吉を別にして三八五人の侍士が一二組に分けられ、それぞれの組頭の支配下にあった。

家臣団はいつでも臨戦体制に移れるよう編成されるとともに、藩の行政を担当し、強大な軍事力をもって苛酷な封建支配にあたっており、家臣はさまざまな格式で秩序づけられ、侍士・徒士《かち》・足軽・小者らの序列で構成されていた。侍士はたてまえとして騎馬を許され、一〇〇石以上の知行取りで、家臣の中核を形成し、徒士以下を統率のうえ、上級の諸役務を独占した。侍士はまた馬廻り組と小姓組に分かれ、馬廻り組は番方とよばれ戦時には中核となるもので、知行高も多く、格式も重んじられた。小姓組は役方といい、実際の政務に携わることが多く、しだいに藩政の主導権をにぎるようになった。いずれもいくつもの組に編成されて、組頭や物頭・番頭《ばんがしら》の統率下にあって入国時は三八五人を数えたが、しだいに増加して寛文期には五〇〇人を越えていた。

徒士は歩行《かち》とも書き、中・下級の役人層を形成する。徒士組には実戦部隊を編成するものと、諸役所の下級役人に任ぜられ切米取・扶持方あわせて四〇〇人以上が数えられる。

足軽は旗・弓・鉄砲・槍組などを構成し、それぞれ小頭に統率された先兵部隊であった。水主《かこ》（加子）は藩船の操船にあたり、扶持方・金銀給あわせて一五〇〇人ぐらいはいた。小者はもともと農民夫役として徴されていたが、寛永期以降は一般に武家奉公人として雇用され、中間《ちゅうげん》・小人《こひと》などとよばれた。

このほか、又者《またもの》（陪臣）といって家中軍役の定めにしたがって、それぞれ召抱えているものがいた。三家老の陪臣は合せて一五〇〇人にのぼっていた（「三原志稿」）。

広島藩の初期藩政は、職制機構として家老が直接藩政を統轄し、三家老の月番交代で運営され、これに組頭のなかから一両名の適材をえらんで加判役に任ずるのを例としていた。藩政の実務はだいたい①君側・奥向きを担当するもの、②軍務に携わるもの、③農民（町民）支配や財政などの政務にあたるもの、④江戸・上方の藩邸つとめのものなどに分けられる。君側・奥向きの役は、御広式重役をはじめ大・中小姓などである。御典医や茶坊主・右筆《ゆうひつ》などから台所役人にいたるまで、武芸や学問の師匠らも加えられる。

軍務について、家臣団はすでにふれたように臨戦体制に編成されていたが、これは幕府軍役規定に義務づけられていたからで、藩の寛永十五年（一六三八）の軍役規定（「玄徳公済美録」巻八）と延宝二年（一六七四）の軍役規定（「顕妙公済美録」巻二）を比較すると、家臣の知行高に応じてそれぞれの兵備を整えるわけで、鉄砲中心であることに変わりないが、全体としてやや軽減されている。たとえば、知行高一五〇〇石の侍士では馬上一騎のほか、鉄砲一〇挺・鑓三本・弓三張・幟二本をあずかる歩行若党・足軽・小者を家来にしたがえることを義務づけられた。戦時に中核となるのが馬廻り組である。元和五年は一二組三八五人、正保三年は一四組四五〇人であった。それぞれの組頭に率いられ、ほかに主力部隊として弓組や鉄砲組もみられた。広島藩は瀬戸内海のほぼ中央に位置し、大坂登せ米や参勤交代に海路を利用することが多く御船手（水軍）が重視された。水軍は船奉行の指揮下にあり、浦方支配や水主役家のこともつかさどった。船奉行には代々植木氏が任ぜられ、藩船を管理し、船頭・定水主を統率した。藩船は寛永元年（一六二四）に一一一艘といわれ（「自徳公済美録」巻一七）、正保元年（一六四四）には藩士の持船を合せて二四七艘にのぼっている（「玄徳公済美録」巻一五）。藩船を操船したのが船頭・定水主で、藩は数百人を召抱えているが、定水主の不足を浦方に設定した水主役家の徴発で補充していた。これを浦水主とよぶが、約五〇〇〇軒の水主役家があり、朝鮮通信使や長崎奉行などの通航操船にも随時徴発された。また藩には蒲刈島三之瀬に海駅があり、蒲刈繋船奉行をおいて抜荷改めを含む公用の海上交通のことをつかさどった。

農民（町人）支配は後述するとして財政関係に限ってみると、広島藩の財政責任者は算用奉行、役所を算用場と称したが、慶安元年（一六四八）には、勘定奉行および勘定所と改称された（「玄徳公済美録」巻七）。そして、年貢・諸役米銀などの収納をはじめ、家禄給与・支払い関係など歳入・歳出などの経理を担当した。下役には勘定吟味役のほか、蔵奉行・浦辺蔵奉行・銀奉行・作事奉行・納戸奉行・材木奉行など一三役所におよんだが、なかでも浦辺蔵奉行は尾道・三原・木浜・竹原・三津五ヵ所の浦辺蔵から年貢米の大坂直積み登せを差配するようになった意味は大きい（「玄徳公済美録」巻二〇上）。

江戸と上方の藩邸には留守居役がおかれた。江戸に幕府の拝領屋敷として桜田に上屋敷、赤坂に中屋敷、青山に下屋敷などがあり、大名の家族や一族のものが常駐し、また幕府との折衝や諸大名との交際があって、格式の高い重要な役職であった。上方では京都藩邸が寛永六年（一六二九）以前、伏見藩邸が同十年に設置された。大坂藩邸は拝領屋敷として元和五年（一六一九）八月、中之島の福島正則屋敷を獲得し、翌六年には蔵屋敷として完成させ、ほかに江戸堀蔵屋敷もあった。大坂役人は蔵屋敷を支配して、年貢米や国産品を販売したり、商人からの借銀や、大名の日用品の購入などにたずさわった。元和六年大坂駐在の今中内匠助と城伊織が、広島の米相場の情報と販売方法を申し送っているように、商才と機をみるに敏な器量を要望されていた（「自得公済美録」巻一五）。

家臣知行制の特質　家臣の給与形態は、大きく地方《じかた》知行制と俸禄制に分けられ、前者は領内に知行地（給地）を指定して与える方法であり、後者は物成をいったん藩庫に納入し、あらためてここから現米を支給する形態である。広島藩は外様の大藩に多い地方知行制を採用し、基本的には廃藩まで変えることはなかった。

浅野長晟は広島入封の二ヵ月後、元和五年（一六一九）十月に家老四人の知行割をおこない、翌六年には一般藩士の知行割を実施した。そのさい「往還の駅路・船手浦・市町等御用これ有る村々、或ハ其土地の御損益を考」えて、まず蔵入地を設定したといわれる（「自徳公済美録」巻一二下）。蔵入地とはいわゆる直轄地のことで、年貢・諸役の徴収をすべて藩庫に納める関係から、領内の主要な地域を確保したもので、島嶼部をはじめ街道筋や可部・加計を含む太田川流域の大部分、および尾道や竹原下市・甲山《こうざん》などの港町・在町が蔵入地に設定され、知行地に変更されることはなかった。この残りの村々が家老以下の家中の知行地として宛行われ、その残余分や没収知行地などが明知方《あけち》となる。入国当初の四家老は、支城制の遺制である藩境警衛のならわしにしたがって、三次に浅野知近（三万石）、三原に浅野忠吉（二万八〇〇〇石）、小方に上田重安（一万石）、東城に亀田高綱（七〇〇〇石）と配置されたものの、知近は誅され、高綱も退去したので、一時二家老となった。しかし、寛永十八年（一六四一）浅野高英が家老に列したので、以後は筆頭家老に三原・浅野氏（三万石）、小方・上田氏（一万七〇〇〇石）、東城・浅野氏（一万石）の三家老制で推移した。知行地は三原・浅野氏が御調《みつぎ》郡に九九〇〇石余、小方・上田氏が佐西《さざい》郡に八三〇〇石余と在所に集中しているのに、東城・浅野氏は在所の奴可《ぬか》郡よりも佐西・世羅両郡の方が多く、知行地の分散が指摘される。家老の知行地は、原則的に一村丸抱え、かつ地域的に集中する傾向にあったから、蔵入地や一般給地とは別に独自な支配形態をとった。三家老はそれぞれ数百人の陪臣を抱え、家老の軍事力を構成するとともに知行地の支配にあたっており、小方・上田家老の場合、藩の地方支配である郡奉行―郡役所（代官）―大庄屋の系列下にあると同時に、家老独自の知行所奉行―村方役所―大割庄屋の系列による支配がおこなわれた。知行所奉行は、御屋敷惣奉行ともいい、知行地支配の最高責任者として村方役所を統轄し、年貢免状の下付などを職務とし、勘定奉行や用人を兼ねることもあった。村方役所は代官支配の郡役所に相当し、家老屋敷内におかれて年貢収納の実務をはじめ、大割庄屋以下の村役人の任免、知行地百姓の裁判など知行地全般にわたる任務にあたっていた。

家老以外の一般知行地は、元和六年（一六二〇）の給地割の時から一村に複数の給人が入りあう相給《あいきゅう》知を原則としていた。たとえば大身の大久保権兵衛は、知行三〇〇〇石が安芸国賀茂・豊田両郡三ヵ村に六九三石余、備後国世羅郡四ヵ村に一一三八石余、三谿《みたに》郡二ヵ村に三七五石、三上・奴可両郡二ヵ村に七九四石と、両国六郡一一ヵ村に分散して宛行われ、小身の吉原軍平も、知行二〇〇石が高宮郡綾ヶ谷・下町屋両村に一〇一石、高田郡坂村に五七石、賀茂郡志和村に四二石と三郡四ヵ村に分散し、同じく知行一〇〇石の西村猪左衛門も佐西郡葛原村・高田郡志路村の二ヵ村に各五〇石ずつ割付けられているように、大身・小身を問わず複数以上の村に分散するのを例とした（『新修広島市史』第二巻「浅野家関係文書集成」）。領内に分布する給地比率は、高田郡が郡高の九三％ともっとも高く、ついで三次郡の八五％、恵蘇《えそ》・山県・賀茂・世羅の各郡が七〇％を超えている。逆に少ないのは、沼田郡の四五％、安芸郡の三八％、御調郡の二四％などである。各郡の給地村では、各給知高をくじ引きで決定する鬮取《くじとり》制によって個々の給人と知行地百姓とが複雑に組み合わされていた。藩主長晟は、元和六年五月知行割の実務をすすめる岡本修理亮にあてた書状で、「兎角《とかく》高割をその並々に仕りて、くじ取りがよく候ハんかとおもひ候、其方は何とおもひ候や、（中略）くじ取りならば言分あるましきかとおもひ候」（「自徳公済美録」巻一三下）と、鬮取制の採用は、給人と知行地百姓とを公平かつ機械的に結びつける政策であったことを表明している。具体的には給知村ごとに村高に相当する百姓持高を、七〇石・五〇石・三〇石など数種類の石組に分けた鬮帳を数十冊作成して提出させ、期日を定め代官立会いのうえで、各給人がくじ引きをおこなった。その結果、給人の知行地高ごとに数冊の帳面が組み合わされて決定するが、そこに記された百姓が知行地百姓と認められるのである。そして、知行地内に屋敷をもつ百姓を本百姓、田畑のみのものを越《こし》百姓と称した（「青枯集」）。こうした知行地および知行地百姓が決定すると、給人は知行地百姓のなかから給庄屋（給役）を任命した。給庄屋は組内でも筆頭の高持で、人柄も良く、依怙《えこ》贔屓《ひいき》しないものから選ばれ、年貢納入などの責任者とされた。

給人と知行地百姓との関係について、給人に許されたのは年貢・口米と種米貸しに限られており、小物成・高掛り物の徴収をはじめ、諸入役・夫割などもすべて代官支配のもとにおかれた。知行地百姓の公事出入りに関する裁判権も、郡奉行・代官の支配するところで、給人の干渉は厳重に戒められていた。また、給人が勝手に百姓を召使うことはきびしく禁じられ、たとえ年貢未進の弁償として給人が知行地百姓を奉公人として雇傭する際でも、給料を支払うよう命じていた（「玄徳公済美録」巻四上）。以上のように土地と百姓をともに支配するという地方知行制の実質がほとんど失われた形態こそが、近世の地方知行制の特質であったといえよう。

こうして確定した家臣団の知行割は、領知高四二万石余のうち、知行総高二九万三〇〇〇石余と七〇%を占めたので、残る蔵入地高は一二万七〇〇〇石余とわずか三〇%となって、豊臣期からつづく典型的な大名財政の基盤を構成せざるをえなかった。したがって、藩が大名財政を脱却して藩財政を成立させるためには、少なくとも領知高の三分の二を集約して年貢収納を確保する必要があった。その方法として広島藩は、他藩でも多くみられた知行地を削減して蔵入地を増大させる方策をとるのではなく、領地に検地を実施して打出しをはかり、新田開発をおこなって新石高の増大を期するいっぽう、知行地の総入替えを含む給知割を実施してつぎのように明知方（無給主地）の増大策をとった。

家臣の知行判物は藩主の代替わりごとに改められ、家臣の跡目・新参・加増などそのつどおこなわれたが、寛永九年（一六三二）藩主光晟の相続と同時に三次藩分知（五万石）をおこない、その五年後の同十五年に蔵入地村の地詰（内検地）を、正保三年（一六四六）に知行地村の地詰をおこない、それぞれの翌年にあたる寛永十六年と慶安二年の二月に総入替えにちかい知行割をおこなっている。さらに寛文九年（一六六九）三月にも大がかりな知行地入替えをおこなうとともに、総知行地の代官支配を命じて免率五つのうち五歩を借知として残し、給人には四つ五歩を支給することにした。この措置は元禄十二年（一六九九）まで三〇年にわたって続けられ、大名財政から藩財政の成立に向けて編成する大きなふしめとなった。

以上の検地・新田開発・明知拡大策は、確実に藩財政の基盤を整えるものであった。検地（地詰）と新田開発は寛文四年（一六六四）藩が幕府に差し出した「御帳面」（「広島藩御覚書帳」二）によれば、拝知高三七万六五〇〇石のほかに改出高三万四三〇八石余と新田高一万七二八〇石余が加えられている。つまり、寛永九年の三次藩分知の際の五万石を除いた公式領地高三七万六五〇〇石に対して寛永・正保地詰による打出し高と寛文年代までに開発され高に結ばれた新田高を合せた五万一五八八石余を加えて、実質的な領知高四二万七〇八八石を幕府は諒解している。そして、たび重なる知行地割替え政策は、蔵入地が一三万二〇三五石とほとんど変わらなかったのに対して、家臣知行地は知行高一五万七〇〇〇石、全体の三七％と大幅に減じて、明知高が一三万七五六〇石と三二％に拡大しており、結局藩庫に収納される年貢米が蔵入地の三一%、明知方三二%を合せて六三%に達する。これに藩が家臣から借り上げる借知を加えると、領知高の三分の二の年貢を確保することになったのである。

四　三次藩の成立

三次藩の分立と家臣団　寛永九年（一六三二）、広島藩主長晟が死去し、その子光晟が襲封したとき、庶兄長治に五万石を分知して支藩をたて、年若の光晟と年長の長治とが相互に補佐する体制がつくられた。この分知目的は、「自得公（長晟）御親類も在らせられず候ニ付、便にも成らせられ候様に」とか、「安芸（光晟）守・因幡守（長治）一所に成て用に立か忠節にてあろふする」という将軍家光の意向が伝えられており（「玄徳公済美録」巻三）、一六歳になったばかりの光晟のため、正式に分家を立てて御家断絶を回避するとともに、長治には光晟の補佐役を期待したと思われ、同十一年八月付で本藩とは別に領知朱印状が与えられた（「鳳源君御伝記」巻三）。このため、支藩とはいえ独立の大名として遇され、幕府公役なども独自につとめる必要があった。

三次（寛文三年まで三吉）藩の所領は、備後国内の三次《みよし》（三吉）・恵蘇《えそ》両郡六六ヵ村と御調《みつぎ》郡吉和《よしわ》・仁《に》野《の》村、世羅《せら》郡加茂村の六九ヵ村四万七一五〇石、安芸国の佐《さ》西《さい》郡草津村、豊田郡忠海《ただのうみ》村、高田郡上《かみ》甲立《こうたち》村の三ヵ村二八五〇石、合せて五万石であった（「鳳源君御伝記」巻三）。このうち草津・忠海・吉

図6　三次藩の三次館町図（根屋キクエ氏蔵，『広島県史』近世１より）

和の三ヵ村は、瀬戸内海をのぞむ水主《かこ》浦であり、大坂登せ米など流通経済に便宜をはかる措置であったと思われる。藩主長治は寛永九年十二月両領国入りをとげ、三次郡上里村比熊《ひくま》山のふもとに居館を構えて領内統治の拠点とするとともに、新しい三次町（寛文三年まで三吉町）の建設をすすめた。三次町の町割は、門田川（西城川）・原川（馬洗川）・江川《ごうの》に囲まれた町のほぼ中央に御屋形（藩主の居館）を配置し、その周囲に家老山田監物をはじめ五四人の家臣団がすむ侍屋敷を設けるとともに、町の東と南に町人町が形成された。東の門田川左岸の町屋敷は、毛利時代三吉《みよし》広高が設置した五日市の市場跡で、その北端に恵美須社を勧請した後、その付近に胡町、さらに本町・中町・住吉町などが町割され、五日市跡の北に上市町、住吉町から法音寺の南に西町があい次いで形成された。これらの町には、前代から屋敷地の年貢が免除され、町年寄を勤めた堺屋（元近藤氏）や、世直屋（久亭）・上木屋（太郎左衛門）ら初期商人もいたが、多くは農村各地から商業・諸職人など商工人として移住してきたものであった。とくに藩の成立にともなってこの地にいなかった医師（広島猿楽町家持玄助）をはじめ、大工・桶屋・檜物《ひもの》屋・指物《さしもの》屋・畳屋・紺屋などの広島職人のなかから各一人以上が選ばれ、家屋敷を与えられて引越したといわれる（「鳳源君御伝記」巻三）。

三次藩の家臣団は、初代長治が庶子のため固有の家臣が少なく、以前から仕えていたもの四人の知行二〇〇〇石、残りは本藩から付けられた五〇人（知行一万二二五〇石）で構成された（「鳳源君御伝記」巻三）。これは分知高五万石のうち、蔵入分（切米取りを含む）三万五七五〇石（七一・五％）に対して家臣知行分一万四二五〇石（二八・五％）を総数五四人に配分したもので、四人とは徳永金兵衛・玉置物左衛門・広瀬佐左衛門・松尾平左衛門らであった（「浅野長治分限覚」）。

家中の職制は、分立当初のものとして家老山田監物（一三〇〇石）、年寄八島若狭守（一〇〇〇石）・徳永金兵衛（一〇〇〇石）・用人溝口勘右衛門（四五〇石）・永田与左衛門（三〇〇石）らが藩中枢を形成していた。その他にも知行所改めや、作事・普請などに関する奉行衆、米銀等に関する算用衆などがみられるが、整った職制は明らかでない。しかし、長治の後半、二代長照（一六七五～九一）の代になると、家臣団も三〇六人に増加し、知行取りも一一〇人を数えてととのった行政機能が見られるようになった。藩政の実務は、藩主のもと家老・年寄用人の体制が整えられ、君側・奥向に関しては側者頭・小姓頭・納戸奉行・台所奉行のもとに、中小姓組や儒者・側医師・御次坊主から鷹匠方にいたるまで、さまざまな役が加えられた。軍事に関しては、番頭・組頭に率いられる馬廻り四組が、留守居組を除いて軍事編成をおこなっていた。旗奉行・惣鉄砲頭・弓鉄砲頭・長柄《ながえ》奉行・歩行頭のもと、騎馬・弓組・鉄砲組・長柄組などに組織された。また、船奉行のもと藩船一五艘が管理下におかれ、船頭・水主を統率している。

郡町・財政に関しては、郡代（郡奉行）のもと郡方帖元・毛見奉行・村廻りなど、三次町に町奉行、寺社に寺社奉行をおいて支配にあたらせた。財政担当は勘定奉行・勘定所帖元のもと、米蔵奉行・銀蔵奉行・鉄奉行（山奉行）・材木奉行・紙蔵奉行・荒物蔵奉行・忠海奉行（納所奉行）などをおいて、年貢・諸上納物・特産物の管理収納にあたらせた。また、江戸・上方の藩邸に留守居役をおいた。江戸には拝領上屋敷として本藩の向屋敷であった永田馬場向屋敷（霞ヶ関）があてられ、下屋敷は芝高縄にあった。留守居役には寛永年中に徳永四郎左衛門が就任、その他は不明ながら、寛文二年（一六六二）正月江戸大火の際に上屋敷が焼失し、その翌年に新築されたこととかかわって江戸火消役を勤めるようになり、定江戸役人も一〇人以上を数えた。京都藩邸の機能は、江戸・国元で用いる納戸用品の調達におかれたから、京都呉服所辻次郎右衛門（五人扶持）を御用係に任じた（「三次侍帖」）。

大坂藩邸は、寛永十年代に江戸堀五丁目に大坂蔵屋敷を設け、留守居役を置いたが人名は不明、延宝七年（一六七九）には留守居役に石寺治郎左衛門（一五〇石）、名代に天王寺屋三郎兵衛の名が見える

(『懐中難波すすめ』)。その後は大坂留守居役配下の役人で「金銀出入諸算仕立」をあずかる村木半助(一三石四人扶持)・中村惣七(三人扶持)の両人がおり、名代に河内屋次郎左衛門(七人扶持)、蔵元に堺屋庄左衛門(一〇人扶持)・三次屋半兵衛(一〇人扶持)らが名を連ねていた(「三次侍帖」)。なお、本家広島藩との連絡を重視して広島御用所を設けて、常時数人の役人が詰めていた。

藩政と財政事情　藩主長治は、立藩直後の家中法度で「広島年寄共へ相談仕るべく」といい、本藩の光晟も、二代長照《ながてる》の家中に対して「たとえ式部(長照)宥免これ有候共、我等より急度《きっと》申付べき事」などと、三次藩は本藩から全面的に自立していたとはいえず、本藩の政治的介入はかなり大きかったといわねばならない(「騰雲君御伝記」巻二)。しかし、三次藩の支配政策には、新しく取り立てられた大名として随所に積極性が見られた。藩の自立を問われる幕府公役は、寛永十二年(一六三五)本藩とともに江戸城の石垣普請手伝いを勤めたのをはじめ、慶安元年(一六四八)の石見浜田城在番、元禄十一年(一六九八)水野氏改易にともなう福山城請取り、宝永四年(一七〇七)の江戸浜御殿の普請手伝いなどを無事に勤めたし、明暦四年(一六五八)に公示した「御領農工商へ御示し」において、「人とはこの様にするものなり」と、領民の家や親子・主従関係、農民・町人・職人の本分を儒教的倫理観にもとづいて、平易に噛んで含めるように説諭しており、本藩にはみられない新大名としての独自な抱負と心意気を示していた(『広島県史』近世史料編Ⅲ)。

三次藩は本拠の三次町が、交通の要衝ではあるが、海から隔たっているために、飛領《とびりょう》の豊田郡忠海と佐西郡草津、御調郡吉和など海港を活用する政策を推進した。寛永十年（一六三三）七月、長治は本藩からゆずられた植木助六を船奉行に任命して忠海に居住させ、三次から忠海にでる道路を整備して年貢米や鉄・紙など特産物の海上輸送にあたらせた。また、翌十一年四月、本藩から広島城下西堂橋筋の蔵屋敷をかりうけ、草津港とともに他国商事に活用することによって三次町の地理的不便を補うところがあった。そして明暦元年（一六五五）、三次藩は山県屋宗右衛門（三次十日市）、同善右衛門（広島京橋町）兄弟に許可していた三次・吉田間の可愛《えの》川通船（運上銀三枚）に藩営艜船《ひらたふね》一五艘をくわえ水運の便をはかったり、万治三年（一六六〇）には三次・恵蘇郡間の西城川通船を開削して年貢米などの輸送強化をはかっている（庄原板倉家「万覚書」）。そのほか、領内の河川に美濃産鮎の卵種や、山城国鯉の卵種を放流して河川漁業を奨励したり、吉和沖で獲れる鯛の塩焼きをつくり、土産や商品化をすすめた。また、草津沖では寛文・延宝期に篊《ひび》建ての区画養蠣《ようれい》場を設営し、本格的な牡蠣《かき》養殖業を成立させたが、さらに藩の支援をうけて牡蠣仲間が結成され、大坂へ牡蠣船を回漕して販売する牡蠣商事が登場することになった（「草津小川家養蠣由来書」）。

三次藩の財政状況は、決して楽観できるものではなかった。当初は家臣数も少なかったので、領高五万石のうち蔵入分三万五七五〇石（七一・五％）を集中し、財政的ないしづえを確保する方向がみとめられた。しかし、藩の中心となる三次・恵蘇両郡は、たたら製鉄や紙漉などの稼業がさかんな山地が多く、稲作・麦作など農作物にとっては寒冷地であり、免相《めんあい》もひくく年貢収納はかんばしくなかっ

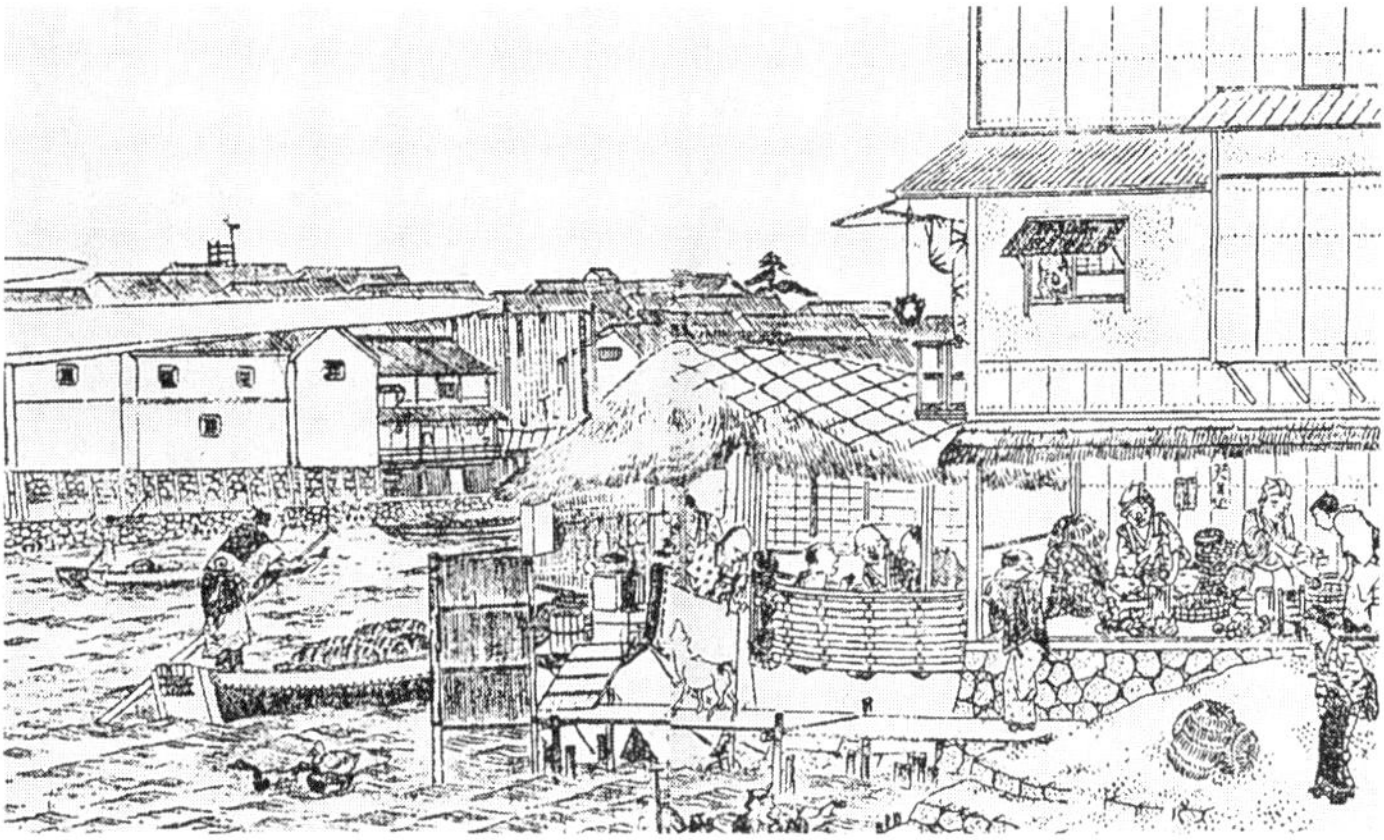

図７　広島牡蠣船の大坂販売図（「摂津名所図会大成」）

た。寛永十一年（一六三四）霜月の「御年貢米払勘定目録」（「鳳源君御伝記」巻三）によれば、同十年の年貢・諸役米銀の収納とその支払いを、算用奉行八島若狭守外二人が担当し、家老山田監物・徳永金兵衛および藩主長治に報告している。すなわち、年収入として米が、蔵入地の免率四ツ八分一厘で年貢・口米および種米利息分を合せて一万六八六八石余、銀が小物成・壱歩米・鉄山札役銀・諸役銀を合せて四五貫七〇五匁であり、米銀合計一万八五六〇石（石二七匁かえ）であった。なお、年貢米収納一万六八六八石余のうち、津出し米九七一五石余、所払米七一五二石余とあって、年貢米の四二・三％が所払いにされて銀二六五貫目ほどの所得になっていた。また算用奉行が支払い分として預かったのは米一万六三八六石余、そのうち①家中扶持・切米一六四〇石余、②作事方・地方給等一五〇石余、③大坂登せ米五八三石余、合せて二三七三石余を支払いにあて、残りに侍衆借米の未返済分四八二石余とし、預り額の大部分にあたる一万三五三一石余の支払い記載を欠いている。

これによって、三次藩の財政基盤である収入規模はほぼ二万石に近かったこと、支出内容のほとんどは不明であるが、当初から大坂登せ米を確保していたことが知られる。その後は、財政状況を明らかにするデータが見られないが、慶安元年（一六四八）石見国浜田城番など幕府公役のつとめに過大な出費を要したと思われるし、当初から弱体な藩財政であったことは、家中心得や郡中仕置にかならず「諸事倹約を相守るべし」と言及されていたことからも知られる。寛文期になると家中や郡中の節約や風俗規制にとどまらず、家中諸侍の勝手向窮迫者には高利の借銀に札銀（藩札）を貸与して急場凌ぎの対策を講じたり、凶年時の郡中困窮者に未進越米《こし》（未納越年米）の年賦割上納や、免下げの実施など、家中・領民の窮乏対策に腐心している様子がうかがわれる。

さらに延宝三年（一六七五）三月の藩主長照の襲封時には、上方借銀が二〇〇〇貫目に達していたといわれ、翌四年七月勘定頭波々伯勘兵衛・日下《くさか》金左衛門両人による寛文十二年（一六七二）の越米銀および延宝元年分の収納米銀の合計内訳は、越米《こし》と物成・家中役米・種米貸米の利、その他で米三万八五八二石、越銀・越銑《こしずく》代と壱歩・小物成諸役銀・模《もやい》相銀・貸銀元利・その他を加えて銀八八五貫六九六匁と報告されていた（「騰雲君御伝記」巻三）。この収納報告は、多額の上方借銀を前提に、その償還策を含めて構成される収入規模が示されていたとみるべきで、費目ごとの明細はわからないものの、まず、延宝元年（一六七三）の収納米は、物成等（越米を含む）で三万八五八二石余と立藩当初に比較して二・三倍に増加しており、蔵入・知行地の別なく年貢収納をおこなっていたと考えられる。また、収納銀の場合も、壱歩・小物成・諸役各銀（越銀・銑代を含む）など八八五貫六九六匁と、藩初の約二〇倍に増加していて、銑鉄や紙など課税対象の商品特産物の拡大と、模相銀・家中貸付元利銀などが過大に増加していたといえよう。

このように寛文・延宝期には、藩財政の財源となった収納米銀が異常に膨張しているが、これには、第一に蔵入地に加えて家臣知行地を借り上げて年貢米の藩庫全納をはかり、大坂販売を強化して借銀償還策を講じていること、第二に家中経済が俸禄支給に切り換えられたことと関連して、家臣の勝手向きが窮乏化して家中対象の模相銀や貸付米銀の元利が急激に増加していること、そして第三に本来前年に収納すべき米銀が未納であるため、やむなく越米銀となるものが大幅に増大して藩経済に影響を与えるようになっており、三次藩の財政は一段と困窮の度を増したのである。

三次藩札の発行　三次藩の藩札（銀札）は、「去々年の暮、札銀ニテ御救遣され候」（「鳳源君御伝記」巻七）とあるように、寛文九年（一六六九）十二月、藩が家中経済の逼塞を打開する必要から米銀のかわりに銀札を貸付けるために発行された。すでに隣接の福山藩では、寛永七年（一六三〇）藩の土木事業の支払いにあたって菊屋《きくや》を札元とする銀札を発行しており、その通用は領内ばかりでなく尾道町の商事取引にも利用されだしたことから、同十三年二月広島藩は「日向殿（水野勝成）領の札、尾道ニてあきない仕候由承届候、他領の札御国ニ取遣仕、以来申事仕出候へハ如何候由、右の札ニてあきない仕らざる様ニ申付候へと尾道代官衆へ申渡べき事」（「玄徳公済美録」巻七）と、福山藩札の広島領内通用を禁止する触書を出すほどであった。この福山藩札の通用状況は、尾道町に接した吉和村を飛領とする三次藩にも注目すべき情報だったと思われ、藩の銀札発行にとって参考とされたのであった。三次藩の藩札発行は、福山藩のそれとは約四〇年後のことであるが、寛文期になると商品流通の発展した畿内以西の諸藩で、領国経済の成立を契機として藩札発行に踏み切る藩が多くなり、三次藩もその例にもれなかったことになろうか。

三次藩札の発行目的は、すでにのべたように家中財政を救済するとともに、領内の通貨不足を緩和するためでもあった。寛文十二年（一六七二）三月、三次家中の風俗取締りの触れのなかに、高利の借銀がかさみ苦境にある家中侍にたいし、札銀を貸与して経済建直しをはかっているが、かえって「身代限り」（破産）する者が多くなった。これは札銀の自由調達が可能であるため大借して返済ができず起こったことで、今後はそれぞれ分限相応とし「望次第」の貸出しをかたく停止するとある（「鳳源君御伝記」巻七）。この段階の三次藩札は、兌《だ》換《かん》紙幣の銀札で、原則として領内通用、三次町を中心に商事取引にも利用されだし、乱発を抑制していることが知られるが、銀札の額面や札元・発行高などは不明であった。ところが、貞享四年（一六八七）四月の銀札座定法によれば、藩の勘定奉行の支配下に札座を設け、札場奉行、銀見・手代各二人がつめて、札場の銀札・金銀請払いを管掌させるとともに、領内の銀札遣いをひろく普及するようにとりはからった。その要点をまとめると、①領内はすべて銀札遣いに定める。ただし、二分以下の小額は銭遣いとする。②他国商人の領内入り込み商事も、取引の多少にかかわらず銀札遣いとする。③旅行者にかぎって正金銀・銭遣いを許可するが、逗留すれば銀札遣いとする。④年貢津出銀・小物成・諸役銀の上納は、正銀に限る。⑤両替えは正銀一〇〇目につき銀札一〇一匁渡しとする。⑥破損札の交換は、銀札の額面が不明でも小札は二分札、匁札は一匁を渡す。⑦判賃は五〇目までは一分、一〇〇目まで二分、一五〇目まで三分、二〇〇目まで四分とする。⑧札場に正銀が集まると銀蔵預けとする、などである。発行された銀札の額面は二分札・三分札・五分札・一匁札・五匁札の五種類、発行高は不明であるが、二年目から正金銀と銀札の併用を禁じて銀札のみの通用をはかった。そのうえで年貢津出銀・小物成・諸役運上銀の上納にかぎって正金銀とするなど、正金銀の藩庫とり込みを露骨にはかっていた。

なお、この銀札発行に関連して元禄期になると、新銀札の発行が「大借銀御難儀」のなか、松波勘《まつなみかん》十郎《じゅうろう》立案の藩政改革の中枢にすえられ、藩財政再建の役割を課せられることになる。

五　芸備農村の成立

寛永・正保の地詰と地概　広島藩浅野氏の領知高は、慶長六年（一六〇一）の福島検地で確定した四二万六五〇〇石を継承したものであるが、寛永九年（一六三二）二代光晟が襲封するとき、幕府の意向もあって庶兄長治に五万石を分知して三次藩を成立させたから、領知高を再確認する必要が生じた。このため、広島藩は寛永十五年（一六三八）に蔵入地、正保三年（一六四六）に給知の地詰《じつめ》（幕府に対し非公式の検地）を実施した。地詰は寛永十三年ごろから準備され、まず各村から慶長六年の検地帳を提出させ、現況と変わらない村々は慶長検地帳をそのまま容認するか、あるいは村高をかえない地概《じならし》で済ましたが、そのいっぽうで前検地の際に「指出し」で済まされた地域や、土地状況が変化している村々には、検地奉行を派遣して徹底した検地を実施している。その特徴は、福島検地と同じ六尺五寸の間竿《けんざお》を用いながら、地詰をうけた村々の村高がすべて高くなっていること、田畑の品等にもあらたに下々・下々下など下位の等級が加えられて耕地が拡大しており、新装の村々を藩体制に適合させるよう編成したことが知られる。こうして藩は、両度の地詰により出目《でめ》高五万石以上を創出してみせた。

その後、藩主吉長のとき、正徳二年（一七一二）の郡制改革にあわせて大規模な地詰の実施が計画された。それは寛永・正保の地詰以来の村高と現実の耕地の状況、生産高のあいだに異同があり、これを是正しようとするものであったが、広島町組新開のほか、高宮郡可部町・中島村、高田郡笹々井村など一部で実施されたのみで、郡中の動揺を鎮めるためいっせいに中止された（「吉長公御代記」巻一〇上）。このため、寛永・正保の地詰は村高の基本としてながく「村高不易の原則」と称された。その地詰帳は、村々で「御本帳」としてもっとも重んぜられたのである。

したがって、村々では田畑の収穫が変わったり、荒所・起地によって面積が変化しても帳面上はっきりせず、石高所持のあり方が現実にあわなくなると地概の対象になった。この地概は、村高を変更せずに「畝出候ハハ位を下げ、畝不足候ハバ上ゲ」ることによって、村内の耕地の現状にそくし、村高の再配分をおこなうことを目的とした。つまり、地概の実施は、検地帳記載の田畑の畝高《せだか》と現実の畝高の相違を是正し、村内農民間の貢租負担の不公平を解消することにあった（青野春水『日本近世割地制史の研究』）。地概はだいたい寛文・延宝期から村々でおこなわれた。藩は元文元年（一七三六）、家臣知行を永代禄としたのを契機に、明知・給知の総地概を実施したが、村々上層農民の強い反対で廃止になったのを最後に、藩の主導で大規模な地概をおこなうこともなく、村方の申請にもとづく地概・地こぶり（村独自の土地調べ）が一村限りでおこなわれるようになった。このため、時代が下るにつれて村内耕地の生産力上昇や、災害による耕地の荒廃などが進行して村高と現状との相違が拡大し、石高制の矛盾をさけることはできなかった。

近世村の確立　芸備両国における近世村の創出は、すでにのべたように慶長六年（一六〇一）の福島検地にあったが、その確立は寛永・正保の地詰までまたなければならなかった。

まず、近世村の村総数の推移をみると表9のようになる。これは村高規模別に示したものであり、総数は慶長検地後の七〇〇ヵ村に対して、寛永・正保の地詰以後では八三五ヵ村となり、一・二倍にあたる一三五ヵ村の増加である。増加の顕著な例は、豊田郡生口島《いくちじま》村が一町一三ヵ村に、佐伯郡西能《のう》美島《みしま》村が一〇ヵ村に、東能美島村が六ヵ村、水内村が四ヵ村、山県郡山野廻《やまのまわり》村が六ヵ村など、それぞ

表9　広島藩の村高別村数と推移

	慶長6（1601）年			正徳4（1714）年		
	村数	%		村数	%	
3000石～	2	0.3	16.6	1	0.1	13.4
2000石～	16	2.3		12	1.4	
1500石～	31	4.4		28	3.4	
1000石～	67	9.6		71	8.5	
500石～	218	31.1	77.1	259	31.0	81.1
300石～	135	19.3		175	21.0	
100石～	187	26.7		243	29.1	
100石未満	44	6.3	6.3	46	5.5	5.5
合計	700			835		

備考：寛永9年分立の三次藩を除いている.

れ一村が大きく分村されたもので、いずれも福島検地を「指出し」ですまされた地域であった。また、郡別にみると御調二〇ヵ村、佐伯・豊田各一八ヵ村、甲奴一四ヵ村、山県一〇ヵ村の増加というように、主に瀬戸内海島嶼部や中国山地の内陸部の旧勢力の温存されていた地域に集中しており、領内村々が全体として藩支配にとって風通しのよい自治村に編成されつつあることを意味している。そこで近世村の村高規模をみると、村高一〇〇〇石以上と一〇〇石以下の割合が、慶長検地後の二三%から寛永・正保地詰後の一九%に減少し、石高一〇〇石以上一〇〇〇石までの村が七七%から八一%に増加集中する傾向にあり、藩社会の生活環境に適合する機能を備えた村規模に編成されつつあったことが判明する。

さて、広島藩村々住民の身分構成は、百姓身分として村役人・本家（百姓）・小家《こや》（わき百姓）・無《む》高《たか》浮世《うきよ》過《すぎ》（浮稼《うきかせ》ぎ層）などの諸階層がみられる。このほか、村内には神主・僧侶・医者をはじめ、大工・桶屋・畳刺・鍛冶屋・かわた等の諸職能のものも存在していた。かれらは検地・地詰によって耕地と屋敷を名請けし、年貢諸役を負担することによって本家となることができた。

本家は役屋ともよばれ、村の正式構成員であった。かれらは検地・地詰帳に耕地と居屋敷を名請けすることによって年貢・諸役を負担し、特定の夫役を課された。特定の夫役とは、戦時における陣夫役を意味したが、後には公用の伝馬役や普請夫役の負担に変わり、浦辺島方の村々では、公用の水主役や藩船方の物資を調達することであった。代官触によれば、本家は村役人の吟味によって申し付けられ、「わき百姓」は本家をさし置いて勝手なふる舞いは許されないと、村秩序のあり方を位置づけている（「郷・有田家文書」）。小家百姓は村内で「一軒前」の百姓と認められない存在である。地詰帳に無屋敷名請人としてあらわれ、「御役目」を負担せず「わき百姓」とよばれて本家に従属する階層であった。しかし、寛文・延宝期には新本家として自立するものもあり、また、初期本百姓も分家などで所持高を分割していった。このため本家百姓が増加して村の中核となり、小家階層の減少傾向がみられた。

そのいっぽうで、商品経済の進展とともに無高浮世過とよばれる階層が台頭してきた。ふつう、浮《うき》過《すぎ》もしくは無高とよばれ、特定の主家に隷属する身分から解放されたが、耕地をもたないため、地主の土地を小作したり、賃仕事などの浮稼ぎで生活する社会層にほかならない。かれらは本家百姓の経営が破綻して百姓株を失い、浮過層に転化していくのを基本とするが、小家身分のものが主家との身分的従属関係をはなれて浮過化するものも少なくなく、一八世紀になると小家も浮過層に含めて扱われるようになった。

郡村の支配機構　近世村が貢租収取の基礎単位になったことにより、藩の地方支配は重要な地位を占めることになった。地方支配の系列は、郡奉行—郡廻り—代官—大庄屋—庄屋となる。郡奉行は町奉行とともに民政の最高責任者で、複数人が任命され、郡廻りや代官の行政事務を統括した。郡廻りは二、三郡を担当区とし、その巡察を通して代官以下の政務を監察し、毎年の免の決定にあたった。代官は郡ごとに直接支配にあたった。はじめは臨時的に一郡数人をおいたが、寛永年代から一郡に二人ずつ知行高一〇〇〜三〇〇石の侍士を配した。職務は郡奉行や勘定奉行の指揮のもと年貢・諸役の賦課・収納、郡でおこなう諸普請、大庄屋以下村役人の指揮・監督にあたった。ふつうは城下の役宅で執務したが、ことに応じて郡元の代官屋敷に赴いて、勤番の代官下役や弾所《しらべ》・牢屋番らを指揮して事務を処理した。

大庄屋は、元和十年（一六二四）に「郡々大庄屋定置く」と、各郡の有力農民のなかから選任された（「自得公済美録」巻一七）。その領内配置には寛永七年（一六三〇）に「郡々大庄屋多所ハへらし、すくなく候所ハふやし申付べく候、埒明ざる大庄屋ハいれ替へ申付べし」と、ほぼ一万石に一人ずつの適正な人数の確保をおこない、同十年には勤務心得を申し渡すなどして、大庄屋制の整備につとめた。また、大庄屋の子または兄弟のうち一人に二人扶持を給して扶持人に取り立てた。大庄屋の職務は多岐にわたり、藩政の推移にしたがって付与されたもので、百姓出入りの調停、御用物（鮎・茶・鍛冶炭）の調達、走り百姓の召還、郡中普請時の人足・竹木の管理、掛り米や伝馬人足の割賦・管理など、また代官・給人の仕置に対する意見具申や、全般的な勧農等も含まれていた。このように大庄屋が郡中の実情に詳しく通じている立場を利用して地方支配の徹底をはかったのであるが、寛永十九年（一六四二）、藩は代官・下代を中核とする郡中支配の強化を目指して大庄屋の任命を停止し、あわせて扶持人に取り立てた子息らを召放った（「自得公済美録」巻一三）。しかし、大庄屋制が完全に廃止されたわけではなく、なかには大割庄屋として郡内における中間層的役割を保ち続けた（『東城町史』通史編）。

つぎに領主支配の末端として重視されたのが、村役人制である。近世村は村請制による貢租収取と治安維持の基本単位とされ、その管理・運営にあたるのが村役人である。村役人は庄屋・組頭・長百姓の系列で村方三役とよばれ、その職務は第一に藩の法令や通達をうけて村民に伝え遵守させること、第二に年貢・諸役などの負担義務を忠実にはたさせること、そのなかには山焼や田植えなどの農作業、風水害や虫害など村内状況の報告も含まれる。第三に村民の生活手段にかかわる土地の売買・質入・書入証文への裏書、往来手形・宗門放《はなち》手形の発行、家普請用の木材伐採許可申請などもあった。また、土地境界や水・山利用をめぐる出入や村内のもめごと仲裁・調停も大きな仕事であった。このほか、藩役人の廻村送迎も大切な役目とされ、いわば村内全般にかかる役目を無難にはたす必要があった。

年貢・諸役の負担　元和五年（一六一九）の入国時、広島藩浅野氏は芸備両国のうち一三郡に代官一四二人、小物成奉行九人を派遣して取り立てた。この年の年貢米（定物成）二四万八一九二石余、（免五ツ八一九）、小物成銀一二〇貫余、福島正則古米三万三六五七石余であったという（「自得公済美録」巻一二下）。このなかから和歌山時代に準じて家老以下の家臣知行分を支払うと、のこる大名取分は一〇万三三三五石余となる、さらに一万石の大坂登せ米を確保した（同上）。これに対して、翌六年以降は、新領国の家臣配知も終わって知行地分二九万二三九一石余（およそ七〇％）をさし引いた一二万六九九六四石余、およそ三〇％が蔵入地となり、そこから収納される年貢はおよそ六～七万石と、領知高の三分の一程度にしかならなかった。しかも、藩は当初から年貢の代銀納を奨励し、領主米販売市場の狭溢《きょうあい》さを補完する政策をとらざるをえなかったが、同八年にいたって収納年貢のうち年貢代銀の割合が一六％と低下して、ようやく年貢米収取の原則が確立する方向になった。

さて、年貢高（定物成）を決定するのは免相（年貢率）であるが、広島藩ははじめその年の作柄に応じて免をきめる検見取り法（秋免制）を採用していた。この方法は、収穫期になるまで免が決まらない欠点をもつが、全剰余収奪体制を定着させる仕組としては有効であった。寛永期の蔵入村々の免率は、平均してみるとほぼ四ツ六分で、元和六年（一六二〇）、寛永五年（一六二八）、同八年の洪水災害の田畑損毛や、寛永十五～十九年と連年にわたった干害と凶作飢饉の影響をうけて免率の低下傾向がいちじるしかった。こうした動向に対応する方策として、広島藩は寛永十年代から徴租法を土免制へ移行させていった。この制は村々の土壌善悪を基礎に、前年の作柄、村の盛衰、田畑の肥瘠などを、総合的に評価して作付け前に免を決定し、農民に知らせた。寛永十一年（一六三四）六月、藩は領内に「蔵入の免相は毎年九月中に相極めるべく候、納所は年内に皆済を申付、納め目録は諸代官手前より請取り置くべし、但、所により土免に相究め申すべき事」（「玄徳公済美録」巻五上）と、検見制を維持しながらも村によっては土免制の採用を認めている。そして、慶安三年（一六五〇）八月に「来年より弐年之間、郡々土免に仰付られ候事」（同上）と、二ヵ年の期限つきで領内いっせいに土免制の施行にふみきり、その後もそのまま踏襲して、土免制を藩の徴租法として確立させていった。土免制の藩全体としての推移は、明暦・万治期（一六五五―六〇）に免相五ツを越える村々がしだいに増えているが、寛文・延宝期（一六六一―八〇）には半数以上の村が免五ツを超え、六～七ツに達する村もあって、そのまま固定化の方向で維持されていく。こうして定免化への接近が用意されたのである。なお、土免制には凶作年における検見による免相決定（破免）も内包されていたが、これを極力回避する方向で運用されていた。このように広島藩の土免制は、原則とは距離をおいて運用されたが、これを藩財政の立場からみると、安定的な貢租収納を維持していくための工夫がおこなわれたといえよう。

つぎに年貢以外の諸上納にあたる小物成・諸役・諸運上についていて、まず、小物成は福島時代の小物成をそのままうけ継ぎ、代銀をもって収納するように固定化した。これに対して諸役・諸運上には、夫役体系の高掛り物と、役家・人別体系の水主役・諸職人水役・札役・諸運上銀などがあった。高掛り物には壱歩米と厘米および国役が含まれる。壱歩米は福島時代の千石夫を元和八年（一六二二）十二月、村高一〇〇石につき米一石を上納する代米制に切り替えたもので、浦方の水主役や職人水役の負担者は、本役（五石）・半役（二石五斗）の免除がおこなわれた。

厘米の制は、寛永十九年（一六四二）に創設され、天下送りの諸役扶持米、渡守・山番・茶屋番給米、公用道橋普請費などにあてられるもので、村高の六厘、浦方は二厘が徴収された（「温故務録」）。また、国役は幕府公役の普請手伝いを領内に臨時賦課されたもので、現地での夫役に従事した。寛永十二年（一六三五）の江戸城石垣普請手伝いや同十四年（一六三七）の江戸城天守台石垣普請手伝いなどには、領内の臨時課役をもって遂行された。しかし、元禄十一年（一六九八）以後は、領内から国役銀を徴収して現地雇用の夫役賃金にあてた。たとえば、宝永七年（一七一〇）江戸吹上代官所普請では、総入用銀三九三貫余のほか、人足賃金二八四二貫（のべ一三七万余人）を、領内郡・町に夫役銀として割付け徴収していた（「吉長公御代記」巻六）。

役家・人別体系の水主役のうち、広島町組に課された水主役銀は、元和六年（一六二〇）、藩船手役所の水主役代銀の制としてはじめられ、町並家々の表間口に応じて徴収するように定められた。これに対して芸備六郡（佐伯・沼田・安芸・賀茂・豊田・御調）八三ヵ所（本浦七一・付浦一二）を水主浦に指定して水主役を徴発する制を設けた。その後、藩は慶安・寛文年代にかけて領域市場に対応した流通機構の編成をおこない、公用の海上輸送を蒲刈島三之瀬の海駅に集中させる政策をとった。幕府役人をはじめ公用の輸送船舶・水主はすべて浦方徴発であったが、承応二年（一六五三）三之瀬海駅に船舶・船頭・水主などを常備し、その諸費用を繋船米と称してとり立てていたが、寛文十一年（一六七一）には蒲刈に繋船奉行をおいて蒲刈繋船米の名で浦方水主役家に賦課徴収する制に整備している（「広島藩御覚書帳」二）。

また、諸浦や河川の船持が負担した船床銀《ふなどこぎん》は、はじめ船奉行の改めをうけ、藩公用に徴発される建前であったが、寛永元年（一六二四）以降所定の代銀を上納する制に改められた。海船は帆の端数によって一端一匁ずつの船床銀を上納したが、川艜船《ひらたふね》は川湊ごとに稼行実績を見積もって船床銀が決められ、運上銀に近いものとなった。

職人水役は大工・木挽・桶屋・畳刺・鍛冶ら諸職人に課せられた役家別の夫役負担であった。藩作事方の指示をうけて本役（家持）が年二四工役、半役（借家）が一二工役の徴発に応じる定めである。藩は寛永十六年（一六三九）から職人の技能に応じて等級をつけ、鑑札を交付して登録した。この時から実際に徴発した使役職人には賃飯米を支払い、他は工役相当の夫賃を水役銀として上納させる制に改めた。また、芸備の鉄山地帯を対象に鉄山札（たたら札・吹屋札・鉄穴札・馬札）が交付され、所定の札銀が徴収された。

諸運上銀は、領内の流通拠点を中心に商品取引や移動を対象に課税されている。口屋（周旋所）・十歩一運上銀は、寛永五年（一六二八）に佐西郡廿日市・古江両村に口屋を設けて取り立てたのが最初で、同二十年まで口屋一〇ヵ所（広島城下一・佐西五・賀茂一・豊田二・御調一）、十歩一所二一ヵ所（広島城下二・佐西一一・安芸五・賀茂一・豊田二）が設置され、主として他国売り商品を課税対象とした（「芸藩志拾遺」巻二）。

これら札役・諸運上銀の特徴を見ると、第一にその賦課徴収の開始年の大半が寛永・明暦年代に集中しており、寛文年代までにほぼ出揃っていること、第二に賦課対象は領域全体を網羅するのではなく、広島湾頭や瀬戸内沿岸・島嶼部などにかぎられており、特産商品の移出に限定される傾向があった。第三にはじめは商品生産の担い手に営業免許の形態で課税されたが、寛永年代からは商品の取引や移動量を対象とするようになり、さらに寛文・延宝期から他国売（領外売）商品にかぎり課税対象となっている。これらの変化は、領内の特産地形成にともなう商品生産の拡大と流通盛大化に対応した運上銀徴収を確保することにより、藩財政収入の一角を占めるための政策にほかならない。

村入用の成立　広島藩の村入用は、寛永十九年（一六四二）夫役を中心とした多くの割付負担のなかから、「在々諸役」・「郡々諸役」として徴発されていたものを一括して「村中の入用」にまとめ、「算用目録」「年間決算書」の提出を命じたことから成立したとされる（「玄徳公済美録」巻一三）。それは近世村の運営にかかわる諸経費で、村役人給米や村行事費用、代官廻村時の人足のほか年貢米の広島運送船賃までくりいれていた。そして、寛文・延宝期には村入用が増加の一途をたどり、しかも、村役人の割符徴収の恣意も加わって、惣百姓による村役人糾弾の動きも起こった。延宝五年（一六七七）山県郡有田村の惣百姓が、前年の村入用の使途不明米銀を訴えて、庄屋・組頭の不正露顕による入牢事件（「有田・片山家文書」）や、元禄十一年（一六九八）の安芸郡牛田村で起こった村役人の村方諸費の割賦徴収をめぐり「一村騒立」事件などが続発している。このため、藩は宝永元年（一七〇四）、村入用全般の統一基準を設定して、諸経費をそれ以下に抑えるよう強制したのであった（吉川・竹内家「宝永之御法制書帖」)。すなわち、基準とは村高に準じて決定されるもので、村役人をはじめ筆とり・小走り・山守・米計り・年行司にいたる給米、村用の紙・墨・筆代、虫送り・雨乞い祈禱料、氏神祭礼・寺社方初穂料、また、村普請に要する竹木・縄・菰などの入用品、郷蔵夫役にいたるまで入用基準を示して予算化させ、村入用の経費節減をはかるところがあった。

六　都市形成と芸備国産

近世都市（町）の形成　広島藩は藩財政の基礎となる領国経済を確立させる必要から、広島城下町における領国市場機能の整備充実と、それを補完し中継地となる在町・在郷市の認定をおこなって、地域市場の形成につとめている。その場合、つぎの三区分を選択した。

第一は町奉行管轄下の町方として城下町広島のほか、三原・宮島・尾道・三次など、家数一〇〇〇軒以上の五町を指定した。いうまでもなく城下町広島は領域市場の頂点に位置し、領内外市場の結節点として領国経済のかなめの役割をはたすものであり、三原・宮島・尾道・三次の町々は、瀬戸内沿岸部や内陸部の交通要衝として広域経済圏を形成するとともに、中継商業の機能を備えることとなった。第二は町村域が町分と地方に分けられ、町分には町年寄をおいて町行政を村行政から独立させ、中継的問屋商事を中心に展開するようになり、一般に在町とよばれるようになる。元和五年（一六一九）

家数二〇〇軒以上の町場は、草津・廿日市・可部・吉田・竹原下市・四日市の六町であったが、寛永十七年（一六四〇）の領内町改めによると、新たに玖波《くば》・津田・海田《かいた》・甲山《こうざん》・東城・西城・庄原・三次十日市など八町がくわわって一四町に増加している。第三は村の中心地本郷などに成立した在郷市で、瀬戸内沿岸や交通要路の村々において、農民的な商品生産と流通の展開を基礎にして開市がおこなわれた。多くは寛永年代から寛文年代までに農村市として成立し、交易圏も数ヵ村から一〇数ヵ村のひろがりをもち、農民の非自給物資を供給するとともに、広域市場の問屋商人とも密接につながっていた。その数は、正徳五年（一七一五）の調査では総数八六市町以上となり、この時期の商品流通の発展に大きな役割をはたしたといえる（「広島藩御覚書帖」）。

広島城下町の整備　広島藩浅野氏の城下町経営を概観すると、毛利時代の軍事的侍町優先の城下町体制が、福島氏によって領国経済の中心都市にふさわしい商業・職人の町体制へ計画的に転換されるが、浅野氏はその方針を継承して二人の町奉行のもとに、五組の町組による自治組織を整備し、さらに新開組を加えて町・新開の拡大につとめた。

元和五年（一六一九）入国時の町人町構成は、新町組一七町、中通組一一町、白神組一一町、中島組八町、広瀬組一四町と五町組六一町で、総町中の家持二〇〇〇軒・借家二〇六五竈であるが、寛永二年（一六二五）広島町総改めによれば、五町組五五町と六町が減少しており、総町中の家持二二八八軒、借家三四五八竈と家持二八八軒・借家一三九三竈の増加となっている（「自得公済美録」巻一八）。これは藩

図８　寛政年間の広島城下町組図（山口県文書館蔵「芸州広島之図」より）
（□は侍屋敷，■は町人屋敷）

の城下町政策にもとづく町編成過程を示すもので、町の合併、町境界の分合、周辺町の分離などの変動がみられる。また、町家・竈数の増加は町家に対して借家が一・五倍と上回り、中央地域をしめる中通・白神両町組が二・五倍と高い数値を示すのに対して、周辺の新町・広瀬両組は〇・八倍と町屋より借家が下まわっていたのである。

その後の町人町数は、延宝七年（一六七九）に六八町に増加したが、宝暦七年（一七五七）広島町大火後の処置として空鞘《そらざや》・左官・小屋新（天満）・西地方《にしじかた》の各町を新開組に移したため、町総数六四町となった。町家数も寛文三年（一六六三）に三二五〇四軒、延宝五年（一六七七）には三九五八軒と増加しており、寛文・延宝期までに町数とともに家数の増加率がいちじるしかった。こうして、寛文三年の町法の成立や、町年寄―組頭制など自治組織の整備とならんで、幕藩制的流通の形成に対応した城下町商業（中継的問屋商事）の展開が一般化したのである。すなわち、初期商人の解体、階層分化にともなう小規模商・職人層の増加、初期商業の分化による問屋・仲買・小売など商事形態の展開を基礎にして、各町単位の多数の仲買・小売商人と商業資本の拡大を志向する問屋商人の成長がみられた。初期の万《よろず》引請問屋は、荷受問屋・積荷問屋・廻船問屋といった問屋機能の分化をもたらし、さらに米問屋・油問屋・炭問屋・木綿問屋・鉄問屋など取扱い商品別の専業問屋へと発展していった。寛永年代まで給人らから払い下げられた米を、尾道市場に売り捌いていた尾道屋市右衛門・米屋六兵衛・米屋長兵衛らがいたが、延宝期にはいずれも城下有数の米穀問屋になった（「知新集」）。

天和元年（一六八一）正月の町触に「米麦・大豆、町中諸問屋・諸商人其外共、買置候分石《こく》数高・俵数等何程と書上ケ候様、尤もしめ売り一切仕間敷」（「事蹟緒鑑」巻四二）とあって、凶作飢饉に備えて諸問屋・諸商人の在庫米穀類の調査をおこない占め売りを厳禁したが、同三年三月にも諸問屋商人・諸職人らが「一同申合せ」をおこない、諸商品類の買い占め・占め売りや、店の貸借り・宿賃などで不当な利益を貪ることのないように戒めている。当時は米穀類・材木・板類・薪炭・竹類・木綿・麻《あさ》苧《お》・茶・酒・煙草・油・魚介類・塩・荒物・呉服・反物・小間物類などを取扱う問屋仲間の存在が知られており、仲間内の申し合せをおこなって、商品の独占売買、物価のつり上げのほか、新たな商人仲間の加入に多額の礼金を要求したり、新規に店を借りて営業しようとする者を妨害したり、さらに問屋を通さず直売買する他国船や商人に対して仲間との取引を停止するなど、かなり結束のかたい仲間組織が展開しつつあったことが知られる。このような問屋仲間の動向に対して、広島藩はとくに不当な排他独占的な申し合せを禁じようとしているのであった。

なお、城下町建設のため大規模に動員された諸職人は、町割によって革屋町・鉄砲屋町・鍛冶屋町・東西大工町・木引町・かべ屋町・畳屋町・石工（尾道）町などの職人町の形成をみたが、広島藩は職人水役を課すとともに御用聞制を採用して、町々の有力職人を含めた棟梁層を中心に拝領屋敷・給扶持・町役免除など特権を与えて優遇し、藩作事所を中心に領主需要を充当した。この町人町の職人支配のあり方は、職人的手工業の発展をつよく規制し、全国的に展開した先進の都市技術を吸収し育成することができず、特産地を志向した鍛冶・鋳物・織物・窯業など諸産業の発達を促すことができなかった。むしろ、城下近郊の可部や三次・尾道などの在町において農村加工業を主体にした特産地形成が出現している。

在町・在郷市の機能　領国経済の市場機能を分担し支えたのが在町商業であった。広島藩は、在町商業がおこなわれる領域を町方・在町・在郷市（市町）などに分けて掌握している。町方は城下町の広島・三原のほかに宮島・尾道があげられるが、在町・在郷市は元禄期になると一〇〇ヵ所前後、領内各地に分布して、それぞれの地域ごとに商品生産と流通の市場圏を形成した（「芸備諸郡駅所市町絵図」）。そのうち、在町は一定の町域（街衢《がいく》）を形成して藩から町制を公認されており、安芸国六郡に一五町、備後国五郡に七町、合せて二二町、うち九町が瀬戸内海に面していて港町機能を有していた。これら在町に共通していたのは、第一に中世市場の系譜をもち、戦国期各地に割拠する国人領主層の定期市（郷村市場）であったのが、近世初頭の幕藩制的な市場編成をへて近世在町の成立にいたったといえる。第二にこれらの在町は、慶長の福島検地によって単独の在方町を構成するか、あるいは村のなかで町分・地方（後地）に区分けされる形態をとった。前者は三之瀬・可部・甲山などの各町でほぼ町屋敷を中心に構成されているのに対して、後者は廿日市・草津・吉田・四日市・竹原下市などのように町屋敷と村方に分けられた後、寛永地詰以後に町屋敷分が在町として自立している。町の長さは二丁（約二二〇メートル）から一七丁（一八五三メートル）までと大きな差があり、街衢も一町から数町あった。

表10　広島藩の在町

国郡		在町名	町年寄採用年	町数	町の長さ	家数
					丁 間	
安芸国	佐伯郡	小方村町		2町	2.00	
		廿日市	寛永12年(1635)以前	9町	5.52	316
		草津町		5町	9.13	200
	安芸郡	海田市	寛文2年(1662)頃	5町	6.27	400
		三之瀬町		2町	4.08	
	高宮郡	可部町	寛永12年(1635)以前	5町	7.50	197
	高田郡	吉田町	寛永12年(1635)以前	6町	11.22	277
	賀茂郡	四日市			7.16	163
		白市町		6町	9.11	
		三津町		4町	7.23	
		竹原下市	正保元年(1644)	10町	16.09	
	豊田郡	本郷市			3.20	72
		忠海町		11町	12.09	
		御手洗町	正徳3年(1713)		2.02	
		瀬戸田町		8町		
備後国	世羅郡	甲山町		3町	4.00	87
	三谿郡	吉舎町		2町	4.20	54
		三良坂市			2.18	
	奴可郡	東城町		6町	5.38	183
		西城町		3町	4.19	117
	三上郡	庄原町		2町	4.50	99
	恵蘇郡	比和町	寛永8年(1631)	2町	3.26	67

「玄徳公済美録」・竹原下市「役人帳」等による.

第三に公認の町制ではいずれも町年寄制をとっており、その成立は寛永年間（一六二四―四三）以降であった。町役人は直接代官の指揮をうけて町行政個有の事務をおこない、村庄屋のような年貢・諸役の収取に関与することはなかった。第四に在町の立地はいずれも陸上および海上交通の要衝にあり、港町あるいは宿駅機能を備えていた。すなわち、寛永十年（一六三三）の幕府巡見使の中国諸国巡察を契機として領内交通網が画期的に整備されたが、その際新たに町制をしいた海田・本郷・四日市・吉舎《きさ》・東城・西城・庄原の各町は、在町化していた廿日市・可部・吉田・甲山の各町とともに、街道筋の宿駅施設の整備をみた。また、瀬戸内沿岸の島嶼部の草津・三之瀬《さんのせ》・三津《みつ》・竹原下市・御手洗《みたらい》・瀬戸田の各町は、船奉行管轄の浦方拠点として重視され、西廻り海運の展開とともに商品流通の中継機能をもつ港町として発展した。第五に在町の商業機能として寛文・元禄年代にかけて問屋商業の成立があげられる。沿岸島嶼部の各港町では、諸国の米穀や特産物の委託販売や購入転売をおこなう船宿商事を軸に中継的な問屋制の発展をみた。山陽・出雲街道に位置する在町も、中国山地の特産商品となった銑鉄・紙・麻苧・たばこ・木蠟などの集荷販売を通じて中継的な問屋商事が展開した。

つぎに領内の各地に形成された在郷市（市町）は、村の本郷地域に市屋敷または町屋敷がある程度形成され、そこに村人や近村の農民が市の日に生産物を持ち寄って交換したり、商人の手をへて非自給の物資を入手することを前提としている。正徳年間（一七一一―一五）に成立した「芸備諸郡駅所市町絵図」によると、安芸国八郡に六一、備後国七郡に二五合せて八六の在郷市が成立し分布していた。このうち、寛永年代までに開市した市町は、佐伯郡津田・玖波、山県郡本地《ほんじ》・中山、御調郡羽倉、恵蘇郡三日市などで、いずれも街道沿いの交通の要衝、駅所のおかれた地域であった。その他の在郷市は一七世紀後半、慶安〜元禄年代にかけて開市されており、領域交通と商品流通に密接に関係していた。在郷市は総数八六のうち二二（二六％）が町を称し、小町を二ないし四をもっており、他は村市であった。それらの規模は、市町の長さが山県郡穴村市の三六間（約六五メートル）から高宮郡大林市の一〇町（一〇九〇メートル）まであり、一〜二町規模が全体の七〇％を占めていた。町屋敷も二〇〜三〇軒が多数を占め、一〇〇軒を超える規模はわずかであった。藩の在郷市に対する取扱いは、村々の庄屋・組頭制のもとに変わりはなかったが、元禄八年（一六九五）四月の郡中倹約令によれば「市町之町人其分ニ応じ」と在の百姓とは別枠に、家作は商売用の居宅を許すが過分の暮らしをさけること、提灯・合羽・唐傘の着用は許すなど、在町と在郷市の差をなくし一括した扱いをおこなうようになった。

かくて、在郷市の機能として、第一に在方農村の経済的中心になり、定期・不定期の市立てによる諸物産の交換、取引市場になるとともに、非自給物資の供給地となったこと。第二に在郷市には商人のほか酒造・鋳物師・鍛冶屋・紺屋などの諸職人も加わって職人的手工業を発展させたので、その取次商事・金融業などもおこなわれるようになり、小都市化の基盤が形成されていった。

芸備国産の流通　広島藩における特産商品の生産・流通の状況をみると、一七世紀前半期から一〇〇品目以上の名物・名産をあげることができるが、後半期を経過することによって四〇品目あまりにしぼって品質・数量ともに大きく発展していき、他国商事の対象として大坂市場をはじめ全国各地の市場へ販路を拡大していった。

寛永十五年（一六三八）ごろ成立の『毛吹草《けふきぐさ》』（俳人松江重頼著）によると、諸国産出の物産を一八〇〇余も書き出しているが、そのなかに安芸国から広島紙子《かみこ》・諸口《もろくち》紙・木地・葛籠《つづら》・塩硝・水晶・西条柿・豆腐《とうふ》姥《うば》・蒲刈塩辛・野路浮鯛・新城山葵《わさび》など一二品、備後国から畳表《たたみおもて》・同振土・柳籠履《やなぎこうり》・矢島竹・網笠・尾道酒・三原酒・田島鯛など九品、あわせて二一品の名がみえる。これらは「古今の名物聞触見及類」とあって俳諧の参考として諸国の名物・名産を収載したもので、国産流通の対象にはいささか限界があるが、京都まできこえた物産という意味で、それなりの知名度はあったというべきであろうか。

つぎに寛文三年（一六六三）成立の『芸備国郡志』（黒川道祐著）によると、「土産」にあげられた物産は、安芸国で鉄・紙・材木など一一二品、備後国で畳表・酒など一一二品、あわせて一一二四品を数える。そのうち安芸産出が圧倒的に多く、なかでも広島城下町二九、佐伯郡一七、安芸郡一四、山県郡一八などと、広島湾頭と太田川流域にまたがる諸郡において生産・商品化される物産が、全体の七二・五％を占めていた。とりわけ、広島城下町では広い範囲の需要にこたえた武具・仏具・美術工芸細工物・装身具・生活調度品など多数の品々が加工生産されて、城下町手工業生産の発展がうかがわれる。ただし、芸備国産を正確に把握しているかどうかは一定の限界を認めつつも、寛文期の多様な生産地の形成と商品化の展開をよみとることは可能であろう。

かくて、元禄・享保期になると、領内の商品生産が発展し、国産の他国積出しによる領外取引の盛大化がみられた。享保初年の「郡々諸色他国売物寄せ」（「学己集」巻二）に示された広島藩の他国販売は、安芸国八郡で七三品、販売代銀三四二一貫余、備後国四郡で一六品、販売代銀一八八一貫余、あわせて八九品、総代銀五三〇三貫余になっていた。これらの国産商品を地域別にみると、やはり品目数で広島湾頭と太田川流域の諸郡に集中しており、すでにみた『芸備国郡志』の場合とほぼ一致する。ただ、「学己集」の国産商品数が七〇％と少ないのは、他国に販売した商品に限られていたからであろう。また、販売代銀の方は山県・奴可・賀茂・御調郡など内陸部および瀬戸内海沿岸部諸郡がきわめて多額であり、他国販売を中心とする商品の特産地の形成が認められる。

他国販売の商品を品目別にみて、米・材木・紙など年貢または藩専売統制のつよい蔵米・蔵物を除いて、広島藩の二大国産といわれた鉄類（山県・奴可・三上三郡）の販売代銀二〇七五貫余と、塩（賀茂・御調・豊田三郡）の販売代銀一五一三貫余が群を抜いている。そのほか販売代銀が一〇〇貫をこえているのは、薪炭類の三四四貫余、畳表の三〇〇貫余、魚介類（猟船を含む）の二九〇貫余、竹細工・葛籠の一七七貫余、布・木綿の一〇八貫余、麻苧《あさお》類の一〇五貫余などであり、代銀一〇〇貫目に近いものに煙草九八貫余、漆の実・生蠟九六貫余、茶類九五貫余などがあった。そのなかで、郡単位の他国売代銀が一〇〇〇貫をこえている山県郡の商品生産を概観しよう。山県郡は安芸国西北部の山間地の太田川と可愛《えの》川（江川《ごうのかわ》上流）の分水嶺を含む地域で、広島城下町と河川交通で通じており、早くから物資供給の後背地としての性格を備えていた。米・材木・紙・麻苧・茶など商品生産がさかんであったが、郡最大の国産は鉄類であった。製鉄規模は永代鑪二ヵ所、割鉄鍛冶屋二四軒、鉄山経営者（鉄師）一六人、労働者約一万人といわれ、奥山・太田両地域のたたら製鉄（地場産業）として大割・細割・釘地鉄など材料鉄を産出した。鉄類の年産額は一万〇五〇〇束ほどで販売代銀一一〇〇貫（一束につき銀八〇目）であった。また、鉄につぐ特産物は諸口・半紙などの紙類で、年産額四〇〇〇丸、売上代銀一三四貫（一丸につき三三・五匁）とされている。そのほか、商品化の対象となっているのは、麻苧（扱苧《こぎそ》・荒苧《あらそ》）・茶・生蠟・こんにゃく玉・薪炭類・鮎などで、その年間売代銀が一六五貫目に達していた（享保十二年「芸州山県郡村々諸色覚書」）。

このように元禄・享保期の山県郡において特産物を中心とした商品生産の基盤が形成されたようにみえる。しかし、これらの諸商品が農民的な商品経済の発展のなかから生み出された成果とはいいがたく、むしろ、年貢や藩専売制など領主収奪のもとで、農民の窮迫経済のなかでの所産であったことに注目する必要がある。もちろん、こうした商品の性格は山県郡にかぎられたことでなく、幕藩制支配の強固な低位生産地域に共通した生産形態であり、内陸部山地や瀬戸内島嶼部の特産物地帯における特有の生産構造を指摘することができよう。ともかく、享保年代における広島藩の他国売商品の販売代銀五三九二貫目に対して、半世紀後の明和八年（一七七一）には、代銀八四〇〇貫目と一・五六倍に増加しており、全国的な商品流通の進展のなかで芸備国産の地位が高まっていることを示している。

つぎに芸備国産の販売市場を概観すると、その中心は大坂や京都など畿内消費地であった。まず、広島藩の米穀市場をみると、一七世紀前半はまだ領内の町方・鉄山方の方が有利な市場で、大坂へは一万石ないし二万石が販売されるのみで、大坂市場との結びつきは弱かった。ところが、明暦・寛文期以降になると、年貢米の大坂直輸送体制が整えられ、廻送量がしだいに増大した。そして、元禄年間から毎年の大坂登せ米五〜六万石が確保されるようになり、年により広島米七万石を大坂廻しするようになった（『広島県史』近世Ⅰ）。また、国産第一の鉄類の販路は、奴可・恵蘇・三次など藩専売制下にあった諸郡鉄はすべて大坂市場で販売され、山県・高田諸郡では荷主の自由売が確保されていた。元禄九年（一六九六）山県郡荷主一四人の直取引は大坂三〇％、広島三九％、可部二一％で、繰越鉄二九％となっていた（隅屋文庫「山県郡荷主共鉄之書付」）。さらに同荷主の一人加計村八右衛門の元禄十三年（一七〇〇）から寛延三年（一七五〇）まで五〇年間の移出先は、大坂売九三％、広島地売六％、下関売若干となっていた（隅屋文庫「鉄山仕切状」）。このように鉄類の販路も地売を除けば、ほとんどが大坂市場へ集中していたことが判明する。このほか、塩・綿・扱苧・牡蠣などの諸国産もほぼ同様の販路を確保していた。元文元年（一七三六）、大坂市場で売買された諸国の物産のうち、安芸国から入津された物産は米・諸紙・諸材木・鉄・釼《はがね》・繰綿・葛籠《つづら》・生蠟・魚類・煙草など二三品、備後国からは米・雑穀・諸紙・畳表・鉄・魚類・煙草・綿実・油粕など二三品、合せると三四品目にのぼっていた（『大阪市史』

第一巻)。

これら諸商品の売買取引は、蔵米・蔵物であれば大坂蔵屋敷出入の蔵元・掛屋、納屋物は荷受問屋がとりあつかった。荷受問屋は国問屋ともよばれ、特定の領国あるいは地域の諸物産を総括的にとりあつかう委託販売問屋のことである。大坂には正徳年間(一七一一―一五)に国問屋の総数一七二七軒、取引先は畿内・中国・九州を主体にほぼ全国に及んでいたが、そのうち安芸国問屋が六三軒、備後国問屋が五六軒、あわせて一一九軒の取引問屋をようしていたことになる(『大阪商業史資料』)。ところが、一七世紀後半期には国問屋の分化がすすみ、廻船業・倉庫業・金融業・卸売業などの専門化とともに、卸売業ではさらに商品ごとの専業問屋があらわれており、正徳年間には商品別に八一種、五六五五軒以上になっていた。そのなかには、備後畳表問屋一三、諸国塩問屋一八、鉄はがね問屋一〇、諸紙問屋二五、諸国炭問屋一七など、芸備国産と関係のふかい専業問屋がしだいに増加していたのであった。

第四　改革と一揆の世紀

一　赤穂藩と赤穂事件

赤穂藩浅野氏の成立　正保二年（一六四五）七月、広島藩を本家とする常陸《ひたち》国笠間（現茨城県笠間市）城主浅野長直《ながなお》（外様）が、播磨《はりま》国赤穂《あこう》（現兵庫県赤穂市）五万三五三五石に移封された。長直は広島藩祖浅野長晟《ながあきら》（長政次男）の弟長重《ながしげ》（長政三男）の嫡男である。長重は徳川秀忠に仕えて二万石を領していたが、慶長十六年（一六一一）父長政の死後、その遺領常陸国真壁《まかべ》郡（現茨城県桜川《さくらかわ》市）のうち五万石を譲られ、さらに元和八年（一六二二）同国笠間城を修築して、五万三〇〇〇石に加封された。寛永九年（一六三二）長重の死後、嫡男長直が襲封したが、正保二年に播磨国赤穂へ転封したのであった。

赤穂において、浅野長直が最初に手がけたことは、領民支配を中心とする藩治の機構を整えて藩政を運営することであった。

まず、藩の職制機構は、家老が家臣団の頂点にあって藩政を統轄し、世襲とした。藩政の実務には、君側《くんそく》・奥向きの役に側用人・内証用人・大中小姓から、右筆《ゆうひつ》・書物《かきもの》役・使番《つかいばん》などから台所役人など、さまざまな役目が設けられた。軍務に携わるものを番方といい、番頭《ばんがしら》のもと馬廻り組を形成した。農民支配や藩財政などの政務のうち、郡方は郡奉行（郡代）―代官―郡村役人、町方は町奉行、とくに重要なのは浜辺奉行―塩田方であり、絵図奉行も設けられた。藩財政の責任者は勘定奉行で、年貢・諸役銀等の収納をはじめ、家禄給与・支払い関係など歳入歳出などの経理を担当した。君側に関する勝手方・金奉行（腰物方）・酒奉行（台所方）があり、藩札発行を統轄する札座勘定奉行（札座横目）、加東郡勘定方などの名も見える。江戸・上方の藩邸には、江戸留守居番や江戸定府、京都留守居番がおかれた。さらに藩政を監察する大目付―目付―足軽徒《かち》目付などもおかれた。

つぎに長直が手がけたのは、赤穂城の改築整備であった。池田・松平氏時代の石垣・濠を生かし、屋敷構えを城郭に改めるため、慶安元年（一六四八）に着手、寛文元年（一六六一）には竣功した。赤穂は瀬戸内海に面した孤立丘陵（赤穂七崎）にかこまれた地域に、千種《ちくさ》川がつくった三角洲を開拓したもので、城郭として東に川、南は海に面した平地に本丸を二の丸がかこみ、北に三の丸を配し、北端に大手門を構えている。設計は小幡景憲《おばたかげのり》の弟子近藤正純で、大手枡形・三の丸石垣などに甲州流の特徴がみられる。また、寛文六年（一六六六）幕命で山鹿素行《やまがそこう》が赤穂に幽居されていたのを利用して、城の縄張りを依頼しての改築があった。素行の図面によると、総曲輪《くるわ》が六一四×五八九メートルの広さで、海に臨み横矢出隅をともなう本丸を中心に、梯郭《ていかく》・輪郭式縄張りで二の丸以下が構成され、虎口《こぐち》と横矢を配した構えは、兵法・軍事的配慮にすぐれた城郭といわれる。

また、藩の主要産業で著名なのが製塩業であった。元和六年（一六二〇）の旧記では、赤穂塩屋村に三五町歩（約三四・七ヘクタール）の塩田が記されているが、当時の塩田規模は四〜五畝（約四〇〇〜五〇〇平方メートル）の零細な揚浜《あげはま》式塩田（満潮面より高い海浜の砂上に海水をまいて、水分を蒸発させて塩をとる）であった。それが近世的入浜《いりはま》式塩田（満潮面より低い海岸に、海水を流入して行う製塩法）に発展をとげたのは、正保二年（一六四五）浅野長直が入部してからである。すなわち、翌三年には、赤穂新浜が大坂の岸部屋九郎兵衛・矢島喜助や播州《ばんしゅう》高砂の今津屋重右衛門ら商人によって開発されるが、赤穂城改築の財源を確保するためであったといわれる。この赤穂新浜を含め、浅野時代に合計一二七町歩の塩田ができあがっており、いずれも生産性の高い入浜式塩田であった。その塩田築造の技術を赤穂流とよび、瀬戸内海地域の竹原（現広島県竹原市）や松永（現同県福山市）などの各地に伝播した（「竹原下市一邑志」）。寛文十一年（一六七一）に塩問屋が赤穂尾崎村に一五人、新浜村に七人もおり、藩へ問屋御礼銀九貫余（五斗入り一俵五厘）を上納していた。赤穂塩の販売先は、大坂が中心で江戸・北国方面にも販売された。赤穂では他領売りを「沖売り」、領内売りを「岡売り」といった。塩には「差塩」（にがりが多い）と「真塩」（にがりが少ない）の二種があり、前者は主に関東方面へ、後者は大坂方面に売られた。

さらに、赤穂藩の藩札発行は、延宝八年（一六八〇）浅野三代藩主長矩《ながのり》の代におこなわれた。一般的に藩札発行の条件として、幕藩制の完成を背景に、大坂を中心とする全国的な流通機構が成立し、商品経済の展開を反映して通貨需要が急増したこと、いっぽうでは、諸藩の財政が圧迫され、その打解策

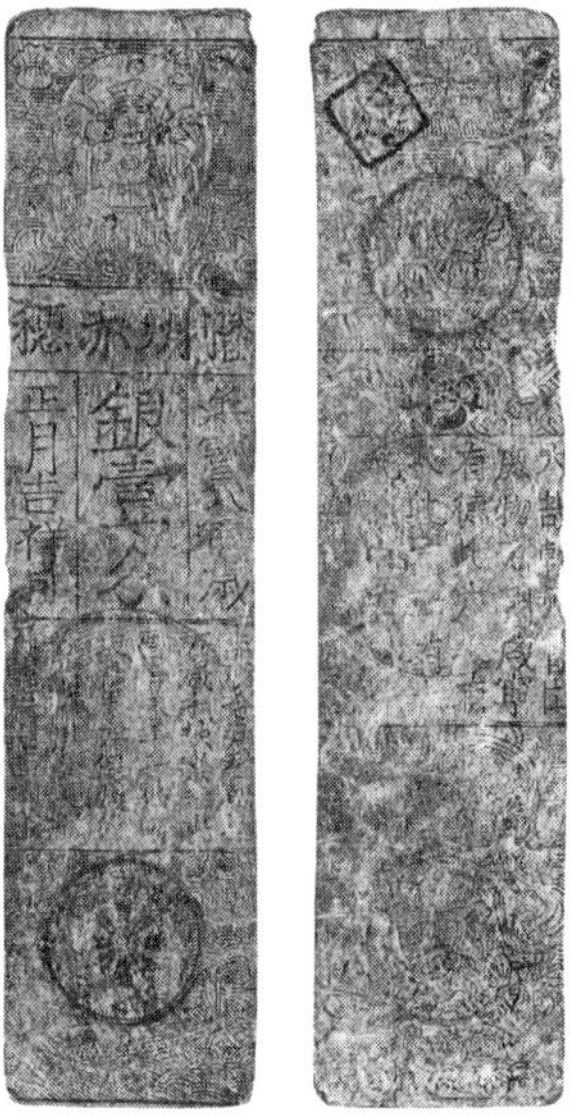

図9　赤穂藩藩札（銀1匁札）
延宝8年（1680）発行

が検討されるうち、解決策の一つとして藩札発行が浮上してくる。寛永～寛文年代（一六二四―七三）には、福山・福井・名古屋各藩の発行がみられ、延宝年代（一六七三―八〇）には、岡山・赤穂・徳島・松江・萩藩など中・四国の各藩が発行している。赤穂藩では、札座勘定奉行のもとに札座を設け、用掛り・銀見・手代数人をおいて、銀札の製造・保管にあたらせた。発行の銀札は五匁札・一匁札・三分札・二分札の四種類、銀札元も京都および地元商人が引きうけている。その流通状況はわからないが、元禄十四年（一七〇一）藩主長矩の江戸城中での刃傷事件で改易となり、発行銀札に対して城代家老大石良雄が、広島本家とくに三次藩の援助を仰ぎ、迅速な部分償還を実施して事なきを得たといわれている。

赤穂事件　赤穂藩浅野氏の三代藩主内匠頭長矩《ながのり》が、元禄十四年（一七〇一）三月十四日、江戸城中で吉良上野介義央《よしなか》を傷つけた罪により死を賜り、除封・断絶した。そして、主君長矩の恥辱をそそぐため、浪人した旧家臣四七人が結束して、翌十五年十二月、吉良義央を討った事件があった。この長矩刃傷事件と浪士復讐事件を合せて赤穂事件といわれている。また、後年『仮名手本忠臣蔵』の浄瑠璃などで評判になってからは、たんに「忠臣蔵」ともよばれている。

藩主長矩は、赤穂浅野二代長友《ながとも》の嫡子として寛文七年（一六六七）に生まれ、延宝三年（一六七五）三月、八歳にして父の遺領五万三五三五石を継ぎ、四月将軍徳川家綱にはじめて拝謁、同八年八月従五位下内匠頭に叙任した。長矩は天和三年（一六八三）に勅使接待役になったことがあったが、元禄十四年（一七〇一）に二度目のこの役を命ぜられた。その間に元禄時代の華美な様式が広がり、この勅使下向も毎年の年頭恒例の行事として、その様式も複雑・美麗をきわめるようになっていた。この年は、吉良が将軍代理として上京し、二月の末に江戸へ帰ってきた。吉良はこの時、幕府高家《こうけ》衆の筆頭として、江戸へ帰ってからも浅野ら接待役に対して、権威をもって前例にこだわらず指導した。このことが若い浅野長矩を逆上させる結果になったとして、その原因を、吉良の偏差的指導説、長矩の突然逆上説、製塩技術の秘匿説などが生れているが、いずれも決定的となっていない。

この事件の判決は、将軍綱吉《つなよし》の専断に等しく、吉良をお構いなしとし、浅野には即日田村右京大夫へ御預け、庭上切腹・御家断絶・城地返上であったから、速断のうえ浅野に苛酷すぎるものがあった。この長矩の切腹取扱いに関して、広島浅野家より異論がでたが、さらに長矩の弟大学長広《ながひろ》や、他の親族にも閉門の罪が与えられた。この江戸の事件は、早馬で赤穂に知らされ、浪人する家臣たちが再就職・大学擁立・主君の仇討ちなど、さまざまな議論を交したものの、結局、籠城説をとり、大学による浅野再興にかけることになった。しかし、赤穂城は四月十九日、竜野城主脇坂安照《やすてる》らが没収のために入城、家老大石良雄らは、城下遠林寺《おんりんじ》を会所として残務処理にあたり、五月二十一日には一切の引き渡し事務を終えた。そして、六月二十四日、花岳寺で主君追善の法要を営み、翌日赤穂をはなれた。その後十一月から十二月にかけて元家老大石は、一度江戸にでて諸所に挨拶するとともに、江戸在住の元家臣らと江戸会議をもち、大学長広による再興に期待する意志統一をおこなった。ところが、翌十五年七月、大学長広が閉門を解かれて広島藩へ御預けとなり、浅野再興の望みは絶たれた。このため、浅野浪士らは七月末の京都円山《まるやま》の会議において、吉良邸襲撃により主君の恥をそそぐことに結集することになった。浪士らは十月から十一月にかけて江戸に集結し、その機会をまった。かくて、十二月十四日から翌日早暁にかけて吉良邸を襲い、吉良を討ちとったのである。その時の浪士は四七人（足軽寺坂のみ使者としてはずれる）で、幕府への届出にも同数となっている。十五日夕刻、幕命により四六人は、細川・毛利・松平（久松）・水野の四家に預けられ、十六年二月四日、それぞれの家で切腹し、泉岳寺に葬られた。

この事件は、その後文学・演劇・大衆芸能などで、さまざまに取りあげられた。元禄十六年（一七〇三）十月、室鳩巣《むろきゅうそう》の『赤穂義人録』や、近松門左衛門の『碁盤太平記』、寛延元年（一七四八）の竹田出雲らの『仮名手本忠臣蔵』などによって、その評判が定着した。

二　三次藩の松波改革と一揆

松波勘十郎の登用

三次《みよし》藩の財政状況は、すでに述べたように一七世紀後半になってますます苦境におちいった。そのため、二代長照《ながてる》（一六七五～九二）の代になると、家臣が三〇六人に膨張し、その知行・切米は藩財政を大きく圧迫しているとの認識から、貞享三年（一六八六）家臣一八人（知行高三八〇〇石余）を本藩預けとした。

ついで三代長澄《ながずみ》（一六九一～一七一八）が襲封した元禄四年（一六九一）にも、家臣二三人（知行高二九八〇石余）を本藩預けとして、家中人員の整理を断行している。また、元禄年代になると、藩内にも外部の人を得て財政建直しを待望する動きがあらわれた。これは京都・上方の金融資本とむすんで諸藩の財政再建を担当する、勘者《かんじゃ》とよばれた人々の活動がみられたからであった。三次藩は元禄八年（一六九五）三月、上方商人大文字屋を介して十川作太夫が紹介され、「家中勝手方支配」に任用した。十川の任務は、家中財政の建直しと簡略化（節倹）を指導することと、上方商人からの融資（借銀）をも担当したようである。ところが、同九年九月、十川作太夫は「仕様等不審ニ付」と、藩勘定所の立入り検査の結果罷免されて、同十二年には、かれが肝煎りで導入した借金をまとめて藩が肩代わりしており、十川方式は完全に失敗したことを示している（「天柱君御伝記」）。

かくて、三次藩は同年四月、本格的な藩政改革にとりくむ意気込みをもって、京都を拠点に諸藩の改革に辣腕をふるっていた松波勘十郎を「勝手方御用」のため、三次に招いたのである。松波勘十郎は一六四〇年代美濃国に生まれ、万治元年（一六五八）加納宿庄屋をへて、貞享三年（一六八六）旗本鈴木市兵衛の三河国知行地で検地・山林改めを担当したのち、元禄五年（一六九二）ごろから京都に本拠をおいて勘者活動に専念するようになった。かれが関係をもった諸藩とは、大和郡山・高槻・奥州棚倉の諸藩、のちに水戸藩などで、いずれも藩の財政改革を主導した経歴をもち、もっとも著名な勘者であった（林基『松波勘十郎捜索』上）。

松波改革の内容　松波勘十郎は元禄十二年（一六九九）四月二十日から二十七日までの一週間、三次に滞在し、藩庁に出勤し、三次藩の財政状況を精査して、その改革要領をまとめて文書とし、藩の用人に託した後、藩の改革実行を期待して四月二十七日、三次を出立したのである。このように松波の三次藩における改革指導は本人が三次に常駐しておこなったのではなく、京都からほぼ三ヵ月ごとに一週間滞在して藩政の指導を続けるという形態の「兼任講師の集中講義方式」をとっていたという（林基『松波勘十郎捜索』上）。

松波勘十郎がはじめた三次藩の改革は、藩政全体の体系的な一挙改革であって、三ヵ年をかけて政策の展開をはかる画期的な特徴をもっていた。藩は松波の「書付」にもとづいて、同十二年五月三日三通の改革を布告した。その第一は、三次藩家中に対する改革令であった。その骨子は、まず家中・

扶持人の借財を精算することにおかれた。藩は家中・扶持人に対する数年来の拝借米銀の返済を免除し、かつ藩仲介による京・大坂など他国商人からの借銀も、藩が一ヵ年五歩の利息で返済を肩替りする代わり、今後銀の融通は一切引きうけないこと。また、これまでの町人買掛代銀も一切禁止する。さらに家中知行取りの年貢米売却分については、藩が一括して売却を担当し、代銀は藩札をもって平均価格で支払うこと、銀米分は家中の家族数に応じて藩庫から手渡すこと、切米・扶持米取りの給与のうち、飯米分は米で渡し、残りは藩札で精算することなどの計画であった。要するにその意図は、家中のすべてを知行地から完全に切り離し、藩札で支払われる給与生活者に仕立てることであったといえよう。これは藩領のすべての年貢米（飯米を除く）を大坂に廻送し、売却するための政策であった。しかも、この大坂廻米を抵当とする借銀と結びついていることは明らかで、三次藩に融通していた債権者らが、藩主・家中の負債を棒引きにする代償として改革を要求した結果と解されるのであった。

第二は、三次藩の全領民を対象とした農村改革であった。その目的は、今までの年貢免を引き上げることと、特産の鉄・紙に対して藩専売制を実施することである。まず、改革の要求は、

①領内の諸職人諸運上のすべてを免除する。

②藩からの諸借り物・未進夏秋一歩米・厘米・麻・たばこ・漆の実の駄別銀などのすべてを免除する。

③年貢米の津出し・所払いなど上納の区別を廃止し、すべてを米で三次蔵へ収納する。

④免相《めんあい》は秋検見免として、翌十三年より免を引き上げる。
⑤元禄十四年より鉄・紙など領内特産物に藩専売制を実施し、鉄座は白銀屋《しろがねや》惣兵衛・鉄屋次郎右衛門、紙座は吉舎屋《きさや》小十郎・畠中助三郎の四人に一手請払いを担当させることを触れた。

このように領民に対する改革は、元禄十二年から同十四年の三ヵ年をかけて順次実施する体系的な計画といえるものであった。

第三は、これらの政策を強力に遂行するために、元禄十三年（一七〇〇）六月、所務役人（郷代官）制を採用して地方《じかた》支配の強化をはかった。所務役人には大庄屋層のなかから有力者を選んだが、恵蘇《えそ》郡の森脇村仁右衛門、泉村太郎右衛門、川北村七左衛門、本郷村吉郎兵衛・岡部弥太郎、三次郡の入君村孫右衛門、井河村六兵衛の七人で、製鉄・紙漉など特産地域と村諸事情に明るい有力農民を取り立てて、収奪強化をはかったとみられる。

こうして元禄十三、十四年の三次藩は、家中はもちろん領内全般が藩政改革の渦中にあり、年貢米を総米納にすることに全力をあげるとともに、換金対象の鉄・紙など特産物を集積し、さらに家中知行米の一括販売と結合させて大坂廻送をはかり、藩債処理と藩財政の正常化を企図したのである。

この改革で重要な役割をはたすのは新銀札の発行による通貨政策であり、元禄十四年藩専売制下の鉄・紙荷を一括して大坂市場で売り払い、正銀を獲得したが、荷主（生産者）へは代銀相当の銀札を支払っていた。この銀札は新増札銀であったため、札座に準備銀の貯えがなく兌換に応ずることができなかったので、札銀は信用を失い物価騰貴をまねいた。そのため、藩は同年十月札銀全部を回収するため米を引き当てにし、引替値段米一石につき札銀八〇目、期間は一〇日間としたが、当時の他国米相場は米一石につき銀五、六〇目であったから引替人が殺到して大混乱になったと伝えている（久光家「家伝之筆記」）。また、藩は大坂商人川崎屋市兵衛に札座銀元を引き請けさせ、新銀札（加判札）を通用させて正常化をはかろうと、元禄十五年（一七〇二）二月新銀札遣い二ヵ条を領内に布達した。つまり、領内の正金銀と銀札の併用を禁じて札遣いのみとし、新銀札は二分以上の取引き通用、それ以下は銭遣い、他国商人の入込み商事も札使いを強制していた。しかし、実際には「右の札銀ニモッカウの朱印ヲ加判シ通用ス。他国ハ恐レテ不通、似判之札大多数なり」（「諸家旧記抜粋」）とあるように、川崎屋の新銀札が旧札に朱印を押した加判札であったため、信用度がきわめてひくく、加えて未回収札に似判をおした偽札が氾濫して経済混乱をひき起こし、藩の意図は瓦解していった。

このような事情から当初の三ヵ年計画がすぎても、藩財政は一向に好転しないばかりかむしろ窮迫の瀬戸際に追い込まれていった。くわえて、この改革仕法に藩内家中の反感が募るばかりか、領民も大きく動揺したことから、ついに同十五年六月、松波勘十郎を罷免し、さらに大坂鉄・紙問屋川崎市兵衛の札座銀元も廃止して改革中止を宣言した。ただ、地方支配に関する所務役人制は、そのまま存続され、収奪体制を変えることはなかった。

このあと、翌十六年は大地震をはじめ領内の大洪水・永川成（未復旧地）の激増などがあいついだので、藩領はますます混乱状態におちいり、農民一揆を誘発することになった。

三次藩の百姓一揆　三次藩では正徳三年（一七一三）正月、恵蘇郡一三ヵ村（高野山組一一ヵ村、比和・古比両村）の小百姓を中心とした農民が、乞食姿で村を出立し、三次町へ強訴を企てた（「久光家旧記」）。直接の原因は、前年の二年十月、藩が鉄専売制から藩営鉄山へ移行する改革を実施して、鉄の生産・流通過程を徹底的に管理し、たたら・吹屋職人および流し子・山子・運送人足など鉄山労働者の収奪体制を強化したことにあり、鉄山労働に従事する村落農民たちの鉄山藩営化反対の強訴《ごうそ》であった。強訴勢は、郡奉行吉田孫兵衛（鉄奉行兼任）・所務役人浜名作右衛門・頭庄屋孫三郎を「仕置アラク」「荒所務」などと指弾して罷免を要求した。藩は強訴勢を三次町にいれず、自村へおいかえして自粛を求めるとともに、郡奉行吉田孫兵衛をのぞき、関係した所務役人・頭庄屋・庄屋らを交代またはその職をとりあげて処罰した。

以上のように恵蘇郡鉄山農民の強訴によって所務役人・頭庄屋・庄屋らを更迭するなど地方支配に打撃をあたえたが、郡奉行吉田孫兵衛はそのまま据えおかれ、紙専売制・藩営鉄山などの総取締りの地位を相変わらず保持していた。このことは、強訴後も貢租の収奪組織が温存され、紙専売制や藩営鉄山の労働強制も継続されていたことを示す。このため藩領の農民にとって年間の農業労働力が紙漉や鉄山労働に分散され、肥料供給源の入会地も減少するなど、生産環境はなんら改良されなかった（「天柱君御伝記」巻七）。

かくて、享保二年（一七一七）の夏は、五〇日ばかり日照りが続いて旱魃となり、七〜九月は長雨がつづき農作物がくさって凶作となった。

しかし、藩は物成の土免六ツ、諸掛り物を加えて七ツ三九となる高額の貢租等を減免しないばかりか、逆に所務役人を増員してとりたての強化をはかった。農民はあらゆる手段をつくして貢租納入に努めたものの、かえって生活破綻の状況におちいっていた。同じ状況にあった隣の福山藩では、同二年十二月、領内全農民をまき込んだ全藩一揆の峰起により、翌三年正月十二日、藩が一揆側の諸要求を全面的にうけ入れたので、一揆は鎮静化し農民側の勝利におわった。この福山藩の一揆情報と作戦を手にいれた三次藩の恵蘇郡山之内組農民は、享保三年正月二十七日、上村山王社に一四〇〇人が結集して越訴《おつそ》の気勢をあげた。翌二十八日二三〇〇人に増えた一揆勢は、三次町を目指して出発し、道々農民の参加を要請しながら、不参加の所務役人・元締役の居宅を荒らして、三十日、藩陣屋の対岸上里村寺戸までおしだした。二月一日には三次郡坂木組・川下組、恵蘇郡高野山組などの農民も参加して総数六〇〇〇人にふくれあがり、陣屋近くの大腰掛を拠点にして藩との交渉をもとめた。一揆勢は、まず、藩が交渉責任者にした徒士横目柳田所左衛門を拒否し、勘定奉行筆頭・目付役吟味方兼務望月伴吾を指名して直接交渉の道を開きつつ、そのいっぽうで一揆勢は、領内各地で激しい打ちこわしをおこなった。とくに貢租収奪の最前線にあった所務役人・元締役・頭庄屋・庄屋をはじめ、藩の御用達商人、藩営鉄山・抜荷取締りの口屋らを対象としたが、一揆農民は自村をさけて他組村で打ちこわしを実行している。

藩と一揆勢との交渉は、二月一日ごろからはじまったが、一揆側の要求は村により若干異なるが要約すると、ほぼ六項にわたっている（「久光家旧記」）。

①貢租の増徴に反対し、初代長治の時代の免に返すこと。
②貢租増徴・藩専売制の徹底をはかるため設けられた所務役人・取締役・頭庄屋の制を廃止すること。
③鉄・紙の藩専売制によってうけた農民の損害を補償すること。
④藩営鉄山は廃止すること。
⑤困窮した農民を救済するため、牛銀・種請銀・農具代・作食米などの名目で、米銀貸与を行うこと。
⑥松波改革を継承した政策の立案者である郡奉行吉田孫兵衛、および彼に登用された所務役人・頭庄屋・商人・運送業者らを役職から罷免すること。

これに対して藩の交渉責任者望月伴吾は、一揆農民に食料として米一三〇石を支給し、三次町人にも塩・味噌・小屋がけの葺茅・菰・縄などを支給させ、話し合いの環境を整えながら、二月三日吉田孫兵衛の罷免を含む一揆勢の諸要求を聞き届ける約束をしたので、一揆農民は解散し、四日から六日の間にそれぞれ帰村し、ようやく鎮静化したのである。

一揆側の要求に対する藩の正式回答は、三月になって郡奉行から発表された。

①所務役・元締役などの役職は廃止する。
②年貢の本免は三歩引き下げとする。
③近年徴収していた麦は、今後徴収しない。
④組々から提出されていた名物・献上物の類は今後廃止する。
⑤作事用の栗の木・渋・茶・茅などは、今後村々に割符をおこなわない。
⑥詰米は今後免除する。
⑦理由のない諸役は廃止する。
⑧救助米は貸与する。
⑨村入用・夫役は、惣百姓が納得できるような賦課を庄屋に命じる。

これらの回答は、藩営鉄山や藩専売を除いて一揆農民の要求をほぼ聞き届けたといえよう。罷免を要求された諸役人は、三月十六日に郡奉行吉田孫兵衛改易、弟千田儀左衛門閉門、池田与右衛門郡奉行加役御免・閉門、所務役人浜名作右衛門外一名の役儀・扶持米召上げ、元締役渋川勘右衛門外三人の役儀召上げなど、郡奉行吉田配下の役人はすべて罷免されている。

なお、藩は一揆農民の発頭人処分について、一揆鎮静化から九ヵ月後の同年十二月八日、投書をもとに一揆の中心人物と目された七人を逮捕し、翌九日には全員が獄門の刑に処せられている。

こうして三次藩の惣百姓一揆は終わったが、農民側にも多くの犠牲者を出したのであった。また、三次藩の松波改革から惣一揆にいたる一連の動向は、本家である広島藩にとっても大きな衝撃と影響を与えたのである。

三　正徳改革と享保一揆

浅野吉長の登場　広島藩浅野氏の五代藩主吉長《よしなが》は、宝永五年（一七〇八）三月二八歳で父綱長のあとを襲封し、その治世は宝暦二年（一七五二）七二歳で逝去するまで四四年におよび、歴代藩主のなかでも最長であった。

吉長は広島藩の中興の主とされるが、当時幕府の儒官であった室鳩巣《むろきゅうそう》から、「当代の賢公第一」と評され、また、当代よきものとして「当公方（吉宗）様、松平安芸守（吉長）仕置」をあげて卓抜した政治手腕に注目している。

吉長は元禄八年（一六九五）江戸城で元服し、将軍綱吉の偏諱を賜って吉長と名乗った。元禄という時代的風潮と父綱長の影響により、吉長は世子のころから学問を好み、侍講の味木《あまぎ》立軒《りつけん》、襲封後も寺田臨川《りんせん》・堀南湖らからしばしば講釈をきき、学問にとどまらず軍学・詩歌におよび、自筆の著述も多く残した。

吉長は現在の家禄や領国を継承し、それを子孫に伝えるためには、国の根元や先祖の由緒を知る必要があると、先人や先祖の事跡を調査・収集して、戦国期から大坂の役ころまでの諸将の判物や書状を集めた「古文聞書《こぶんききがき》」（四巻二冊）、「温故録」（享保十五年自序）を編さんし、また、「浅野家家譜」（享保元年）、「家譜抜粋」（二冊）をあらわし、さらに寺田臨川に「諸士系譜」（享保八年完成）を編修させるなど、歴史的環境を整えることにもつとめている。また、吉長は学問と政治との一致を目指した数少ない大名の一人であった。自分が調べたり、侍講から聞いた聖賢の言行を、現実の藩政のあり方のなかに生かすことを常に考えながら、施政をおこなうことを心がけ、その心構えをまとめた。その代表的なものが「教導集」（三巻）であり、政治のあり方を記した「知基随筆」（二冊）、施政体験を率直に述べた「自用愚考」（二冊）、地方支配の基本を考察した「芸州政基」（享保十八年）などであり、それらの参考資料として現況把握のためにまとめられたものに、「芸備諸郡駅所市町絵図」（自筆・九巻）や「御覚書」（七冊・後に「広島藩御覚書帳」）などもあり、常に研鑽を怠らなかったのであった。そして、吉長の努力を集大成したものが「遺教録」（二巻）といえよう。全七五ヵ条は、大名としての心得、家臣に対する心構え、治国のあり方などを説き、国政をおこなううえで生きた知恵となる「実学」でなければならぬとした。

藩政の刷新と職制改革　吉長は政治理念を実現させる第一歩として、まず藩主の独裁的地位を確立させ、その直裁のもとで、藩政を刷新させる諸改革をつぎつぎと打ち出し、それを隅々まで浸透させせようとした。

宝永六年（一七〇九）四月、将軍からはじめて就封の暇をえた吉長は、広島に到着すると休むまもなく、七月から藩の職制改革に着手したのであった。まず、藩政の中枢に「総理府」ともいうべき御用達所を設け、新たに執政として年寄数名を抜擢して執務させ、藩政を統轄する役割を担わせた。そのため、今まで三家老が世襲して執政の地位につき、これに小姓組から一、二名が加判役としてくわわり藩政を統べていたのを改めて、家老職は藩政の顧問とし、加判役を年寄と改称して執政職とし、人材を抜擢して藩政を統轄させたのである。年寄役はたいてい五人をこえることなく、享保二年（一七一七）から新設の御用達所において、それぞれの政務を分掌した。御用達所は三の丸西隣に御用屋敷と並んで設置され、御用達所詰以下の吏僚が配属されて事務局を構成し、年寄・近習頭（後の用人）らは、月番によって毎日出勤した（「吉長公御代記」巻四）。

つぎに藩主に直属して機密にあずかる近習頭の新設と、政務の監察にあたる大目付を独立させて権限の強化をはかった。近習頭は「其器量次第、後々ハ年寄役も相勤」めるものをあて、いわば年寄見習と位置づけたが、享保元年には用人と称して重きをなした。また、非役の中老・寄合を新たに設けて吉長の多くの舎弟を処遇したり、若年寄や大小姓頭・武具奉行・書物奉行など十指にあまる役職を新設して、それぞれの職務分掌を明確にし、その勤務規定を明文化していった。

これらの職務をスムーズに遂行するため、宝永六年（一七〇九）政庁として御用屋敷を新設した。御用屋敷は従来各人が私宅で政務をとっていたのを廃して諸役方の役所で執務するようになり、別に月に六回（享保六年から三回）の会日を指定して、大目付と諸奉行が会議を催し、公正な政務の運用を心がけることになった。

つぎに藩財政の窮乏を打開する必要から、諸役方の入費を節減するため「請定銀《うけじょうぎん》の制」（予算制）を採用することにした。享保三年（一七一八）に普請方・作事方・船作事方の年間経費見積りを半減するように指令したのを手はじめに、同十八年（一七三三）までに二〇余の諸役方すべてに、「入用の儀、年分の渡り高を相極メテ請定銀に極め」（「吉長公御代記」巻二九）と、年間の請定銀を決定して、その計画をもとに政務の執行を命じたのであった。

さらに藩政刷新の一環として軍制の改革にも着手した。宝永六年甲州流軍学師範牧野道謙《みちたか》をはじめ、弓術や馬術など武芸師範を採用して、それぞれの錬成所として城下白島に諸芸稽古屋敷を創設した（「吉永公御代記」巻一七）。あわせて享保十年文武奨励の趣旨を生かして稽古屋敷内に、寺田臨川の漢学教育のための講学所をおいたが、同十九年からは講学館（藩校）と改称して、藩学問所の拠点になることを期待している（『臨川全集』）。

正徳の郡方新格　吉長は藩政改革を開始してから四年目の正徳二年（一七一二）正月、「郡方新格」を宣言して郡制の改革にのりだした。改革の主眼は、郡方支配機構の簡素化と冗費をはぶくために、所務役人・頭《かしら》庄屋制を導入するものであった。まず、従来の地方支配の根幹であった代官制（代官・村廻り・下代）を廃止して、郡奉行のもと六人の郡廻りを郡支配と改称し、「諸郡一円に支配」させ城下に郡役所を設けた。郡中においては、有力農民のなかから所務役人四〇人と頭庄屋八一人を任命した。所務役人は郷代官ともよばれ、「大割庄屋内御取立」と郡中最有力な農民をもって構成されており、在職中は姓を名乗ることを許すとともに、切米一二石三人扶持、役料銀一貫目を給し、「御奉公人」（藩士待遇）の格式を与えた。頭庄屋も有力農民から選任されたことは変わらず、二人扶持、役料三〇〇匁（藩と郡が折半）を給されて「扶持人」格とした。かれらは広島出張が多くその便をはかるため、城下鉄砲屋町に所務役人・頭庄屋専用の宿泊所として郡長屋が建てられ、郡中出張の際にも、荷馬や賄料が支給されている（「吉長公御代記」巻八上）。所務役人・頭庄屋の人数配置を郡ごとにみると、郡高に応じて人数がきめられており、所務役人はおよそ高一万石に一人宛、頭庄屋はおよそ高五〇〇〇石に一人宛とされていた。頭庄屋の統《す》べる組村数は、村高の大小に規定されるが、後の割庄屋制のように地域的にまとまるのではなく、有力農民の選任を重視した配置となった。吉長の所務役人・頭庄屋への期待は、領内の有力農民を総動員してこれに十分の格式を与え、郡方支配機構にとり込む画期的な仕法（在郷下士制）であっただけに、藩内百姓を寒暑・飢渇の愁いなく在所に落着かせ、年貢上納に滞ることのないようにすることが第一であった（「吉長公御代記」巻一二上）。

同じ正徳二年二月、改革の一環として領内一二郡一四ヵ所に目安箱を設置して、家中役人はもちろん、所務役人・頭庄屋の非違を直訴させることによって、郡制改革をいっそう実効のあるものにしようとした。

さて広島藩では正徳二年十二月、広島町組廻りの新開地に竿入地概《さおいれじならし》を実施したのを皮切りに、同四年には蔵入・給知を問わずおいおい地概を実施することを示達した（「事蹟緒鑑」巻二二）。これは寛永・正保地詰《じつめ》以来の村高と現在の耕地の状況・生産高の間にかなりの異同が生じてきているという事情にこたえて、これを是正しようと「検地又ハ地概」を企画したものであった。しかし、地概が実施されたのは、高宮郡可部町・中島村・桐原村、高田郡佐々部村、御調《みつぎ》郡下津村・堺原村、三上郡庄原村の七町村であり、それ以上に実施されたかどうかは明らかでない。

また、この改革の目的は最終的に年貢の確保・増徴にあったとみなくてはならないというように（『広島県史』近世1）、正徳から享保にかけて領内各村に賦課された年貢率は、いままでの最高に近い平均免五、六を越える上昇傾向にあったことは確かで、しかも享保元年（一七一六）から定免制にきりかえたのであった。

このほか郡中の商品生産の発展に対応した新税の賦課徴収の強化があった。元禄期に鉄座や綿改所をおき、広島城下川口六ヵ所に番所を設けて米・鉄・綿などの移出統制をおこなったが、さらに宝永三年（一七〇六）に紙座、正徳五年（一七一五）には山方役所・材木方を新設して材木・薪炭の統制をきびしくして、藩財政の新たな収入源を拡大しようとくわだてている。

享保三年の惣百姓一揆　福山・三次両藩の百姓一揆を目の当たりにした広島藩領の農民は、まず享

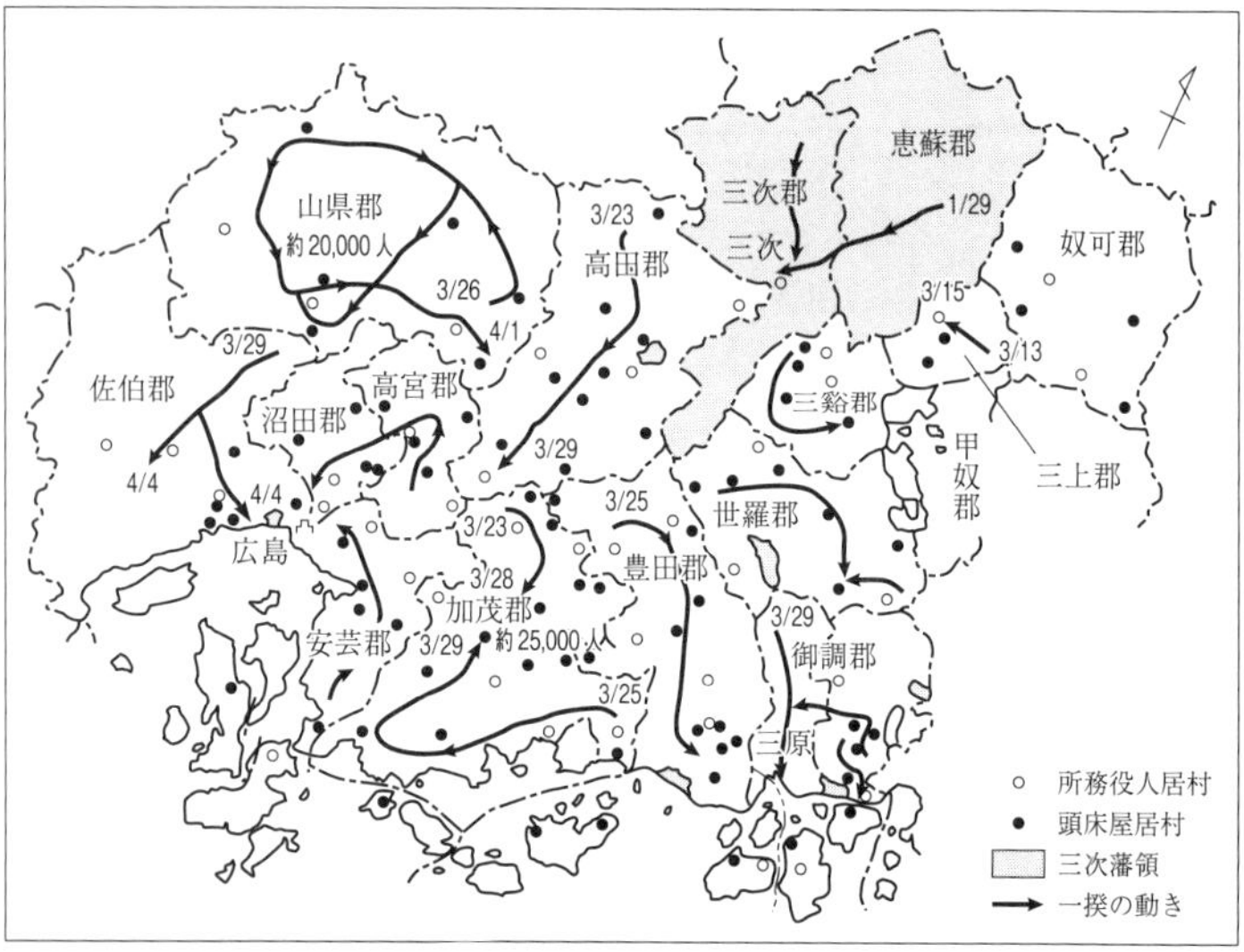

図10　所務役人・頭庄屋の分布と百姓一揆の動き（『図説広島市史』より）

保三年（一七一八）三月二日、甲奴《こうぬ》郡浅野甲斐（家老、三原三万石）知行地の農民が、三原強訴の動きをはじめたのをきっかけに、三月十二日に三上郡本村の農民蜂起があった。その後は一揆が諸郡に波及し、全藩的な一揆の様相を呈した。それは「追々党を樹て所務役人・頭庄屋等の居宅を破却シ、御建山ナド伐り荒し、終ニ諸郡一統ノ騒動トナル」（「吉長公御代記」巻一四上）というように、一揆勢の動きは、強訴や打ちこわしにとどまらず、藩有林の伐り荒し、庄屋と百姓の年貢や村割不正をめぐる村方騒動、商人と百姓との算用出入など、ほぼ郡ごとに多様な形態をみせて、三月から五月上旬まで二ヵ月余にわたって展開されていった。藩はこうした一揆勢の様子を、「諸郡凡三十万余の百姓、御城下ニ出テハ殊ノ外騒動の処、扨々《さてさて》恐悦」（同上）と、三

○万余の一揆勢が広島城下へ一挙に押し寄せては大恐慌をきたすところであったが、そのようにはならなかったことにほっとしている様子がうかがわれる。

このように藩が最悪の事態を免がれた全藩一揆の動向は、大挙して広島城下へ押し出すのではなく、「百姓壱郡ずつ徒党シテ」とほぼ郡単位に組織され、目標を定めて打ちこわしをおこなったことにあった。もちろん、郡によって結集のあり方はさまざまであるが、そのなかで共通していたものは、第一にいずれの一揆・打ちこわしも、「小百姓」が主導権を掌握して行動していたこと、第二に打ちこわしの対象を「正徳新格」で有力農民から士分（格）に取り立てられた所務役人・頭庄屋、藩専売政策の村方責任者たる庄屋・山守役・紙見取役らを限定的に選定していたこと、第三に定免制の廃止や免率引き下げ・諸上納物の賦課軽減などの貢租関係、藩専売制や商品流通の統制強化策の緩和などに諸要求が集中していたことがあげられる。すなわち、一揆農民の要求は、一農民から一村・一郡へと農民の連帯が広がることによって、全藩的な共通の諸要求へと集約されていったのである。それはまさに、幕末期にあらわれる世直し的な発想ではなく幕藩領主制のなかで領主の「御仁政」を期待する領民の「御願の筋」にほかならなかったのである。

広島藩は、各郡の一揆行動が鎮静化したのをみはからって、四月付の御宥状《ごゆうじょう》十八ヵ条を触れ出すとともに、五月九日、郡代に井口惣右衛門を任じて指揮をとらせ、六月十二日、一揆をひき起こした責任者として郡奉行五人を罷免し、「正徳新格」を廃して所務役人・頭庄屋全員を罷免、新格以前の代官制を復活させた。また、享保三年の免相は前二年の免を一歩下げとし、六月二十八日には四月付の御宥状を、そのまま施行することを申し渡している。その主な内容は、

①定免を廃して土免に復す。
②寸志米（こころざし）は当秋より廃止する。
③詰米は今後廃止する。
④種米利足は、当秋より三割から二割に下げる。
⑤腰林（百姓持山）の松枝の下刈りに課した一割五歩の運上は、今後廃止する。
⑥腰林の雑木は、利用自由とする。
⑦郡方諸算用の費用は、村費で賄わない。
⑧出役はできるだけ減少させる。
⑨年貢一俵を米三斗二升詰から三斗一升詰に減らす。
⑩年貢米の俵こしらえは、新格以前（七年前）に復し、簡略にする。
⑪壱歩米は米銀いずれで納めてもよい。
⑫紙方・山方については、余分の負担をかけないようにする。
⑬年貢米の代銀納は、広島町相場の一石につき三匁を上のせして納めていたが、今後は相場どおりとする。

以上のように藩は、諸要求の大部分を認めたので、一揆農民の勝利といえるが、一揆首謀者の処刑はきびしかった。藩は一揆鎮静から二ヵ月後の六月以降、代官制による地方支配の整備強化のなかで、一揆の発頭人を執拗に追跡し、つぎつぎと逮捕処刑していった。その数は獄門・打首四九人、入牢・手錠・追込の刑など一二九人に及んでいる。このほか刑をのがれて欠落《かけおち》したもの九四人といわれる（『広島県史』近世1）。結局、広島藩は百姓一揆を全領主層に敵対する行為と認識し、武力による鎮圧を辞さなかったことから、農民側は多くの犠牲者を出すことになったのであった。

郡治機構の確立　百姓一揆の標的とされた所務役人制を廃した藩は、享保三年（一七一八）六月、郡奉行を郡代に改称して格式を高くし、年貢関係を勘定奉行の専管とする代官制を復活させた。すなわち、城下の郡役所をやめて城内の御用屋敷に統合することとし、各郡元には代官所を設けて郡代・勘定奉行の指揮をうけ、直接郡治の担当責任者となったのが、藩士より任命された郡代官である。代官は平常御用屋敷に勤め、必要に応じて出郡していた。郡元の各代官所には、代官配下の勘定組・歩行組《かち》（村廻り）・番組（手付）のうち、勘定組と番組が常勤した。なお、十月には郡廻りも復活し、山奉行を兼ねることになった（「吉長公御代記」巻一四下）。そして、享保七年（一七二二）二月、郡代井口惣右衛門外一人をやめて新たに郡奉行清水三郎兵衛を任命して以後は、郡治の機構を郡奉行・郡廻り・代官の仕組に固定していった。なかでも、藩主吉長は、郡方仕置を重視して御用屋敷内に「郡方寄合」を制度化させ、「惣じて郡中の儀ハ幾重ニも厚く示談ヲ遂げ、廉略の儀これなき様ニ」と、郡奉行・勘定奉行・郡廻り・諸郡代官が集会して協議を尽し、百姓の落着をはかるように申し渡した（「吉長公御代記」巻二五）。

なお、享保三年七月、「郡方新格」以前に機能していた大割庄屋を割庄屋として復活させた。割庄屋は所務役人・頭庄屋の郡政一般の責任者とはことなって、郡割処理を専権事項とする職務とされる。郡割とは「いずれの村々片付かず郡中一配へ懸ル諸入用ヲ、村々へ高ニ応シテ割懸いたすを言う也」（「芸州政基」）とあるように、公儀通行人馬賃銭の足銀《たしぎん》、茶屋・牢屋の作事修繕費、郡方にかかる村役人他行往来費用、河川護岸・道橋の改修費などをまとめて各村高に割付けとりたてたもので、一揆直後郡ごとに五〜七人の庄屋・組頭を選んで対処するとしたものを、割庄屋の職務と位置づけた。割庄屋の人的配置は、郡中においてそれぞれ地域的にまとまった村組にあわせて、庄屋・組頭のなかから選任されており、地域的連帯を重視して農民の不信や疑惑が生じないよう配慮されていた。

つぎは広島藩の地方知行制について、家老給知に採用していた永代禄（代々相続）制を家中一般に広げることであった。吉長は享保二十年（一七三五）十一月、全藩士に対して永代禄を実施することを申し渡した（「吉長公御代記」巻三一下）。今までは家臣の給知が家督をつぐ際、知行高より低く判物をうけ、その後本人の勤めしだいで加増されるのであったが、これからは封禄をまったく家付きとして世代による増減をなくしたばかりでなく、給知の村も固定して「家々永代所の所付」の判物を与えることにした。

この永代禄の実施を契機に、広島藩は明知・給知村の全体にわたって地概をおこなうことにした。これは知行割を公平にするため、寛永・正保地詰以来の長年のあいだに生じた畝高と地詰帳との相違を修正するもので、村高を変更せず斗代の上げ下げで調整するものであった。実施は元文元年正月から四月までに終了し、「村々の請心宜しく中以下別シテ難有がり候」と成功したかにみえた。しかし、地概高が村高より減少した給知をもつ一部の給人が、斗代上げをおこない、かづき高をつくり出すと、その虚高が知行高に含まれることになったので、貢租徴収が不安定になると不満の声があがったこと（青野春水『日本近世割地制史の研究』）、また、たしかに生産性の低い土地を多く持った中以下の農民は斗代が下がるため有利であったが、いっぽう生産性の高い土地をもつ上層農民は、斗代があがると地概に反発した。元文二年九月、佐伯・山県・豊田・三谿・奴可郡の明知・給知村の上層農民が、いっせいに地概帳の破棄に動きだしたため、藩は翌十月、今回の地概を撤回して古帳に戻すことを約束した（「吉長公御代記」巻三二）。

また、享保十七年（一七三二）には一八世紀最大の凶作飢饉に見舞われている。この凶作飢饉は六月下旬から八月上旬にかけて、西日本一帯にうんか（害虫）が大発生して起こったものであり、広島藩では領知高四八万石余のうち、収穫できなかった田畑石高が三一万四〇〇〇石余にたっする大損害となった。藩は救済対策として、十一月に幕府に願いでて大坂で拝借金二万両をうけ、十二月には大坂廻米一万二二六七石を調達して、家中へ貸米や町方・郡中への救米として放出したが、領内の米穀はいよいよ払底し、銀札は暴落、諸物価の騰貴ははなはだしく物情騒然となり、翌十八年正月以降は飢餓人が町方・郡中にあふれる状況になった。

藩の調査によると、領内の飢餓人は二月に二八万七二九四人、三月には三二万四二五五人と、一ヵ月で四万人余の増加を記録しており、餓死者にいたっては、一月三一六三人、二月八二三〇人、三月八六四四人と、二月・三月がもっともきびしい事態であったことを伝えている。藩が五月になって幕府に報告した救恤書によると、家中扶持米不足者への貸下げ分一万二〇〇〇石余、町方・郡中飢人救米三万三四七〇石余、合計四万五四七〇石余を放出した。そのほかに郡中難渋者で労働できる者に木材の伐採・川溝掘・綿繰り・木綿織りの仕事をあたえ、米四三六〇石・銀二四九貫九七〇匁を支給し、広島城下の難渋者にも米五〇〇石・銀三〇貫目をほどこした。また、町村の「身上有徳成者」から米銀を放出させ、それぞれの地域で飢人救済にあたらせたとしている（「吉長公御代記」巻二八・「付録御領分稲毛虫付一件」）。

以上のような救済施策にもかかわらず、焼石に水の状態で、いかに無力であったかを如実に示した。とくに救済資金を幕府の拝借金や御用金・才覚銀に依存するしかなかったあり方があらためて露呈され、根本的な救荒政策の必要性を痛感させたのであった。

藩主吉長は執政岡本貞喬《さだたか》に恒久的な備荒対策を諮問し、享保二十年（一七三五）閏三月、「社倉攷意《こうい》」と名付けた社倉法を得たが、その実施は、一〇年後の寛延二年（一七四九）以降となった（二一三頁以下参照）。

四　領域経済の構造

藩財政の構造　広島藩の藩財政は、寛文・延宝期の財政建直し策によって、蔵入地と明知《あけち》を拡大させ、さらに借知を確保して財政的基礎を確立させた。それは領知高の六三％を占める蔵入・明知方の貢租を基本ベースに借知（最高は半知）などを加えて構成されたものであった。その具体例として享保四年（一七一九）の場合をとりあげると、まずこの年の歳入総額は、米一七万二七一〇石および銀二〇二七貫五五五匁、米に換算（米一石につき四一・五匁）すると、合計二二万一五六六石余（銀九一九五貫二〇目）であった。このうち、定物成・高掛り物が米一五万五四六八石余（銀六四五二貫三六五匁）、全体の七〇％を占めており、ほかに諸役・諸運上銀四五四貫二八〇匁で五％、国産利潤銀一二九五貫目で一五％、家中上り米銀（借知を含む）が米一万九二五〇石余・銀一九五貫目で一〇％の内訳となっていた。

いっぽう、歳出総額は明細を知ることができないが、大坂積登せ米に七万石ほど確保されたほか、主な支出として江戸惣入用銀（江戸藩邸費）にだいたい五〇〇〇貫目（米にして約一〇万石）、家中惣扶持米・切米三万石、国元諸費・参勤交代道中費約四〇〇貫目（米一万石）、藩主家計費・借財償還費などに約七万石があてられていたようである（「広島藩御覚書帳」）。

以上のように藩財政の規模は、だいたい二二万石程度であり、それが一八世紀以降はほぼ固定化されるが、災害や物価変動などによって数量的な増減がみられる。主な収入項目は、年貢関係（家中借知を含む）・高掛り物・諸役諸運上・国産利潤・諸利息などであり、なかでも年貢関係が収入源の七〇～八〇％を占めており、さらに鉄・紙・材木など藩営・専売制利潤の収入も一五％に達していることにも注目したいが、大筋において収入源が有効に機能していたとはいえず、固定化現象を助長するものであったところに特徴がみられる。また、主な経常支出の項目は、藩主家の入用費、江戸藩邸諸費、家中扶持米・切米、諸役所請銀・参勤交代道中経費、大坂借銀の償還などであるが、容易に膨張する傾向にある江戸藩邸諸費、それに付随した参勤交代の道中諸費などが、全支出の四〇～五〇％を占めている。これは幕藩制支配の特色を示すもので、個別藩ではどうすることもできない必要経費であり、経費節減の困難な項目であった。これに対して藩主家計費や、扶持人給米・切米、諸役所請銀などは、政策的に経費削減の可能な支出部門であり、財政維持の手段として減額支出など有効に用いられた。また、財政事情の悪化とともに嵩《かさ》んだものに、大坂借銀がある。財政難からくる多額の藩債償還のほか、財政好調時でも、幕府その他に余裕藩とみられないための不必要な借銀もあり、大名貸の名目で恒常化している。

さて、広島藩の財政収支状況は、自然災害や国役負担の過重などのために、「慢性的赤字状況」が続いたと理解され、しかも、財政構造の基本に大名貸＝藩債の運用をぬきにできないことが指摘されている（『新修広島市史』政治史編）。そこで、藩の財政支出のかぎをにぎる大坂での「御払方大概」（「広島藩御覚書帳」）から江戸仕送り、京・大坂での支払い、大坂登せ米と借銀（大名貸）の関係などをまとめると、つぎのようになる。

①江戸や上方の支払いは、年貢米のうち五〜七万石を大坂登せ米とし、その売払代銀をもってあてる。主な支払いは、江戸入用銀および将軍家進上の合力賄銀、そのほか京都呉服代・小間物代など、または大坂請引借銀払いなどであり、大坂借銀の比重が大きい。

②江戸仕送りは、鴻池善右衛門《こうのいけぜんえもん》の担当とする。秋期の大坂登せ米の売払代銀で支払うまでの江戸・上方諸入用は、すべて立てかえとする。また、大坂でのうけ取り金銀はすべて鴻池善右衛門に預けておき、大坂蔵屋敷役人の手形をもって支払いにあてる。

③年により大坂登せ米の売払代銀が不足して、江戸・上方支払いができない場合は、鴻池そのほか町人と相談して上方借銀を増加し、これに充当させる。

④大坂売払米代と借銀の両方で、なお不足する時は、船方に命じて国元貯銀を大坂へ積み登せて、支払いにあてる。

⑤さらに国元銀も不足であれば、領内の町方・郡方からやむをえず当分の間借用銀をおこない大坂へ積み登させる。

このように享保期の広島藩は、領外の貨幣支出を大坂鴻池の大名貸に依存し、歳入・歳出の安定的運営の条件を明示することによって、藩債調達の仕組をなり立たせていたのである。そこには、平年の大坂市場の役割を優先させ、鴻池ら大坂商人の藩債調達によって経常費をやりくりする方法を第一とし、不時の災害・凶作あるいはぼう大な公役手伝い費など臨時費がかさみ、経常的なやりくりを超えるものに限って、国元貯え・町方・郡村の御用銀（借銀）を補塡する方策であったことが判明する。この藩の方針にしたがい、享保四年（一七一九）、尾道奉行から大坂蔵屋敷番（勘定所吟味役）に転じた湯川市右衛門は、赴任に際して、鴻池父子、名代の新屋・平野屋と昵懇《じっこん》にして、こころよく借銀に応じてもらえるように心掛け、また、いそぎの借銀に対しても「利安の銀を才覚」するようにと、懇篤に指示されている（「吉長公御代記」巻一五）。鴻池家でも、広島藩に対しては「善右衛門身上ニハ過分の銀高御用建立罷在候」と、元利回収率のよい藩と信用度が高かった（鴻池家「乍憚口上覚」）。

大名貸への活路　広島藩が大坂商人に信用されるようになったのは、そんなに古いことではなかった。延宝七年（一六七九）刊の『難波すゞめ』によると、蔵元三人（伊勢屋吉佐衛門・天王寺屋三郎兵衛・倉橋屋彦兵衛）のうちの一人、紙問屋・江戸買物問屋を業とする伊勢屋吉佐衛門は銀掛屋をも兼務していた。伊勢屋は、ほかの蔵元（従来は登せ米売捌きに伴う兼務により一定の口銭をうけ取っていた）とは異なり、大坂登せ米をみずから売り捌くのではなく、入札売却制をとっていて買付商人から代銀集めをおこなうとともに、ほかの蔵元払米の代銀をも管理して「江戸仕送り」と相殺し、代銀の不足が生ずれば、藩への貸付＝藩債として処理する業務をおこなうようになった。この藩への貸付銀制が大名貸として本格化するのは、元禄五年（一六九二）三月、今までの蔵元三人を廃して鴻池善右衛門（三代宗利）一人に蔵元を委任すると同時に、掛屋兼務の「江戸為替御用」を、また、鴻池了信（二代之宗）へ「大坂借銀方御用」を兼務させるようになってからである。ただ、元禄九年鴻池了信の死去により、一時的に京都の辻次郎右衛門が「京・大坂借銀方並ニ江戸為替御用」を勤めたが、宝永四年（一七〇七）ふたたび鴻池善右衛門が蔵元・掛屋を兼務し、三〇〇俵の合力米《ごうりき》を藩からうけ取ることになった（森泰博『大名金融史論』）。

鴻池家の大名貸台帳である「鴻池算用帳」によれば、広島藩に貸付を行うとき、従来は「松平安芸守様」と官名を用いていたが、掛屋を兼務してからは、「米代広島蔵」など蔵貸の形式に変えている。これは鴻池側からみて、広島藩への貸付は、定期的な「江戸仕送り」として貸付けておき、廻着する大坂登せ米の売払代銀をもって精算するもので、差引き余り銀がでると「算用帳」の負債項目に「預り銀」、不足であれば資産項目に「貸有銀」として記される。この蔵貸は、翌年の大坂登せ米代で穴埋めできる程度であれば、当座貸越しの形で処理されるが、不足額が大きく相殺不能とみれば証文貸に整理され、「松平安芸守様」の貸有銀として公式の借銀（藩債）に登録された。もちろん、この証文貸は年賦償還のかたちをとり、返済計画のなかに組みこまれる。こうして、藩の歳出には、長期負債の償還が長期的な項目として居据わり、歳入には新借が普通になってくる。

つぎに藩財政の窮迫状況の指標とされた大坂借銀の推移をみると、表11のとおりである。鴻池家における藩の貸有銀は、享保四〜十一年（一七一九―二六）の八年間にかぎり三〇〇〜一〇〇〇貫の範囲で維持

表11　広島藩の大坂借銀高（鴻池家分）

年　代	借銀高	年　代	借銀高
	貫目		貫目
元禄 7		享保12	1,618
8(1695)	(135)	〃 13	1,722
〃 9	2(110)	〃 14	3,031
〃 10		〃 15(1730)	2,656
〃 11	(12)	〃 16	3,087
〃 12		〃 17	2,473
〃 13(1700)		〃 18	3,851
〃 14	(2)	〃 19	4,328
〃 15	(5)	〃 20(1735)	4,428
〃 16		元文元	4,332
宝永元	(5)	〃 2	3,795
享保 4	328	〃 3	3,992
〃 5(1720)	311	〃 4	4,020
〃 6	356	〃 5(1740)	3,795
〃 7	1,005	寛保元	3,747
〃 8	1,002	〃 2	3,395
〃 9	897	〃 3	3,203
〃 10(1725)	741	延享元	3,002
〃 11	829	〃 2(1745)	3,399

「鴻池家算用帳」（森泰博『大名金融史論』所収の資料より作成）による．なお，借銀高欄の（　）の数字は，預り銀高を示す．

されていた。ところが、同十二年に前年の二倍にあたる一六〇〇貫代から、同十四・十六には一挙に三〇〇〇貫代に増加し、大凶作・飢饉年の同十七・十八年が到来した。そして、翌十九年から三年連続して四三〇〇貫前後の大借銀となり、その後、延享二年（一七四五）まで三〇〇〇〜四〇〇〇貫の間を上下したのであった（「鴻池家算用帳」）。右の鴻池家の大名貸は、広島藩の財政運用にとってきわめて重要な役割をはたしたわけであるが、一般的に借銀が一〇〇〇貫（米一万七〇〇〇石）以内であれば、財政状況が正常であるとされる。ところが、享保十一年（一七二六）以降、幕府の貨幣改鋳による通貨量の収縮と米価下落とがかさなって、大坂登せ米代金の所得が低下し、借銀の利払いと元金返済に支障をきたすとともに新借が増す結果となり、貸手（大坂）と借手（藩）との間に紛争が多発するようになった。そこに享保の大凶作・飢饉となったから、大名貸は最大の危機にひんしたわけで、鴻池家の場合、享保十七年正月の貸有銀が二九藩、銀一万四七一五貫であったものが、翌十八年正月には一六藩・銀一万〇七九三貫と、一三藩・銀三九二二貫の打ち切りという苦境にたった。そのなかで、貸有銀の増加した七藩のうち、広島藩はその筆頭の一三七八貫増しの三八五一貫目（全体の三五％）を証文貸することができたのであった。これも広島藩の外様大藩としての地理的有利さとゆたかな財源とが、最大の藩債調達を確保しえた理由であろう。

とはいえ、鴻池家は、この凶作・飢饉年を契機に、貸付先を厳選する方針を打ち出し、広島藩に対しても新貸銀の融通をいっさい断る動きがあった（鴻池家・享保十八年四月九日付「乍憚口上」）。この新融資の拒絶は、その他の大坂商人にも波及したので、広島藩の資金ぐりがますます困難になり、いままで自重していた高利率の浜方先納借りや、大坂蔵有米をはるかに越える売米切手の発行などにも手をつけ、大坂借銀高も増し、利子だけでも大変という事態を招いている。とくに元文二年（一七三七）には、広島藩の質米切手（貸銀を担保とした先納切手）がおびただしく発行され、そのうえ蔵屋敷有米の三倍以上の売米切手の発行が発覚して、浜方米屋のあいだで大騒ぎになった（「吉長公御代記」巻三三上）。広島藩は、国元から銀一〇〇〇貫と扶持方米および他国米を買い入れて、大坂へいそぎ積み登すことで、この騒ぎを鎮めたが、大坂市場での広島藩の信用はいちじるしく低下した。このため、広島藩では延享元年（一七四四）、「大坂米銀差引敗レニ候テハ、江戸・御国トモ俄ノ御差閊《さしつか》へ」、「外ニ致方もコレナク、随分力一杯取計られ候よう申談ノ事」（「事蹟緒鑑」巻五一）と、藩財政の基礎が、大坂融通米銀の成否にあることを認識し、その成功に全力を傾注すべく要請したのであった。

藩札の発行　広島藩の藩札（銀札）発行は、山陽筋の諸藩にくらべてかなり遅かった。そのこともあって、発行当初から藩領域経済が成立し、藩札発行の諸条件を備えていたといえよう。すなわち、正貨の補助的手段としての流通貨幣的性格を脱却して、領内物産の買上げ代支払いに用いられたり、藩の領内流通の正貨吸上げなど、藩財政の補塡を目的とし、財政貨幣的性格が優先されるようになった。

さて、広島藩における最初の藩札発行は、元禄十五年（一七〇二）幕府に届けでた後、二ヵ年の準備期間をおいて、宝永元年（一七〇四）九月から実施するものであった。藩札発行の組織は、勘定奉行杉山兵左衛門を銀札御用係りの責任者とし、城下小姓町に紙漉場、白島七軒多門に「銀札出来場所」を設けて銀札の製造・保管にあたった。その総人数は四四六人（侍士五四・歩行組四八・勘定組一六・物書役五・番組一三二・小人九二・町人手代五六・細工人四三）におよんだ。発行の銀札は、二分札・三分札・五分札・一匁札・五匁札の五種類、銀札元は京都の辻次郎右衛門、広島城下の三原屋清三郎・天満屋治兵衛の三人が引きうけ、それぞれ二〇人扶持が給された。札場は城下革屋町と御調郡尾道町の二ヵ所に設置され、正金銀・銀札の収支全般を監督する札場奉行のもと、金銀銭と銀札との兌換、金銀の鑑識・秤量、銀札の真贋鑑別、銀札包装とその保証などを、町人登用の手代（五六人）が帖元・銀見・札見の三業務に分かれて執務した。

宝永元年八月、藩が領内にふれた銀札遣いの施行規則は、つぎのとおりである。

①九月五日より札場において正貨と銀札の両替を開始し、十日後から一切の通用を札遣いのみとする。

②銀札は二分・三分・五分・一匁・五匁札の五種とし、二分以下は銭遣いとする。ただし、当分の間は正貨との併用を認める。

③両替は正銀一〇〇匁につき銀札一〇一匁とする。なお、銀札を正銀に兌換するときは、銀札一〇二匁につき正銀一〇〇匁を与える。

④年貢・諸役運上など上納銀は、銀札を使用してもよい。

⑤他領の者でも二、三日逗留する場合は、銀札遣いとする。

⑥損札は、一枚につき銭二文ずつ徴収して正札と引き替える。

⑦札場の開閉は、毎日六ツ半（午前七時）より八ツ（午後二時）までを原則とする。

そして、一年後の翌二年八月には、領内の正貨と銀札の併用を禁止して銀札のみの通用とした（「顕妙公済美録」巻三二下）。

この広島藩の宝永藩札の通用期間は、三年とみじかかった。それは、幕府が宝永四年（一七〇七）十月、幕府貨幣の流通促進を目的とした藩札禁止令を出し、諸藩の札遣いを一時禁止したからで、諸藩の通貨政策に大きな打撃と混乱をもたらすことになった。しかし、幕府は享保十五年（一七三〇）、藩札解禁令

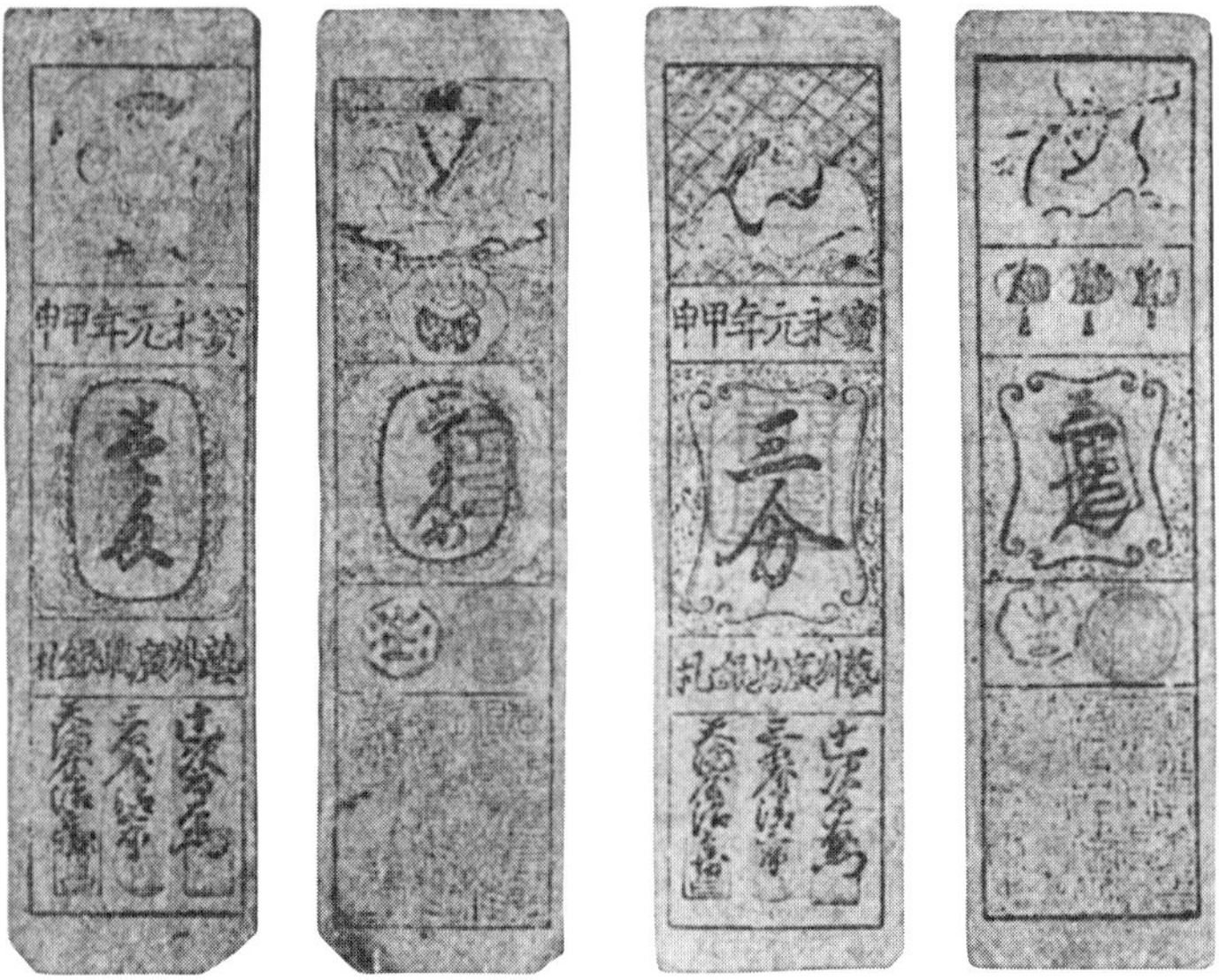

図11　広島藩の宝永銀札（1匁〔左〕と3分札〔右〕の表と裏）

を出して、札遣いの先例をもつ藩にかぎり、二〇万石以上の藩は二五年、二〇万石未満は一五年と通用年限を明示して許可した。

広島藩では、幕府の禁止令によって猶予期間五〇日の間に、流通している藩札を正貨で兌換・回収することになったが、藩札の価値は大幅に下落していて、銀一〇〇匁の商品を銀札八、九〇〇匁で交換したり、正銀一〇〇匁が銀札五〇〇〇匁で取引されたという（「芸藩紙幣始末」『尚古』）。くわえて、藩は藩庫に吸収した正銀を、江戸諸入用・大坂借銀の償還にまわすなど財政補塡が急務で、銀札の兌換準備銀の貯えも底をつく有様であり、「御勝手指問《さしつかえ》成られ候ニ付、四歩通り引替下され候」と、銀札発行高二八〇〇貫余の四〇％しか兌換・回収できず、のこる六〇％には、預《あずか》り手形（新規切手）を発行して、後日の引き替えを約束したのであった（「顕妙公済美録」巻三六）。

広島藩は、享保十五年（一七三〇）九月幕府の藩札解禁令が出されたのをうけて、藩札発行に踏み切った。幕府に届けでた後、藩は勘定奉行のもとに札場奉行二人（伊藤儀右衛門・寺川兵助）を配し、札元には広島城下の三原屋清三郎（塩屋町）・三原屋小十郎（平田屋町）・伊予屋吉左衛門（橋本町）の三人を選んで一〇人扶持を給し、十一月一日から享保銀札の通用を開始した。

享保の新藩札は、二分・三分・五分・一匁・五匁の五種、発行高は二八六二貫目であった。通用規則も宝永藩札の場合とほぼ同じで、二分以上の取引はすべて銀札を使用し、二分未満には銭遣いであった。そして、銀札が領内にほぼ行きわたる一ヵ月の間は、金銀貨と銀札の併用を認めたが、広島町は十二月十五日、郡中は翌十六年正月を期して正貨と銀札の併用を禁じ、札遣いのみを強制した（「芸藩志拾遺」巻五）。

なお、宝永藩札の回収時、兌換不能とされた六〇％（銀札一六八〇貫目）分の預り手形について、新銀札と引き替え精算するとの指示が出されたものの、二四年前のことでもあり、預り手形の紛失、その他によって引き替えに応じた者はわずかであったといわれる（「芸藩紙幣始末」）。

享保藩札の流通状況は、はじめ順調にすべりだしていたが、二年後の享保十七年から翌十八年にかけて西日本一帯をおそった大凶作・飢饉に見舞われて、大きな銀札恐慌におちいった。広島藩領の米穀はじめ諸物価の騰貴は急激で、同十八年正月には物価が三倍、五倍にはねあがった。このため、城下革屋町の札場には、銀札を正貨に兌換しようと押しかけた人々で埋まったが、正金銀の貯えはなくわずか二〇%の兌換に応じられたのみで、あとは銀札預りの処置をとることになった。しかし、二月になると、広島城下一三人の有力な町人が働きかけていた大坂商人の正貨融通が成功して、正貨と銀札の兌換を正常化させ、さしもの銀札恐慌も鎮静化したのであった（「芸藩志拾遺」巻五）。

このように広島藩は、不時の経済恐慌を大坂商業資本の援助をうけて、かろうじて切り抜けることができたが、その後も大名貸を中心とした中央市場＝大坂商業資本への依存を強めながら推移することになった。

さらに広島藩の藩札通用は、幕府の元文元年（一七三六）五月、元文金銀の改鋳に連動しての新銀札発行となった。これは、幕府の改鋳した新元文銀が、享保銀の銀位八〇%に対して四六%と品位を下げ、その比価も一〇〇対五六となったことから、当然、広島藩でも領民の正貨と藩札との兌換請求があるものと予想して、新銀の価格相応の新銀札に切り換え発行を断行したわけである。

元文の新藩札は、享保札と同じく五種で、引き替えは元文元年六月十五日から開始され、旧札一〇〇匁に対し新札一五〇匁と、交換比率一対一・五の割合いをもっておこなわれた。そのため、準備された元文藩札の総数は三〇六万枚、銀高四二九四貫目と、旧札にくらべて五〇%の増加であった。新札と旧札の引き替えは、約一ヵ月で終了したが、引き替え総額は、新銀札五種、二〇三万枚、銀高二八二九貫目となり、残った元文藩札一〇三万枚、銀高一四六五貫を、広島札場に一二一五貫目、尾道札場に一五〇貫目、三次札場に一〇〇貫目を配置して、藩札流通に備えたことから、幕府通貨の品位下げにもかかわらず、物価の変動に対応できたのである。

五　瀬戸内産業の成立

新開地と綿作　広島藩は、入国当初から本田畑の維持のみならず、新田開発や用水施設を整備して畑地の水田化を積極的に推進した。とくに一七世紀には藩営事業として、莫大な経費やぼう大な労力を徴発することによって、瀬戸内海沿岸部や河川下流域で、大規模な干拓新開を企画している。もっとも干拓のすすんだ広島新開は、広島城下の東・南・西部で、太田川デルタの成長を追って藩営事業の干拓新田が造成され、古川村・蟹屋新開・尾長村・比治村・皆実《みなみ》新開・舟入新開・江波《えば》新開・吉島新開など二一新開が元禄年代までに地詰をうけて、新田高九六三九石余となり、広島新開組が形成された（「広島藩御覚書帳」）。また、賀茂郡竹原下市村（現竹原市）の大新開は、加茂川の川口デルタ地域を、賀茂郡代官が正保三年（一六四六）から領内一二郡の夫役を徴発して工事をすすめ、慶安三年（一六五〇）には、七五町の干拓新開ができあがった。当初畑地にされたが、潮気がつよく耕作に適さないため、入浜塩田に切り替えられた（「竹原市史」）。同じく賀茂郡広村（現呉市）の大新開も、広東《ひろひがし》川口の入江を干拓したもので、元禄元年（一六八八）から免奉行・賀茂郡代官らの指揮のもと、領内一二郡の夫役を動員して完成した。同十三年に地詰をうけ、面積一一〇町八反余、高一〇八七石余、その他連々作八町五反となり、新開地への入植者は二一六人を数えた（『呉市史』）。さらに御調郡西野村（現三原市）の宮沖新開は、沼田《ぬた》川口付近を元禄十三年（一七〇〇）から藩営で夫役五五〇〇人を動員して造成され、宝永四年（一七〇七）に地詰をうけて面積一二七町四反、高一二六九石余の干拓新開として成立した（『御調郡誌』）。

　このほかにも、瀬戸内海沿岸・島嶼部や内陸部に大小の新開地の開発が営々とすすめられ、藩が幕府に報告した新開高は、寛文四年（一六六四）までに石高一万七二八九石余、貞享元年（一六八四）までに一四〇三石余、正徳元年（一七一一）までに一〇〇五石余と、元和年代から正徳年代までの一世紀のあいだに新開総高は二万石に達した。そのうち、寛文四年までに造成された新開が八八％を占めるなど、近世初期に集中して開発されたことが知られる。これを郡別にみると、瀬戸内海沿岸部に位置する安芸郡五四二五石余、沼田郡三二六四石余、佐伯郡二七七七石余、賀茂郡二五二三石余、御調郡一四〇五石余など、五郡の合計一万五三九四石余となり、全体の八九％を占めたのであった（『広島藩御覚書帳』）。以上の新開地の成立は、同時に芸備特産の形成期にもあたっていた。瀬戸内海沿岸部の木綿栽培や塩田開発、養蠣《ようれい》業や漁業など、内陸部のたたら製鉄や製紙業、太田川流域の荒苧《あらそ》・扱苧《こぎそ》などが代表的な特産として成長した。

　まず、新開地に適した木綿栽培が本格的におこなわれるようになったのは一七世紀後半に入ってからで、広島城下近郊では「御当地新開、吹き綿の儀は、国産第一の品柄」（『堀川町御触書帳』）といわれるようになり、安芸郡坂村では、元禄十五年（一七〇二）の田面積三四町五反三畝のうち五町六畝（一五％）、畑面積一七町九反四畝のうち五町八畝（二八％）が綿作地となり、村民の七〇％が綿作・綿織にたずさわった（『坂町郷土誌』）。

賀茂郡竹原下市でも、元禄十二年（一六九九）に綿作地が二五町歩（耕地の二五％）をこえ、実綿《みわた》四〇〇〇貫を収穫した。そのうち五〇〇貫は他所売りとし、残り三五〇〇貫が地元下市で糸に紡ぎ、手織り木綿が生産された（『竹原市史』）。

藩は寛永三年（一六二六）広島に綿座をおき、綿運上の制をはじめたが、元禄十年（一六九七）には、実綿・繰綿《くりわた》改めを実施して、他国売りの実綿・繰綿のみに運上銀を課した。また、尾道でも綿運上がはじまり、繰綿の領外販売がさかんになった。

こうして元禄・享保期の綿作の盛大化は、綿加工・商事を発展させることにより、大坂市場でも安芸産の繰綿を「安芸綿」と称して、広島藩の主要商品の一つに数えられるようになった（『大阪市史』第一巻）。

入浜式塩田の開発　近世初頭、広島藩の瀬戸内海沿岸部には、広範囲に中世以来の揚浜式塩田が存在していたが、慶安三年（一六五〇）、賀茂郡竹原下市村の大新開に三一軒の入浜式塩田が開発されると、ほかの芸備塩田でも元禄年代までに入浜技術を導入した塩田がひろく普及していった。その主要な塩田は、賀茂郡の竹原新古・仁方《にがた》・天女浜一二一軒、豊田郡の大崎島・生口《いくち》新古・忠海《ただのうみ》五五軒、御調郡の富海《とのみ》新古・栗原沖・肥浜・吉和《よしわ》・津部田《つぶた》・三原古浜七五軒など、あわせて一五塩田、二五一軒が経営され、十州塩田（瀬戸内沿岸一〇カ国）の主流を占めることになった（『広島県塩業史』）。

芸備塩田の経営規模は、入浜式塩田の基本とされる一軒あたり一町ないし一町五反で、経営方法としては、専業浜師が塩浜に居住して直接経営する住宅浜《じゅうたく》、浜主が町方で他業を兼営しながら経営する掛持浜《かけもち》、また、浜主が経営を預り主に委嘱しておこなう預り浜（浜小作）の三形態があった（「竹原下市一邑志」）。

塩の販売は竹原塩の場合、竹原下市を中心とする周辺農村や、広島城下町の需要をみたし、さらに大坂市場へ廻送されていたが、やがて西廻り海運の開通により北国廻船の来航が実現すると、一挙に全国的市場に供給され、いわゆる「下り塩」として塩市場が全国的に拡大された。そのなかで、延宝八年（一六八〇）に赤穂塩が「桝目竹原並ニ仰せ付けられ候」（『赤穂塩業史』）とあるように、竹原塩は当時の塩流通において中心的地位を占めていたことが知られる。ともかく、享保十一年（一七二六）には十州塩として江戸に移入されたものが、実に一六七万俵余りに達したのである（「吹塵録」）。

このような塩販売の組織は、藩の監督下にある塩問屋がとりしきっており、生産者が直接販売することは許されなかった。塩問屋には大俵問屋と小俵問屋の別があり、大俵問屋は五斗一升入の大俵塩の大口領外売りを独占し、小俵問屋は一斗五升入の小俵塩の販売に限られていた。竹原塩の販売は、寛文十一年（一六七一）に大俵問屋三軒で、他はすべて小俵問屋であり、領外売り・町揚げ（下市・周辺農村）・城下広島売り・別売などがあった。元禄十四年（一七〇一）の販売量は大俵問屋扱いの領外売り一一四万四一三二俵（同十六年には一二五万俵を超えた）、小俵問屋扱いは大俵に換算して七八〇三俵（領外売三八一七俵・町揚げ二九六九俵・広島売一〇一七俵）と、大俵問屋扱いが圧倒的な比重を占めていたのであった（「塩浜覚書」）。

広島牡蠣と大坂出店　広島湾の養蠣業は、国産牡蠣《かき》を大坂へ積み登せ、販売することによって飛躍的な発展をとげたが、その有様を『山海名産図絵』は、つぎのように記している。

畿内に食する物、皆芸州広島の産なり、尤名品とす、播州・紀州・泉州等に出すものは大にして自然生なり、味佳ならず、又武州・参州・尾州にも出せり、広島に畜養と大坂に集る物、皆三年物なり、故、其味過不及の論なし、蓄ふ所は草津・仁保浦《にほ》・たんな（丹那）・ゑは（江波）・ひうな（日宇那）・おふこ（大河）等の五、六ケ所なり、積みて大坂浜々に繋ぐ数艘の中に草津・仁保浦より出る者十か七・八人にして、其蓄養する事至て多し、大坂に泊まること例歳十月より正月の末に至て帰帆す、

寛政年代、上方筋で珍重される牡蠣の供給関係を素描したもので、広島牡蠣の畿内における評判と、その地位を知ることができよう。広島湾の浦々で養蠣業が盛んになった要因は、まず湾の海面が牡蠣の育成条件に適し、それにともなう養殖技術の改良があったからで、ほぼ一七世紀後半（寛文〜元禄）を中心に篊建《ひびたて》法による区画養殖法が設営され、本格的な養蠣業が成立したことにあった。牡蠣の養殖

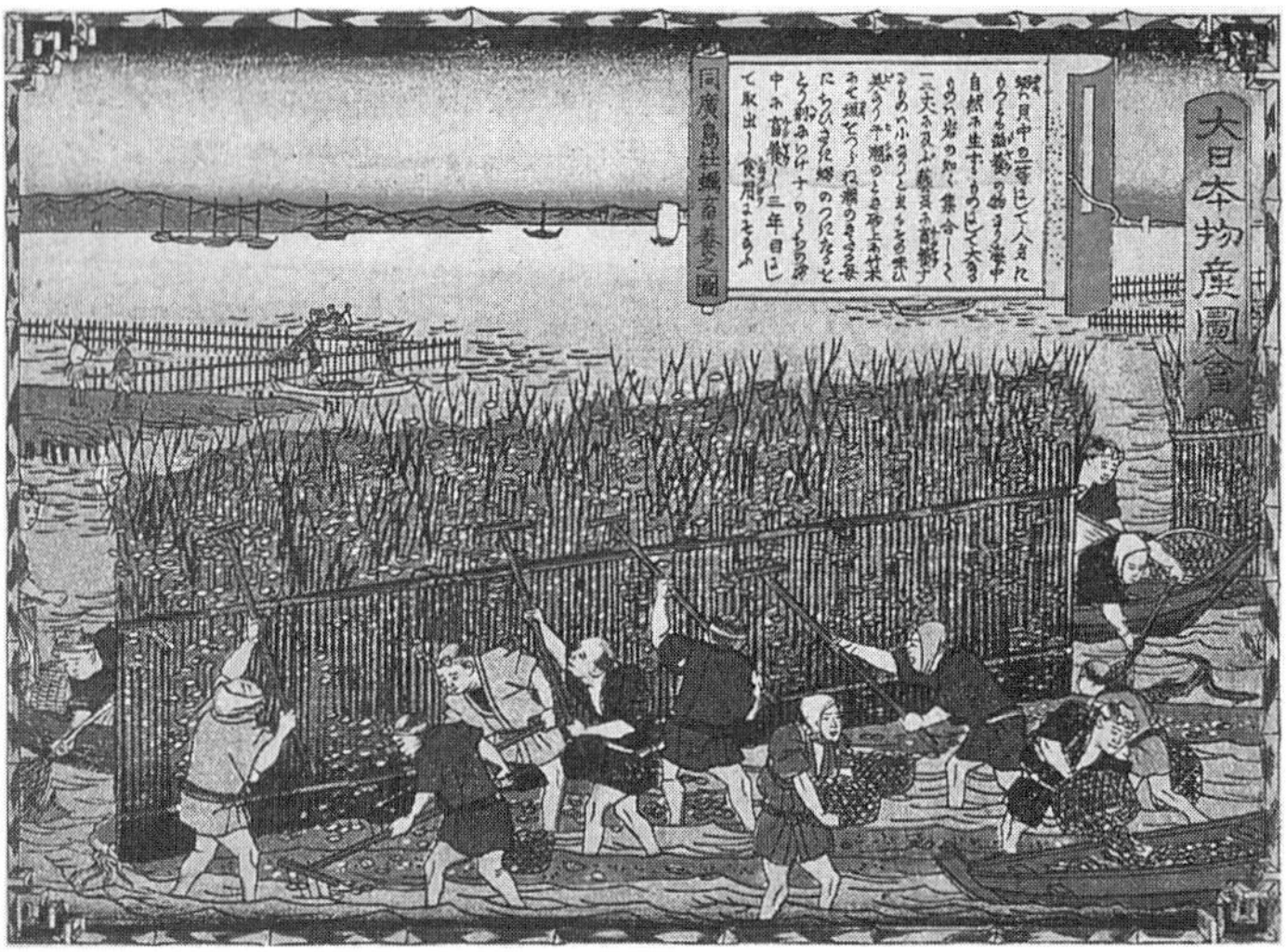

図12　広島牡蠣の畜養図（『大日本物産図会』）
八重篊より牡蠣を打ちおとし，活場へ移すところ

場所は、安芸郡海田《かいた》市《いち》・仁保島、佐伯郡草津村などの海面で、立地条件により底質・鹹度《かんど》(塩分濃度)・潮流等を異にするため、同じ篊建養蠣法にも、それぞれ地域的な特徴があらわれた。

養蠣は、一般的に採種場・埘場《とやば》・活場《いけば》と場所を移しておこなった。海田市では慶長年中に「竹を立蠣作る」と篊建てが発見され、万治年代に篊場を各戸に区画配当して完成したが、海面がせまく蠣貝を移動させる成育場所に不足したから、同一箇所の篊場で種を採り、成育させ、二年物として販出する方法をとっていた(「海田市旧記」)。仁保島では、寛永年中から延宝期までに篊建養蠣法が成立するが、その順序は、四月中に採種場で篊建てをおこない、八月下旬、稚貝の付いた篊竹を埘場に

移し、一年間放置する。蠣貝が二年物になると塒から貝を打ち落して活場に移し、二年物と三年物を選別して区画育成し、十月下旬から三年物のみ販売に廻した。また、草津村では海田・仁保島の技術を取り入れ、草津の立地に適した工夫をこらし、延宝年間（一六七三〜八〇）に海面を区画し篊建養殖をはじめた。養蠣は篊場・活場・実入場《みいりば》の順でおこない、篊場では毎年五月下旬、篊竹をふかく建て込み翌年四月までおいた。活場では毎年四月、篊場から移した蠣貝を簀《すのこ》で囲い、九月になるとその大小を選別して、大は実入場に移し、小は別の活場に移し翌年九月まで成育する。実入場では販売期の牡蠣をさらに肥大させた後、冬から売り出し、翌年春までに売り捌いた（「養蠣由来書」）。

広島牡蠣仲間の成立は、三次藩領の草津村が、他の広島藩諸村にさきがけて、いちはやく上方登せを軸とした牡蠣の生産・販売の独占体制を打ち出したことに起因する。草津産牡蠣の大坂売りは、延宝年代から「登る年もあり、登らぬ年もあり、船数も定らぬ」状態を続けていたが、三次藩の広汎な藩政改革の一環として元禄十三年（一七〇〇）七月、草津村に牡蠣株仲間を結成させ、牡蠣船一八艘（一八株）による大坂商事の恒常化をはかったのである。その際、藩は毎年牡蠣株仲間から蠣篊運上銀を徴収した。広島牡蠣株仲間とは、一株を牡蠣船一艘三人乗り一組とし、これを一八組の仲間と定めたもので、牡蠣定法一三ヵ条によれば、抜荷禁止はもとより、牡蠣仕入高の確保に草津村のほかに仁保村の出来牡蠣買入権を得ること、大坂表における販売特権の保持、広島牡蠣船が国元を出発してから大坂での牡蠣販売を終えて帰国するまで、とりわけ、大坂滞在中の販売全般の取締まり、および仲間の連帯制と大坂蔵屋との緊密な連絡などが強調されていた（「養蠣由来書」）。

このように草津村の広島牡蠣株仲間は、毎年一〇〇人以上が冬期の四ヵ月間、大坂に滞在して江戸堀川大斎橋北詰や長堀川心斎橋北詰など二一ヵ所の牡蠣船店で販売に従事し、年間売り上げ銀一二〇〜一三〇貫目をあげていたのである（同上）。

享保五年（一七二〇）六月、三次藩は藩主早世のため断絶し、遺領は広島藩に還付されたから、広島牡蠣株仲間はそのまま広島藩唯一の牡蠣株仲間として営業されていたが、寛保三年（一七四三）十二月、仁保島村の牡蠣屋が中心になって新牡蠣株一四組をたちあげ、以後は古株一八組・新株一四組がきそって大坂牡蠣商事を営んでいる。

漁業の発展　広島藩は、瀬戸内沿岸・島嶼部六郡に、本浦七一・附浦一二の水主浦《かこ》を指定して船手支配下におき、水主役を負担させていた。この水主浦の制は漁民を浦々に定住させ、同時に漁場の保護と、漁期や魚類にふさわしい漁法を開発するなどして、浦々漁村の生活基盤の安定をはかっていた。

広島藩の海域は、芽刈漁場（御調郡）・豊浦《とよら》漁場（豊田郡）・大芝漁場（賀茂郡）・上浦漁場（安芸郡）・下浦漁場（佐伯郡）の五漁場に区画され、それぞれの漁場で特色のある漁業が展開されている。

まず、芽刈漁場は、福山藩の深沼漁場と、豊浦漁場にはさまれた海域で、尾道・三原浦の漁民をはじめ、能地《のうじ》の手繰網《てぐりあみ》漁夫が多く利用した。主要な漁法は、鯛網・イワシ網・手繰網・延縄《はえなわ》・一本釣・金突漁・夜焚漁などで、向島《むかいしま》ではイカナゴ網漁もおこなわれた（「向島西八幡宮神社文書」）。

豊浦漁場は、東が伊予国甑《こしま》島から宿祢《すくね》島を見通した線と、西が上浦漁場に接する海域であるが、大三島・大下・小大下・岡村などの島々は除かれる。この海域は鯛の好漁場で、ほかにタイゴチ網・イワシ網や一本釣・延縄漁もおこなわれた。享保初年の他国売魚類は、鯛が一万五〇〇〇枚余、万小魚・雑魚が一万六〇〇〇余、代銀三〇貫目余であった（「学己集」二）。

大芝漁場は、蒲刈島・大崎島と賀茂郡沿岸沿いの幅せまい海域で慶長期にハモ網、貞享四年（一六八七）に鯛網が導入され、ほかにイワシ網・雑魚網漁などがおこなわれた。享保初年の他国売魚類は鯛五〇〇〇枚、スズキ五〇〇〇本、ボラ二万本などで、販売代銀七貫五〇〇目であった（同前）。

上浦漁場は、東が阿賀村から大情《なさけ》島へ見通して、さらに下蒲刈島・上蒲刈島をへて斎《いつき》島を見通した境界線、西が広島江波村から宇品《うじな》沖の木金石を結び、さらに江田島・倉橋島を結んだ線、南が安居《あい》島から津和地へ見通した線に囲まれた海域である。この海域の漁法は、寛永十六年（一六三九）大イワシがおびただしく入り込んだのを機会に、イワシ網が小網から大網にかわったし、水揚げが莫大であったので、この年から鰯網運上銀を徴することになった。また、延宝年代に紀伊国塩津の漁民が掛引網漁を伝えている（『呉市史』第一巻）。享保初年の他国売魚類は、牡蠣一万二四〇〇荷・販売代銀一八貫四〇〇目、干鰯《ほしか》二五〇〇俵・代銀一三貫七五〇目、海苔《のり》二三万枚・代銀五貫七五〇目、いりこ一万二〇〇〇間・代銀四貫八〇〇目、鯛一万三〇〇〇枚・代銀五貫二五〇目、生鰯四五〇籠・代銀三貫二〇〇目、はまち・すずき・かれいなど魚類の売上代銀およそ一貫目、その他漁船二三〇艘・魚代銀一八

図13　広島つくも浦沖の網漁
（浅野文庫蔵「島々真景之図」より，広島市立中央図書館所蔵）

四貫目などであった（「学己集」二）。

下浦漁場は、東が上浦漁場、西が周防国境に接していた。この海域の漁法も紀州漁民（塩浦）の進出によって開発され、寛永十三年（一六三六）、佐西郡阿多田島辺で鰯網漁が定着し、寛文年間（一六六一－七二）には紀州鯛網、草津・倉橋島にも曳船網漁法が伝えられた（『日本漁業史』）。享保初年の他国売魚・貝類は、数量は不明ながら販売代銀五〇貫五〇〇目とあった（「学己集」二）。

以上のように広島藩の各漁場では、紀州網など新漁法による大型漁業の展開をはじめ、金肥《きんぴ》としての干鰯需要の増大や、広島牡蠣株仲間の大坂売拡大策が鰯網経営を圧迫するなど、従来の漁業慣行に矛盾が進行して、漁場をめぐる紛争を引き起こした。寛文十年（一六七〇）上浦の瀬戸浦・呉浦の漁師が「領内残らず入相《いりあい》」をかかげて下浦への出漁をうったえ、争論のうえ上浦漁民の宮島外浦の網漁が認められている（『廿日市町史』資料編Ⅲ）。延宝七年（一六七九）には、なさび島の漁場をめぐって地御前《じごぜん》浦と能美島高田浦との争いが発生し、元禄七年（一六九四）五月にも、上浦と下浦とで漁場の出入りがあった。これら漁場争いの背景には、干鰯需要の増大とあいまって、寛文期以降に進出してきた新興の瀬戸浦・阿賀浦等の漁民が、弱小の漁浦を圧迫したことによる。このほか、広島湾の牡蠣・海苔の養殖業の発展にともなって、簎場の干潟占有がすすみ、浦境争論が多発するようになった。

　広島藩は寛永十五年（一六三八）から鰯網運上を課したが、宝永初年から定運上に改められ、掛引網一帖分は銀四五匁、地引網二二匁五分、片手網一六匁二分五厘などと決められた（『呉市史』第一巻）。鯛網や鰯網などは資金力が必要で、浦の有力者が網元になって経営にあたり、鰯・スズキなど生魚を商品化する場合、商主とよばれた商人が集荷して町方へ送ることがおこなわれた。漁業のさかんな芸備両国の沿海・島嶼部では、市場めあての漁法が発展し、領域の町方はもとより他国にむけて生鯛などの漁獲物が販売された。享保初年の安芸・賀茂・佐伯・豊田四郡の他国移出魚類の販売代銀が三二〇貫余にのぼっていたことは、そのことを示している。しかも、高級魚の鯛がかなり販売され、それは干鯛だけでなく、生簀などを設けた船で活魚のまま上方へ運ばれていたのである（「郡々諸色他国へ売物寄」・「学己集」二）。

芸備両国のたたら（鑪）製鉄　広島藩におけるたたら製鉄の稼行地は、主に備後国三次・恵蘇・奴可・三上の四郡と安芸国山県・高田二郡、あわせて六郡の中国山地であった。元和五年（一六一九）、浅野氏の広島入封にあたって、その領知高のなかに備後四郡の鉄山役高九四八石余（鉄役四四七石余・吹役三二六石余・鉄穴《かんな》役一四四石など）が含まれていた（「備後国知行帳」）。そして、翌六年広島藩は、将軍家へ特産鉄三〇〇〇貫（一〇〇駄）を献上したのを機会に、領内産鉄村々の調査を命じ、備後四郡二二村から打鉄生産高一万三三三八貫（代銀八貫目）を書き出させた。藩はこの調査をもとに村々の鉄山稼行者（鉄師）に営業札を交付し、札役数に応じて現物（鉄・銑）ないし役銀を取り立てる制をたてた。

つまり、鉄山運上の札役に鉄穴役・鑪役・吹屋（大鍛冶）役・鉄馬役などを設け、さらに鉄山施設の規模に応じて差をつけた。鑪札では上（銑三九束）・中（三三束）・下（二八束）の三種、鍛冶屋札も上（銀一四三匁）・中（一二三匁）・下（一〇三匁）の三種、後に下下札（四二匁）を追加、鉄穴役も銀一〇匁から一匁まで札銀を取り立てた（「学己集」二）。安芸国山県・高田・高宮三郡の鉄山では、鑪札を銑八束とし、吹屋札・鉄穴札・鉄馬札・鉄船札の交付にとどめている（「芸藩志拾遺」巻六）。なお、備後国四郡の鉄山札による年間取立額は、元和五年に鉄三九一駄余（売代銀三〇貫七三三匁）・札銀九貫九〇二匁、合計四〇貫六三五匁であり、翌六年は三六貫三五八匁、同八年には三六貫七六匁となっていた（浅野文庫「銀子請取帳」）。

このように一七世紀後半までの製鉄技術は、いわゆる「野だたら」とよばれていて、その原型は山中に長方形箱型炉をきずき、差鞴《さしふいご》二挺を用いて一夜《ひとよ》に銑《ずく》一五駄から二〇駄（四〇〇～六〇〇貫）ほどを生産し、炭山を求めて一、二年ごとに移動しながら稼行するものとされる（奴可郡「国郡志郡辻書出帳」）。もっとも発掘遺跡などから、移行期の形態として鑪炉の押立《おったて》柱穴から覆屋《ふくや》や、炉の地下構造の存在が指摘されている。備後・伯耆両国では、中世以来踏鞴《ふみふいご》鑪を用いて製鉄をおこなう地域であったが、天和・貞享年代（一六八〇年代）ころから天秤吹子《てんびんふいご》鑪の操業がはじまり（『鉄山必用記事』）、安芸国山県郡

図14　たたら製鉄高殿の鉧出し作業（『隅屋鉄山絵巻』上）

でも慶長年代から石見国出羽流の吹差鞴《ふきさしふいご》二挺を用いた鑪をきずき操業されてきたが、貞享年代に穴村権右衛門が備後国中備後流の天秤吹銑《ずく》鑪を導入して橋山村で操業するようになり、加計村八右衛門も元禄十二年（一六九九）戸河内村蔵《ぞう》座《ざ》で同様の銑鑪を操業するようになった（隅屋文庫「鉄山諸事一件」）。

　こうして一八世紀初頭には、広島藩の製鉄業が天秤吹子鑪を中心とした永代たたら体制を成立させ

たのであった。永代たたら体制の中心は、永代鑪で、同一場所に一〇年ないし二〇年もとどまって操業し、竹矢来《たけやらい》などで囲まれた山内で鉄山職人三〇〇人前後の生活の場となる。山内のほぼ中央に四本の押立柱《おったてばしら》に支えられた高殿《こうどの》を建て、そのなかに地下構造をもつ長方形箱型炉と二基の天秤鞴を備える。まわりには手代の事務所である勘場をはじめ、村下・炭坂・山子らの職人小屋、鉄蔵・米蔵・炭小屋など付属施設が並んでいて、近世製鉄の精錬部門の独立経営体としての機能を備えていた。ほかに村人により稼行される選鉱部門の鉄穴流しも、鉄穴掘りないし鉄穴洗いから発展して一八世紀初頭には、永代鑪の鉄原料供給部門として自立稼行され、さらに鍛錬部門の大鍛冶も付設状況から自立して独立経営するようになっていた（『東城町史』通史編）。そして、永代鑪の生産性は、野鑪段階の踏鞴鑪の約四倍、吹差鞴鑪の二倍といわれ、大炭三〇〇〇貫、小鉄（砂鉄）一二五〇駄を用いて銑《ずく》・鉧《けら》四〇駄（銑三五駄・鉧五駄）の出鉄を標準とし、年間操業回数五〇代として年産鉄二〇〇〇駄（約六万貫目）の生産能力を備えていたとされる（「鉄山一統之次第」）。

かくて、広島藩の鑪・鍛冶屋数は、享保四年（一七一九）に備後国奴可郡で鑪一一ヵ所・鍛冶屋五軒、恵蘇郡で鑪四ヵ所・鍛冶屋七軒、三次郡で鑪一ヵ所・鍛冶屋三軒、安芸国山県・高田両郡で鑪五ヵ所・割鉄大鍛冶三〇軒・釘地鍛冶四軒と、両国合わせて鑪二一ヵ所・鍛冶屋四九軒であり、そこで生産された鉄類販売のうち、他国売りは備後三郡で鉄一万五〇〇〇束（代銀一二〇〇貫目）、安芸山県で長割鉄一万三一九五束（代銀一〇五五貫目）の合計二万八一九五束（代銀二二五五貫目）であった。しかも、ほとんどが大坂鉄問屋との取引である（「広島藩御覚書帳」）。

さて、広島藩の鉄山統制は、当初、鉄山役札（鑪・吹屋・鉄穴・運送馬船）による運上取り立てであったが、延宝・天和年代から数次にわたり買鉄制を実施した。それは広島城下商人芥川十兵衛に、領内産鉄の集荷と城下小鍛冶への一手販売権を与えることであったが、鉄流通はすでに各荷主（鉄師）の直接大坂市場への参入によって、大坂鉄問屋の前貸資本の支配下にあって、買鉄制は十分に機能することなく廃止された。

藩がつぎに打ち出したのは、領内産鉄の大坂販売による利益を財政補塡に取り込む方法として藩専売制の実施であった。元禄九年（一六九六）、藩は鉄座を設けて領内産鉄を広島城下に集荷し、そのすべてを大坂市場で販売するものである。その仕組は、鉄師（荷主）に対して、鉄御用所から三ヵ月ごとに鉄仕入銀の貸付および飯米支給をおこなうかわり、錬鉄のすべてを広島城下の本川鉄屋敷に集荷させ、藩指定の大坂鉄問屋海部屋徳兵衛・紙屋吉兵衛へ廻送して、大坂売り捌きを独占させるものであった。大坂での売払代銀のうち、問屋が口銭二〇％を引き、藩が造用銀の名目で三〇％、それに本川鉄蔵敷料（鉄一束につき銀一分）と前貸仕入銀を差し引いた残銀が鉄師（荷主）の取り分となり、鉄師はそこから生産諸費を支払うことになった。この仕法により、藩は広島産鉄の販売独占権を鉄問屋に与えた見返りに、大坂融資の申し込みを有利にし、さらに売上代銀より造用銀の利銀を得ることができ、ある程度の成果はあったというべきであろう。しかし、鉄座制の施行後、まもなく大坂鉄価は下落し、鉄の売れゆきも低迷して、藩は前貸し仕入額を縮小する有様であったから、鉄師らは経営不振におちいり、「海部屋、座をはじめて間もなく、荷主ドモ大分潰レ申し候」（加計隅屋文庫「鉄座覚書」）という状況になった。そこで、山県郡鉄師らは正徳元年（一七一一）、藩へ銀四〇〇貫目を用立てて鉄座から抜け出し、奴可・三上両郡でも宝永七年（一七一〇）、鉄御用所から前貸仕入銀を止められ、翌年には出来鉄の集荷も廃止されたので、鉄座制は事実上中絶された。そのため、芸備の鉄山経営者らは、従来のように所定の鉄山役札運上を納めて、それぞれが大坂問屋資本を導入しての自己経営を復活させていった。

広島藩は、全藩一揆が鎮静化した享保三年（一七一八）十一月、三次藩三次・恵蘇郡の藩営鉄山にならって、奴可・三上両郡にも藩営鉄山の設置を決定し、翌四年から藩営長割鍛冶屋五軒の操業を開始した。この「藩営鉄山」は、鉄山業における生産工程の最終段階にあたる大鍛冶（錬鉄）部門を対象とした鉄の流通支配を企図したものであった。藩営大鍛冶五軒には、それぞれに手代・下走りを送り込み、鍛冶屋ごとに銑購入先の永代鑪二〜三ヵ所、小炭仕入先の村を指定した。また、奴可郡西城町に鉄会所を設け、鉄奉行二人・番組二人・郡支配役二人を常駐させて、各鍛冶屋からの割鉄を集荷すると、尾道経由で大坂に廻送され売り捌かれた。大坂では藩指定の鉄蔵元新屋庄左衛門に一手支配させ、鉄商人へ告示して入札売り払いとし、その代銀は蔵元鴻池善右衛門に請け取らせた（「広島藩御覚書」四）。

和紙生産と荒苧・扱苧　広島藩の和紙生産は、安芸国佐伯・山県両郡を中心に、沼田・高宮・高田・安芸・豊田郡および備後国三次・三谿・三上・恵蘇・奴可・世羅・御調郡など、ほぼ全領域にわたって生産が展開されていた。製紙の原料は農耕に適さない山地や山麓・堤防など不毛の礫土《れきど》などにひろく栽培された楮《こうぞ》が主に使用され、雁皮《がんぴ》・三椏《みつまた》もまた一部まぜて用いられた。製紙の作業工程は、操作が比較的簡単で、習熟しやすい小規模家内手工業であったから、山村の農家副業としてひろく営まれた。もっとも、製法の技術・品質によって紙の種類や特産地の形成もみられた。享保初年の藩御用紙の種類をみると、諸口《もろくち》・半紙・御鼻紙・杉原紙・奉書紙・障子紙・厚紙・塵紙《ちりし》・紙子《かみこ》など二五種に及んでいる（「広島藩御覚帳」）。これら諸紙の年間生産量はあわせて約一万丸とし、そのうちとくに生産の多いのが、諸口の四四六〇丸と半紙の三三七〇丸で、両者を合せると全生産量の八〇％になり、きわめて高率を占めている。藩の通達類や村役人の手控えをはじめ一般需要のほとんどに使用されたためである。諸口は広島紙ともよばれ、生産地は山県・佐伯両郡で、とくに山県郡と勝木村を主とする高宮郡産のものが極上とされ、このほか高田・沼田郡など一〇郡ですかれた。半紙は片口紙ともよび、佐伯・沼田郡産が精巧とされ、ほかに七郡でもすきだされた。以上のほか紙の産額は多くないが、奉書紙が三上郡庄原の柳原（柳原奉書）および奴可郡ですかれていた。三上・三次両郡は、奉書・杉原など上質紙を特産とし、「郡第一の産」とされている。また、勝木紙が沼田・高宮郡で、障子紙・上包・海田紙が山県郡太田筋、御鼻紙・浅原半紙・塵紙が佐伯郡の上田知行所を中心にすかれ、それぞれ特産地となった。

広島藩の楮・紙の生産・流通統制は、正保三年（一六四六）の「御紙方」の設置からはじまった（「学己集」）。承応年代から紙漉《すき》農民に楮元銀（仕入銀）の前貸をおこない、積極的に増産をはかるとともに、すき紙は村ごとに集荷させ、見取り（検査）のうえ買い上げられた。寛文十二年（一六七二）には、抜売買が盛んになったこともあって、抜売買の禁止と紙荷の取り扱い方、見取紙（買上げ紙）の運搬などに関する規制を強化している。また、紙蔵の制を設けて、川口番所で米・鉄とともに紙の出入りの検問をはじめたが、さらに宝永三年（一七〇六）、城下三川町に紙座（後の紙蔵）を設け、藩専売制を確立させた。すなわち、紙座において需給状況を見はからい、すき紙の種類と生産量を決定し、それを各村紙漉人に割りあてた。原料の楮もすべて藩が買い上げた後、紙漉人に交付するのを建前とした。すき上がった紙は、すべて検査のうえ買い上げ、紙蔵に収納されると官印がおされた（「芸藩志拾遺」巻六）。紙座へ集められた紙類は、領内で使用販売するもの以外は大坂へ送られ、「広島諸紙」の名で蔵元を通じて売り捌かれた。享保初年には鴻池徳兵衛、同六年からは鴻池利兵衛が蔵元をつとめ、紙の売払い代銀は六〇日をかぎって鴻池方へ取り集められる仕組であり、一ヵ年の利潤はおよそ銀二七〇〜二八〇貫目であった（「広島藩御覚書帳」四）。

つぎに「安芸麻苧《あさお》」の名で声価をたかめた荒苧《あらそ》・扱苧《こぎそ》の商品化にふれておくと、広島藩では、広島湾をのぞむ太田川流域の山県・沼田・高宮・高田・佐伯の五郡と、江川《ごうのがわ》流域の三次・恵蘇・三上の三郡で早くから大麻栽培がおこなわれており、すでに、一七世紀までに繊維剝離の土蒸法から桶蒸法へ、扱《こ》ぎ晒《さら》しの煮《に》扱《こぎ》法など製麻技術の発展が伝えられる（「農事調査書」）。しかし、荒苧・扱苧生産地と加工販売の集散地が本格的に形成され、販売製品の多様化と領外向けの販路拡大がいちじるしくなるのは、元禄・享保期からであった。とくに加工販売の集散地周辺では、農家副業としての苧《お》績《う》みにより麻糸を製し、さらに織機にかけて麻布を仕上げたほか、麻縄・網糸・畳糸・魚網・畳縁《たたみへり》地《じ》・蚊帳《かや》地《じ》に加工されるなど、それぞれの地で特産品をつくり出したのである。そして、それら製品は主に広島城下へ積み出された。広島藩は元禄十年（一六九七）、領内各郡から広島城下へ積み出される荒苧・扱苧に対して運上銀を徴収するようになった。その税率は、扱苧一〇貫につき銀一匁五分、荒苧一〇貫につき銀七分とかなり高かった。ただし、この運上銀の取り立ては享保二年（一七一七）に廃止され、それにかわって、領内から他国・他領へ移出される分のみに運上銀を課している（『加計町史』上〈旧版〉）。

第五　国益論と文化思潮

一　宝暦・寛政の藩政改革

宝暦改革のはじまり　広島藩の宝暦改革は、享保十七年（一七三二）の大凶作・飢饉以降に累積された藩債の償還整理と、幕藩制解体期の起点とされる宝暦・天明期の諸情勢への対応といえた。それは藩主浅野吉長《よしなが》が宝暦二年（一七五二）正月に死去し、その封を継いだ浅野宗恒《むねつね》によって、翌三年ごろから開始されるが、宗恒の治世はわずか一一年間で、同十三年二月には致仕した。このあとを継いだ浅野重晟《しげあきら》が、宗恒の改革を継承発展させたので、明和・寛政期を中心に国益政策や組合村編成など特徴的な藩政の展開をくり広げることができた。

宝暦改革の推進母体は、藩政の司令塔（総理府）となった御用達所で、年寄上席寺西藤蔵をはじめ、年寄浅野外守・奥頼母・山田兵太夫らの合議をもとに、郡奉行鳥井九郎兵衛・能勢監物、勘定奉行戸田嘉藤太・龍神甚太夫・川崎鹿之助らが実務担当者として重要な役割をはたした。

まず、藩職制や家中に関しては、御用達所や勘定方（米銀掛り）・郡方を中心に重点強化し、そのうえで政務の簡素化や諸役所の経費節減、家中経済の引き締め策を推進した。御用達所は享保二年（一七一七）に新設され、年寄（執政職）四人をもって常勤していたが、宝暦年代には藩政主脳部局とするため、年寄を七人に増やし、そのうち一人が年寄上座（執政）に就任して政務全般を指揮し、他は米銀掛り（上座兼任・専任一〜二人）・郡市掛り（君側と兼務）・君側（郡市と兼務）・奥掛り（一人・年忌・代参）・軍刀掛り（専任一人・武具奉行支配）・江戸詰（一〜二人交替・うち国元一人）・月番（一人ずつ交替）を担当し、それぞれの分野に用人・用人並・若年寄および御用達所詰の役人を数人ずつ配して政務の推進をはかった。

勘定方（米銀掛り）は、宝暦六年（一七五六）の勘定所移転を契機に関連機関の統廃合をはかり、政務機能を集中化させた。山奉行を廃して山方役所を勘定所付属とし、勘定奉行が「郡方所務」、すなわち貢租収納関係をすべて支配するとともに、破損方・見積方・作事方などの諸役所および米蔵・銀蔵・紙蔵・材木場・銀札場・川口番・口屋番・尾道運上など、藩の財政に直接関係するものを集中的に管掌して、権限の強化をはかり、同時に「入役等相減し、上納滞無く」と政務の簡素化をも企図していた。このほか、諸役方の官僚化にともない休日制の採用や、諸役所用紙の五割削減、役所用粗服の着服、冬季火鉢・昼食支給の制限、年間諸経費の予算化（全経費三三七貫目）など、諸役所の経費や人員の削減策を実施した（「事蹟緒鑑」巻五一）。

また、全家中に対しても、吉凶行事や進物・贈答の禁止をはじめ、格式にとらわれない諸事省略を強制したうえで、宝暦四年（一七五四）から同十年までの七年間、一ッ五歩の上げ米（借知）を申し付けた。すなわち、当時の給知高は一七万六四七三石で、年貢収納額は約八万八〇〇〇石、その二五％にあたる二万二〇〇〇石を七ヵ年にわたって借り上げるというものであった。さらに同四年三月には、享保二十年（一七三五）から続けていた諸士の永代禄制を廃止して、全給知を代官支配に移し、家臣徴収分以外はすべて藩庫に収納することとした。これは、本人の勤怠《きんたい》によって家禄の増減や、小普請入りを命じて家禄を減額するなど、固定化した家禄を俸禄へと移行させる措置であるとともに、給知高の削減がつよく意図されていた。宝暦八年（一七五八）、三次町の旧三次藩の家臣団を解体して広島城下へ引き移らせたことも、家臣の統制強化と知行・扶持米を含む諸費節減にほかならない。

なお、家中経済の緊縮を要求した七ヵ年を一くぎりとする緊急体制は、三年目の宝暦六年には、家中知行免を一ッ五歩戻した四ツ物成を申し付け、翌七年全給知の代官支配をも廃止した。これは目標期間の半ばにも達しないうちの修正であり、家中経済が予想以上に逼塞し、強行見直し論が強まったことをものがたっている。

郡方の吟味屋敷と地こぶり　つぎに郡方支配は、郡奉行の権限を強化して公事出入《くじでいり》の厳正、村入用の節減、土地政策の徹底などを推進した。公事訴訟について、村方騒動や農民一揆が伏在する緊迫した農村状況を背景に、宝暦四年（一七五四）三月、「郡方仕置」の基本方針を年寄・郡奉行・勘定奉行・郡廻り・代官ら列座のうえで厳重に申し渡すとともに、郡奉行の指令のもと各郡のうち一、二郡を選んで抜き打ちに会計検査を実施した。そのため、多くの村々で諸入用の不正、郡方役人の贈収賄が摘発され、厳重な戒告と村廻りの怠慢が譴責された。そして、翌年には村廻りを郡方歩行《かち》目付と改めて、郡奉行直属の目付役とし、番組・村方役人らの非違を監察し、郡方公事出入の吟味に専念させている（「青枯集」巻四）。ついで、同九年には、町方吟味屋敷につづいて郡方吟味屋敷を広島城下に設けて、公事出入の関係者をすべて吟味屋敷に引き出して代官の直吟味《じき》を励行させた。なお、代官の権限の及ばない事件では、町・郡奉行以上が裁判を執行して裁判の公正をはかった。

また、年貢の基盤である領内農村の土地保有状況について、「たとへば五石三石ほどの高持で、内証は十石程作り候百姓モアリ、又拾石ほどの高持で四、五石前程外ハ作り高コレナキ様の百姓もコレアリ」（「芸州政基」）と、正規の土地台帳では農民の土地所有の実際が把握できなくなっている村々を対象に、地概《じならし》・地こぶり（村独自の土地調べ）の実施を命じている。この時期に地こぶりの実施を推進しているのは、従来の地概が代官・検地奉行を派遣しておこなわれたのに対して、地こぶりは村横目・村下代の派遣にとどめ、郡村の割庄屋以下の村役人・農民によって自主的におこなうよう改めた。つまり、貢租配分を農民自身の手で確定させると同時に、村入用の節減をはかったもので、農村変化のいちじるしい地域を対象に実施しているところから、当時進展していた地主・小作関係の実態に対応した政策であったことが知られる。

なお、宝暦七年六月、藩は広島新開二八ヵ村に新開奉行・新開方綿改所を新設して新開地の農政を町奉行から独立した取扱いに改めるとともに、瀬戸内沿海部の干拓地も含めた諸郡村の見取新開地を竿入《さおいれ》して本高に編入する高付《たかつけ》政策を指令して、貢租対象地の拡大策をすすめた（「事蹟緒鑑」巻二二）。しかし、全体的には「村方不易」（村高不変）の制が桎梏となって、藩の掌握しえない干拓新開地が瀬戸内沿海部に拡大されており、国益政策の推進に便乗した地主豪農層の掌中に帰し、その成長基盤になった。

二　国益政策と国産自給

国益政策の展開　広島藩の国益政策は、一八世紀後半以降において宝暦・天明期、化政期などと段階的に、それぞれの特色をもった政策として展開された。それは、はじめ藩の国産自給をめざす殖産興業政策であったが、やがて、藩専売・藩営事業の形態をとりながら、国産諸品の開発・増収と他国販売を通して金銀増殖策へと傾斜していった。しかも、その政策進展の成否を握ったのは、生産諸条件の確保をはたし、領主の搾取強化と競い合う形で農村支配を広げていった村役人的側面をもつ豪農層にほかならなかった。

まず、広島藩は宝暦改革の一環として諸事省略令につづいて、他国米・他国酒の領内移入を禁止するとともに、他国商人が領内で呉服・小間物など他国商品を販売したり、従来許可してきた販売免許物の売捌《うりさばき》制限をおこなうなどの商業統制を実施するようになった（『広島市史』第二巻）。そのうえで国益政策の推進にあたって、領域全体の在来国産を把握してその生産性を高め、技術改良を指示するとともに、新たに新種や新技術を導入して栽培を拡大し、新国産の育成に努めるように奨励した。

　たとえば、瀬戸内沿海部の製塩や、中国山地の製鉄・製紙など芸備両国の代表的な在来国産は、産出量と販売量をめぐる生産調整や、生産性を軸にした技術改良・設備拡大策などがおこなわれた。また、養蚕・絹織業に関しても、明和六年（一七六九）に絹座を設けて「御領分郡中ニテ蚕飼立、町方ニオイテ絹類織立テ候ハヽ、格別ノ御国産ノミナラズ、追々繁栄候ハヽ、御国益ニモ相成べク候」（野坂文庫「芸備大帖外史」）と、郡中の養蚕・製糸業、町方の絹織物業という分業組織の指導機関とし、蚕卵紙の製作・払下げや、製糸・織機の整備をおこない、さらにそれらの伝習や機織《はたお》り機の貸出しによる賃繰り・賃織り業務をあわせおこない、将来は国産地絹で領内需要のすべてをまかない、他国絹を追放する構想がたてられた。このほかにも、唐櫨《からはぜ》・漆・越後苧《そ》（真苧《まお》）・茶・砂糖黍などを導入移植して栽培され、綿実・菜種を増産して絞油業を振興させるなど、積極的な奨励策を打ち出している。

　その典型例が太田川流域農村を主産地とする太田苧（扱苧《こぎそ》・荒苧《あらそ》）であり、越後苧の導入後、栽培技術の伝習、生産加工用具の改良などをへて生産性の向上がはかられ、特産地の形成にいたったものである（畑中誠治「太田騒動と扱苧生産」）。

　つぎに寛保三年（一七四三）以来、幕府の専売統制下にあった燈油生産も、領内自給分の綿実・菜種からの手作り製油が認められていたことから、広島藩は寛政十年（一七九八）、藩自給用の名目で広島城下・安芸郡上瀬野村・高宮郡狩留《かるが》家村三ヵ所の製油場を、藩営油御用所に指定して、その経営者を油方頭取役に任用し、製油業支配にあたらせた。

化政期の国益政策　広島藩の国益政策は、国産品自給を当面の目標にした段階から、積極的な国産開発と領外販売の推進という国産の他国販売策（金銀増殖）に転換していった。その計画推進は、「御米銀方」担当の年寄役を中心に、勘定・町・郡各奉行が協力する集中体制のもとで実施された。それは文化七年（一八一〇）、年寄上座に就任した関蔵人《くらんど》と蔵奉行・勘定奉行・郡奉行を兼務する筒井極《きわめ》人がタイアップしたもので、まず、企画遂行の準備をかねて同九年、諸郡村の割庄屋・庄屋に対して「郡村再建仕法」および国産振興に関する意見を徴した後、いよいよ同十四年には、藩勘定方に「諸品方」（国産会所）を新設して、国産物の開発やそれらの自給・領外販売などを担当させた。その仕組は、広島城下の太田屋七郎兵衛をはじめ豪商四人を御用引受方に任じ、国用はもちろん、江戸表・家中入用品にいたるまで国産品でまかない、さらに領内物産を買い占めて、江戸・大坂へ積み登せ、その販売代銀を備蓄するというものであった。また、領内郡単位に数人の「国産御用懸《かか》り」を任命して国産開発にあたらせ、必要な資金貸与と製品買上げを保証する仕組をとっていた。とくに国産開発の担い手に割庄屋・庄屋らの豪農を「支配役」「懸り役」に任命して、それぞれの地域に適した開発計画の具中や、藩営事業の下請けなど国産振興の現地責任者にしたことは、村落支配者の豪農層の勢力を利用して政策展開をはかったことになるが、逆に国産開発と商品化の担い手である直接生産者との間に対立関係を深めることにもなった。

国産奨励の対象になった物産は、瀬戸内海に面した沿海部諸郡では、基幹産業である農業・漁業のなかから御調《みつぎ》郡の米、佐伯・安芸郡の木綿栽培・綿布（安芸木綿）製織をはじめとして、佐伯・山県《やまがた》・高宮・沼田諸郡の紙類（諸口《もろくち》・半紙・塵紙《ちりし》）、安芸郡蒲刈島・賀茂郡広村の消石灰、御調・高宮・沼田郡の藺草《いくさ》・畳表《たたみおもて》（備後表）・花筵《ござ》・藺蓆《いむしろ》類、賀茂・豊田・御調三郡の製塩を主体に、その後背地の塩田用塩菰《こも》・草苞《くさつと》・柴薪燃料などの生産、安芸郡倉橋島の造船業、同呉・押込村の網座・漁網（手ぐり網・ごち網など）の生産、安芸・佐伯両郡の牡蠣《かき》・海苔《のり》の養殖業、沿海諸郡の魚介類・干鰯《ほしか》・海参《なまこ》の生産など、また、広島城下町・宮島・三原・尾道など町方・近郊諸郡では、領内から原材料を集めた諸加工業や都市的消費に向けた商業的野菜の栽培が発展した。尾道・後地《うしろじ》村の船釘・錨・農具類など鍛冶加工、城下近郊の焼物類（陶器・瓦）・甘蔗糖（黒・白砂糖）・ベンガラ・藍玉・傘・線香・墨筆・蔬菜《そさい》・奈良晒布《さらし》・小倉織・山繭紬《つむぎ》などが国産に指定され奨励された。

いっぽう、中国山脈の背梁《せきりよう》山地を含む内陸部諸郡では、山県・高田・三次《みよし》・恵蘇《えそ》・三上・奴可《ぬか》六郡を中心に砂鉄採取・鑪《たたら》吹き・大鍛冶の過程を経て鉄生産がおこなわれ、小鉄《こがね》・割鉄（大割・細割・釘地）の藩営化がすすんだ。また、三次・三上・三谿《みたに》・世羅《せら》四郡の越前流漉《すき》技法の奉書紙・杉原紙など上質紙や、あら皮の塵紙を増産商品化した。三上・三次郡の麻苧（扱苧）・鹿皮・鹿革（白革）も、備後・石見・出雲奥郡から原皮を買い集めて半加工のうえ、大坂へ販売された。恵蘇・三次・世羅三郡では、牛馬の飼育が盛んで、牝は耕作・運輸用に飼育し、牡は成牛馬になる前に販売した。世羅郡の牛三五〇〇頭のうち一五〇〇頭（四三％）、馬一五五〇頭のうち二二〇頭（一五％）が、藩の国益資金による三次・恵蘇郡からの買い付けであった。

以上のように芸備両国の国産奨励は、藩全体にわたっているが、商品生産の展開に密度の高い沿海部諸郡と、業種は少ないが地域個有の特産物を軸にした産業構造をもつ内陸部諸郡とに分けられる。つまり、内陸諸郡と沿海諸郡とは、明らかに対照的な産業構造、地域的分業の編成を遂げていたといえるものがある。しかし、国益政策の行く末は、諸国産の形成に長期的な展望を与えたというより、思いつき的な資金貸付による生産拡大と他国売り、とくに置為替《おきかわせ》利用のための大坂登せ売りの強制など、国産物の他国売り代銀を性急に藩庫へとり込む趣法に走ったのであった。しかも、国産の取扱い部局が諸品方（国産会所）に統合されず、従来の勘定方・御山方・御紙蔵・各郡役所・綿座改所など、それぞれに所属したまま推進されたので、指揮が乱れ、各役所の競い合いが随所にみられた。そして、支配機構の末端にある割庄屋・庄屋役人の豪農層が「国産御用懸り役」として集中兼務することになり、彼らの力量が政策遂行の成否を決定するという役割を担わされている。このため、国産振興の対象とされる物産には、熱心な「御用懸り役」のいる諸郡にかたよりがみられること、しかも場あたり的な実験的試作の域を出ないものも多かったので、文政末年になると国産商品の生産・流通をめぐる対立が激化するようになった。そのなかには、国益政策の推進に対して藩役人・儒者のなかに異論や批判勢力もみられ、かならずしも、推進態勢が一致していたわけではなかった（南涯主人「秘話独断」）。かくて、天保三年（一八三二）、その総括推進者筒井極人の病没前後には、推進派の勢いが失われ、さらに天保の大凶作・飢饉の到来によって全面的に政策の急旋回がおこなわれるのであった。

三　財政再建と大名貸

藩財政の再建策　広島藩の財政再建は、宝暦改革にとって窮極の目的であった。すでにふれたように、享保十七年（一七三二）の大凶作年以後の藩財政は、悪化の一途をたどっており、寛保三年（一七四三）には「当時御借金凡四拾万両」（正銀にして二万四〇〇〇貫目）といわれた（「事蹟緒鑑」巻五一）。宝暦改革における当面の償還対象になったのは、大坂鴻池家の大名貸のうち、元文三年（一七三八）の元銀三九八一貫目、寛延三年（一七五〇）の元銀二五〇貫目、別段物元銀二四〇〇貫目などの元利残り、鴻池家のほかにも浜方に銀四八一〇貫目、館入《たていり》その他に銀五三八二貫目などが緊急を要するもので、その総額は銀一万六八二三貫目に達するぼう大な負債であった。

まず、国元＝領国内の経済政策からみると、宝暦四年（一七五四）から、家中に対して七ヵ年連続の借知二ツ五歩（二五％）を命ずるとともに、諸役所へは請定《うけじょう》銀（予算制）の削減、十二月には領内に七ヵ年期限付の諸事省略令を布達した。こうして、諸士の永代禄制を廃止し、全給知を代官支配に改め、三年後の宝暦七年に給知の総入替も実施している。また、同四年に藩と町方・村方の貸借、町人・農民相互の貸借関係を整理して、永年賦扱いないし三〇年賦返済などの基準を示しておき、同七・九年の両年でもって、藩貸物および相対《あいたい》借米銀の貸捨て・永年賦扱い・三〇年賦返済の三種で処理するよう取り組ませた。このように広島藩は、大坂藩債の整理交渉に先立って、領国内の藩主家計から家中財政、諸役所、町方・郡中などのすべてに七ヵ年計画のきわめて徹底した緊縮政策を実施したのであった。

かくて、広島藩は宝暦五年八月から「大坂表御借金年賦御片付方申談の事」（「事蹟緒鑑」巻三七）と、対外借銀の本格的な年賦返還交渉をはじめた。藩はそれぞれ銀主別・借入年次別に交渉をすすめたが、その態度には、領国の改革推移の見通しや、東国飢饉などによる大坂米価の高騰などを有利な条件として、借銀の三〇年賦または永年賦（一〇〇年賦）返還や、利率の引き下げ、交渉成立まで元利払いの棚上げなど、かなりつよい姿勢でのぞんでいた。交渉の過程は明らかではないが、翌六年八月には、広島藩の大坂蔵屋敷役人の総交代がおこなわれて、銀主との交渉決裂のあったことをうかがわせるが、同年十二月、島屋・加島屋をはじめ浜方銀主のなかに年賦交渉に応ずる者があらわれ、同八年には大坂蔵物売払代の支払い残金三万三〇〇〇両余を国元へ送金して、御除銀《およけぎん》（使途のない貯え銀）の制を復活させることができた。さらに同九年十二月、鴻池善右衛門・海部屋善次・岩井屋仁右衛門の三人が大坂から広島にきて、藩領内の経済状況を視察するとともに、「年賦古借バカリ御払下され候テハ迷惑仕候、新の御用仰付られ下され候様ニと願上候」（隅屋文庫「編年雑記」一一）と、古借銀の年賦償還ばかりでなく、新規借銀も申し込んでほしいと要請されているように、藩の債務整理も見通しが立ち、藩財政のやりくりもある程度好転の兆しがあらわれたのであった。

相対掛合の成立　かくて、広島藩は、宝暦十一年（一七六一）三月、鴻池善右衛門との本格的な相対掛《あいたいかけ》合《あい》を成立させるにいたった。鴻池家の相対掛合は、宝暦三年彦根藩との間に成立させたのを最初に、明和七年（一七七〇）までに広島・岡山・萩・高知・徳島・高崎・福井の諸藩との間でおこなわれたもので、諸藩が借銀申し入れの際、銀高・利息・期限などを銀主と対等に交渉できる条件を保持できるようになったことを意味する。すなわち、藩側が鴻池へ全面的に依存するのではなく、経理に長じた勘定所役人や大坂蔵屋敷役人を配置して、独自に米価・諸物価の動向を熟知し、蔵米・蔵物の売立、借銀申し入れをおこなうのにたいして、鴻池側も諸藩の政策動向にいちはやく対応し、藩の経済力や大坂廻米能力などを計算したうえで、貸付の可否を選択し、貸付額・利率・返済方法などを決定するという手堅い大名貸へ転換したのである。

宝暦十一年三月、広島藩では藩主の意をうけた勘定奉行戸田嘉藤太が登坂して、鴻池宗知と対談のうえ、いま藩で実施中の「御国御仕法」は好調にすすんでいるので、今後も「御約束」を堅守したい。そこで、旧債は諸事以前に引き戻して解決したいので、せめて年四朱利息を、去年十二月より月四朱にしたい。さらにすべての古借銀の元利渡し方を明和二年（一七六五）までに決定したいなどと、積極的に藩債償還に関する提案をおこなったのである。こうして、同年十二月に元文三年（一七三八）の元銀三九八一貫余の元利残りを、無利息毎年暮蔵米五〇〇石渡しに決め、また、明和元年には、その残り元銀八九〇貫と寛延三年（一七五〇）の二五〇貫を合せた一一四〇貫を、無利息毎年五〇〇石渡しに落着させた。同じく別段物その他を合せた三五四〇貫目を、毎年四八〇〇石分の米切手渡しというように、順次交渉が妥決していき、鴻池に対する旧債はすべて整理されたのであった。さらに、鴻池以外からの借入れについても、浜方・館入その他を合せて銀一万貫目が、明和二年から年六・二％の元利返済に決定したのである（鴻池家文書「芸州御債書目録并御相対御掛合之控」）。

こうして明和年代から広島藩は、大坂新借の場合、勘定奉行が掛屋鴻池の合意を得たうえで、江戸仕送り・上方支出と蔵米・蔵物売払い代銀との差引バランスを考えながら、手堅い借入れをおこなうのを例とするようになった。それは、江戸仕送りと上方入用が、大坂蔵物売払い代銀で賄われるにあたって、春から秋の新穀廻着期までの江戸仕送り費を当用借と位置づけて精算するのである。ただ、年によって幕府公役や江戸藩邸焼失など臨時入用の江戸下しが増大して、当用不足が証文借《しょうもんかり》に転化した場合でも、その後何年かの大坂登せ米売払い代で返済を約束するという方向が確保できるようになったのである。このことは、広島藩の財政状態が宝暦改革によって歳入・歳出のバランスをほぼとれるまでに回復したことを意味し、鴻池家に無理な臨時借銀をすることもなくなり、複数以上の館入および口入《くにゅう》先を確保し、相対的に自立して取引関係を維持できるようになったことがあげられる。

　その背景には、広島藩の諸事省略令の徹底による諸経費の節減や、財政支出の引き締めの結果として、大坂登せ米が享保期の五〜六万石から宝暦・明和期の八万石前後に増加できたことや、国元からの登せ銀・船頭為替（大坂置為替）が恒常的に大坂収支を援けることができるようになった。また、藩財政の好転により大坂登せ米の飢餓売りを有利な販売に変えたり、過米切手の発行に対応して米切手の価格維持の必要から数人以上の館入借銀、あるいはその不足を口入からの借銀で補うなど、金融面の円滑化が大きな役割をはたせるようになった。とくに注目されるのは、宝暦九年ごろから藩債の一部を残しながら、毎年の歳入・歳出における「有余金」をどのように備蓄するかを考えるようになったことであろう。そこで新たに御除銀の制を復活させて、藩主の直封印による貯えとし、非常の支出に備えたのであった。翌十年には数年の御除銀を合せて二〇〇〇貫を封印したことを伝えている（「鶴皐公済美録」巻二一）。その後、安永六年（一七七七）に金一〇三七両、天明六年（一七八六）に金七〇〇〇両、文化八年（一八一一）までに貯金五万両（正銀にして三〇〇〇貫目）があり、さらに、この年別封金一万両を国元積方から御除金にしている（「事蹟緒鑑」巻五一）。

　こうした広島藩の財政状況を海保青陵《かいほせいりょう》は、「商売上手」と評した。「若シ米ニテ利ヲ得ントアラバ、芸州津開ト云法ヨリヨキハナシ」「芸侯モ大キニヤスク米ヲカフテ、大ニ高フ米ヲウルト云モノ也、凡貨財ハ、多キ方ヘアツマルコト也」と、藩の販売米運用に注目し、秋に領内港町で米市を立て（津開）、領内外の米を安く買い集めておき、「大坂ノ相場ヲ見合セテ、芸州米ヲノコラズ大坂ヘソロヘテ廻シ」、高く販売して利を得た。「塩デモ、魚デモナンデモヤスク買テ、高クウレバ、其国ノ上下トモニ利ヲ得ルコトナリ」と、広島藩の売買上手を称えている（『稽古談』巻之二）。また、大坂鴻池家に仕え、町人学者としても著名な草間直方も、広島藩が非常に備えた御除金五万両のことにふれ、「其用意覚悟等これあり候テも、甚六ツケ敷様子仰立られ、当地ノ口入と申もの両三人平生館入申付ヶ置、格別御難渋仰立られ、館入ノ外、外向ノ分ひたすら御頼成され御借り入相成り申候、これにより公辺向ノ唱も国方左程ニモこれなく、迷惑筋御推察ノ気味ニも相成候義、兼テ其筋御勘弁もこれあり内密承り居申候」（草間家「御備金一件考書」）と述べて、広島藩が御除金を備えながら館入商人のほか、口入商人からも借銀しているのは、この借銀が必須であったというより、むしろ富裕藩の風評がたち、幕府公役等を課せられるのを回避するため、多分に意図的・政策的なものであったと指摘している。

四　災害・飢饉と社倉法

災害と飢饉　一八世紀以降の広島藩内で記録されている災害・飢饉は九六回におよんでいる。そのうち、田畑の損耗・人畜に大きな被害をもたらした自然的災害は、風水害五〇回、旱害・冷害・虫付三七回、地震・疾病（火事を除く）八回などとなっていて、圧倒的に風水害が多く、太田川・江川・沼田川などの氾濫による流域被害がいちじるしかった。田畑損耗が五万石以上の大規模災害年も、享保十七年（一七三二）以降、嘉永三年（一八五〇）までに一九回を数えるほど、頻度が高かった。ひとたび、大災害に見舞われると、収穫は激減し、破免・年貢未進によって藩財政を窮乏させ、蓄えの乏しい農民や都市借屋層は飢餓状態に追いやられた。

なかでも、享保十七年のうんかいによる凶作は、西国一帯に大きな惨禍をもたらしており、広島藩が幕府に報告した損耗高は、領知高の七〇％にあたる三一万石に達し、租率も平均一ツ八分六厘と、平年作の六二％減率であった（「吉長公御代記」巻二八附録）。被害のもっとも大きかった山県郡では、不作を補うため、薯蕷《とろろいも》・かずらの根を掘って食用としたが、「浮過ぎの者・非人九月より餓死仕り候、十二月より雪降り、（中略）、翌年正月十日頃までつづき申候、その雪に痛み飢えに及び申すもの夥《おびただ》しく、霜月・極月より大分死に、あくる正月まで毎日このあたりで五六人餓死申候」（香草・井上家「年代記」）と、その惨状を描写している。

かくて、藩が幕府に報告した翌十八年一月の領内被害は、飢人二〇万七一六〇人とあったが、三月五日付の調査によると飢渇人三二万四二五五人、餓死八六四四人となっていて、当時の藩人口四五万人のうち飢渇人七二％、死者二％となり、その惨状のすさまじかったことが指摘される（「吉長公御代記」巻二八附録）。

また、天明の飢饉は、全国的なもので冷害型の海流異変・気候変化によって起こった。広島藩では天明二年（一七八二）ごろから同七年まで、断続的な冷害・洪水・旱害・疫病流行に加えて火災や一揆・打ちこわしが起こり、領内をいちじるしく荒廃させた。凶作被害が藩単位でわかっているのは、天明三年の田畑損耗一一万〇六九〇石余（「恭昭公済美録」巻二六）、同六年の田畑損耗一二万五〇二〇石余（同巻二九）など、数年のうちに一〇万石以上の被害が続出した。山県郡奥筋では、同五年「稲毛皆無ノ変作ニ付、村民共飢渇ニおよび候」（隅屋文庫「御触状写帳」）とあり、郡内が旱魃に見舞われて凶作となり、米価が三倍に騰貴している。これらの凶作・飢餓に加えて、藩内では春から夏にかけて疫病が流行し、広島城下町で罹病者一九五一人、死者三二一九人を出し（『広島市史』第二巻）、佐伯・高宮・安芸各郡でも多数の疫死人を出した（西教寺「過去帳」）。こうしたなか、恵蘇・三次両郡では、農民五〇〇〇人以上が集結した一揆・打ちこわしが起こり、領内の社会不安を醸成させている（『庄原市史』）。

天保の飢饉は、天保四年（一八三三）から同十年まで七ヵ年におよぶ冷害と天候不順、疫病流行などにより起こった災害であり、その長期性と地域の広さから近世最大のものであった。しかも、幕藩制の大きな変動を迎えた矢先に見舞われただけに、体制の危機状況へ突入する引金となった。

広島藩では、すでに文政六年（一八二三）の旱魃で田畑損耗一四万七二二〇石余（「天祐公済美録」巻三九）、同十一年には暴風雨・洪水のため、広島城下町の大半浸水・田畑損耗一二万六八四一石余、流失・倒壊家屋一六〇三軒、損家一万二一〇四軒、死者五一人（同巻四四）などの災害から回復しないうちに、天保の飢饉に突入して大損害となった。

広島藩は天保二・三年ごろから天候不順となり、同四年には冷害損耗七万二三三五石余に及んだ（「温徳公済美録」巻六）。そして、同五年に疱瘡・疫病の流行、同七年の天候不順・洪水で田畑損耗二五万五五一七石余に達した（同巻九）。さらに同八年夏に疫病流行、同九年の冷害で田畑損耗一七万〇四〇〇石余（同巻一一）、同十一年の降雨・洪水の田畑損耗一二万七二七四石余など、一連の大規模な災害は、同七年から九年にかけて飢饉のピークとなり、多人数の飢死・疫死者を出すことになった。すでにふれた山県郡でも、今回の飢饉で一万人以上が死んでおり、一郷で一〇〇人、二〇〇人と死んでいくのが珍しくなかったと伝える（井上家「年代記」）。すなわち、天保六年の郡人口が五万三七五八人であったのに対して、同九年には四万三二〇〇人と、その差は一万〇五五八人であり、減少率二〇％であった。減少率を村組別にみると、もっとも高いのが加計村組合で二六％、低いのが今吉田村組合の九％、村別では上筒賀村がもっとも高く三六％、戸河内・下筒賀両村が二九％と続くが、低いのは津浪村の一〇％であった（『加計町史』上巻）。

このように広島藩の災害・飢饉は、領域村々に大きな被害をもたらし、農村をいっそう疲弊させたのである。

囲籾と社倉法　広島藩が災害・飢饉に備えて、本格的な備荒・救恤を考えるようになったのは、享保十七年（一七三二）の大飢饉を目《ま》の当たりにしてからであった。藩主吉長は執政岡本貞喬《さだたか》に命じて、備荒貯蓄の具体的方法を計画させた。岡本は安芸郡海田市村の儒者加藤友益《ゆうえき》に依頼して、享保二十年、朱子の社倉法をもとに著した「社倉攷意」を提出させ、これにもとづいて藩主指導の社倉法の設立を企画したものの、実現するにいたらなかった。

いっぽう、天和三年（一六八三）十月の幕令ではじまった囲籾（米）の制も備荒貯蓄を目的としたものの、享保の大飢饉時には貯えがなく役立たなかったが、広島藩は宝暦改革の実施を機に囲籾を着手することになった。すなわち、宝暦四年（一七五三）、藩は、幕府が前年に出した高一万石につき籾一〇〇〇俵（一俵三斗五升入）ずつ囲い置くという指令を採用したもので、翌五年には藩の囲籾高二万九八五五石になっていた（「事蹟緒鑑」巻二七）。藩は、翌六年に初年度の囲籾の詰替えを予定していたが、この年は凶作・飢饉に直面したため、幕府の許可を得て十二月に一年分の囲籾を放出し、翌年二月、残り一年分も放出して飢餓者の救恤にあたった（同巻二七）。その後、同十・十一年に囲籾がおこなわれ、存続の必要から一年分ずつの詰替えと安永三年（一七七四）、寛政元年（一七八九）、文化二（一八〇五）、同七、同八年などに追加囲籾がおこなわれている（同巻二七）。

ところで、加藤友益の「社倉攷意」は、ただちに藩が実施するところとならなかったが、寛延二年（一七四九）安芸郡矢野・押込《おしごめ》両村の社倉として誕生した。そのきっかけは、矢野村庄屋小池五左衛門が延享四年（一七四七）正月、同村八幡社に赤麦二石を開運・厄払い祈禱料として献納したので、同社祠官香川将監が師の加藤友徳（友益の子）に働きかけて五左衛門に社倉法の設立趣旨を説き、さらに押込村庄屋西孫六にも元麦一石五斗を出させて、両村の有志の増資を募り、矢野村は一〇石、押込村は三石の元麦をもととして社倉を設立したのである。これに続いて、香川将監の指導・奨励をうけた安芸郡苗代《なえしろ》・栃原・平谷《ひらや》三村でも、つぎつぎと矢野八幡社から神穀をうけて社倉を設立していった（「芸藩志拾遺」巻一一）。

このなかで、最初に社倉を設立した矢野村は、宝暦六年（一七五六）の凶作・飢饉に際し困窮者に一人一日一合の割合で五日分、計二〇〇〇人分の社倉穀を放出して救済し、藩の救恤はうけなかった。他の社倉をもつ村々も矢野村に同調している。このことは藩を驚かせ、飢餓時における社倉の有効性をあらためて認識させることとなった。

かくて、広島藩は救恤制度として社倉設立を決意し、明和七年（一七七〇）十一月領内村々のすべてに社倉の設立を推進するため、「社倉法意頭書」と「社倉示教書」を配布した（「芸藩志拾遺」巻一〇）。「社倉法意頭書」は友益の「社倉攷意」に準拠したもので、その概略は、(1)社倉設立に当たって矢野八幡社に参詣し、神穀をうけて元麦に混入する。(2)元麦は藩の貸麦（五石）と村民の出資をもって構成する。(3)貯穀高は、四石未満層を救済対象に算定する（一五～六〇歳男は一日二合、同女は一日一合二勺、一五歳未満・六〇歳以上の男女は一日一合）。(4)社倉穀は救麦・永貸穀・永利穀の三種とし、救麦の半分を永貸穀・永利穀にあてる。(5)「本法成就」とは、救麦・永貸穀までを貯穀した社倉をいい、「全備穀」は永利穀まで貯えた場合をいう。(6)管理・運営には、各村に社倉支配役をおき、収納・貸付には庄屋・十人組頭が立会い点検する。

図 15　加藤友益の「社倉攷意」(表紙と序の部分，尾崎神社蔵)

同時に配布された「社倉示教書」には、まったく「上の御為メニハこれなく」、飢饉の際の「難渋の小百姓・浮過等小身の為メニ行れ候」と、社倉の趣意を明らかにし、藩領の全町村に設立されることを奨励していた。

こうして三年後の安永二年（一七七三）には、安芸・沼田・賀茂・三谿四郡の六九町村で社倉の設立をみたが、この年の春から夏にかけて疫病が流行しており、三三ヵ村が社倉救麦一一四石余を放出している。安芸郡船越村三五二人、海田市四二五人、矢野村一七人、押込村三三人が救麦で救済されている（尾崎神社「代官所差出控」）。いよいよ、社倉の有効性を認めた藩は、安永八年四月、広島城下に郡中村役人を集めて社倉設立の促進を懇諭するところがあり、翌九年には一二郡七一四町村、天明元年（一七八一）三月には一五郡八一九町村・元麦合計三〇五六石余で、社倉の本法成就となった（「芸藩志拾遺」巻一二）。また、広島町組・新開組でも天明六年（一七八六）六月、七一町村のすべてに元麦三四一石余で、備後尾道町でも元麦一八八石余で社倉の設立があり、これで藩領のすべてに社倉が設立されたことになる。

しかし、寛政・文化期の町村社倉の運用状況は、本法成就にはほど遠く、利貸付にはしって貯穀が減少し、飢餓者救済にこと欠く有様になっている。その原因は、安永・天明期の社倉のほとんどが、村内有徳農民の出資に依存しており、五年後に出資分の払い戻しをおこなったこと、また、救麦高が人口や救済対象者の増減に関係なく固定され、新麦の詰替えも遅滞し貯蓄不足を生じていたこと、さらに社倉穀が赤麦のほか、籾・米・銀・塩などさまざまで、城下町組や宮島・尾道など町方の貯高は、米・銀が多かった。城下町組には社倉銀五貫五五一匁とは別に、貯米高五一七〇石余、貯銀高五九貫七一六匁があり、貯米の半分が家中貸付にあてられ、貯銀の九〇％が貸付けられていた（浅野文庫「社倉貯物并人数積書」）。

寛政九年（一七九七）、年寄役仙石主税から社倉の現状について意見を求められた藩儒頼春水《らいしゅんすい》は、負の面を二つ指摘した。一つは社倉が村役人の思惑によって本来の趣意を失っている。すなわち、村役人の表彰・昇進を目的に追加麦や貯銀がおこなわれ、飢饉の際も救麦放出をせず、完備の体裁にこだわる村がある。二つ目は社倉が救民でなく、逆に下層民の痛みとなっている。どの村も元麦が少なく、凶年に備えて年々高割・軒割で貯穀し、そのうえ利倍貸付で利息取立をおこなう。また、永利貸は高持に限り、浮過・貧民は返済能力がないと対象にされず、かえって「下方の痛ミ」が増している（頼春水「春水遺響」三）。

ともかく、藩が文政二年（一八一九）に矢野八幡社へ追加麦一五二五石を奉納し、郡村へ配布した際の社倉穀は、安芸国四万八三六四石余、備後国二万〇一九三石余、合せて六万八五五七石余と報告されていた（尾崎神社「香川正直事跡」）。

ところが、天保四～九年（一八三三―三八）の大凶作・飢饉に対してはほとんど効果がなく、かえって救恤制度そのものも危機に陥れたのであった。藩は天保十三年（一八四二）、社倉本来のあり方を取り戻すため、いままでの体験をふまえて救済人数や運営方法の改革をおこなった。その主な内容は、まず天保期以降の人口変化をふまえて救用穀数を改め、銀札など代料でなく正穀を貯える。救用穀は貸付けず、永貸・永利貸の増加をはかる。貸付・返済は事実通り報告し、村の実情に応じて救用穀を多く蓄えるなど、管理・運用を厳正におこなうよう指令している（「芸藩志拾遺」十）。

五　藩学教育と私塾

家臣教育の機運　広島藩でも一七世紀には幕藩制的秩序を正当化し、藩主は学問・知識をいわば治者の教養として身につける必要から、一統一派に偏することなく高名な学者に関心をもち、その博識に接しようとする風が強かった。しかし、一八世紀になると幕藩制社会の矛盾が認識され、変ぼうする社会に対応できる学問の有効性が求められた。封建教学の儒学でも、主流の朱子学派のほかに陽明学派・古学派などが、それぞれの立場を主張するようになった。そのなかで伝統的なさまざまな現実に対処できる学問や教育の役割が重視され、国益思潮の基盤を培うことになった。

広島藩の四代藩主浅野綱長（一六七三〜一七〇八）の代から味木立軒《あまぎりつけん》（山鹿素行門）や、広島の学者津村宗哲（林春斎門）・寺田臨川《りんせん》（林翼斎門）・植田艮背《ごんぱい》（山崎闇斎門）らが儒員に登用されて侍講となり、家塾を開いて士庶の修学を奨励するようになった。五代藩主浅野吉長（一七〇八〜五二）は本格的な武士教育をめざし、享保十年（一七二五）広島城下白島に設けられた諸芸稽古場に講学所を開設し、寺田臨川を教授に、儒員全員が教場に出席して子弟教育を担当することになった。講学所は享保十九年（一七三四）講学館と改称され、学規三則を制定したものの、寛保三年（一七四三）になると「御省略」、すなわち、経費の節減を理由に閉鎖を余儀なくされたのである（『臨川全集』）。

こうして藩の家臣教育機関は、短期間で終りを告げ、寺田臨川ら儒学者たちはふたたび自宅において家塾教育に従事するよう命じられたのであった（「吉長公御代記」巻三九）。

藩学（黌《こう》）の設立　六代藩主浅野宗恒（一七五二〜六三）は、藩財政の建直しを目指す宝暦改革を実施したが、それを継承した七代藩主浅野重晟（一七六三〜九九）は、天明二年（一七八二）に藩学問所を城内二之屋敷に創設した。学問所の運営は、御用掛りの林甚左衛門（広島町奉行）・吉川禎蔵（勘定奉行頭取）の二人と儒者（教授）六人が協議しておこなうこととした。儒者は闇斎派の植田合翠・加藤定斎《ていさい》・金子楽山《らくざん》の三人に加えて、藩士の増田来次《らいじ》（古学派）、広島城下の香川南浜《なんぴん》（古学系折衷学派）、竹原出身の

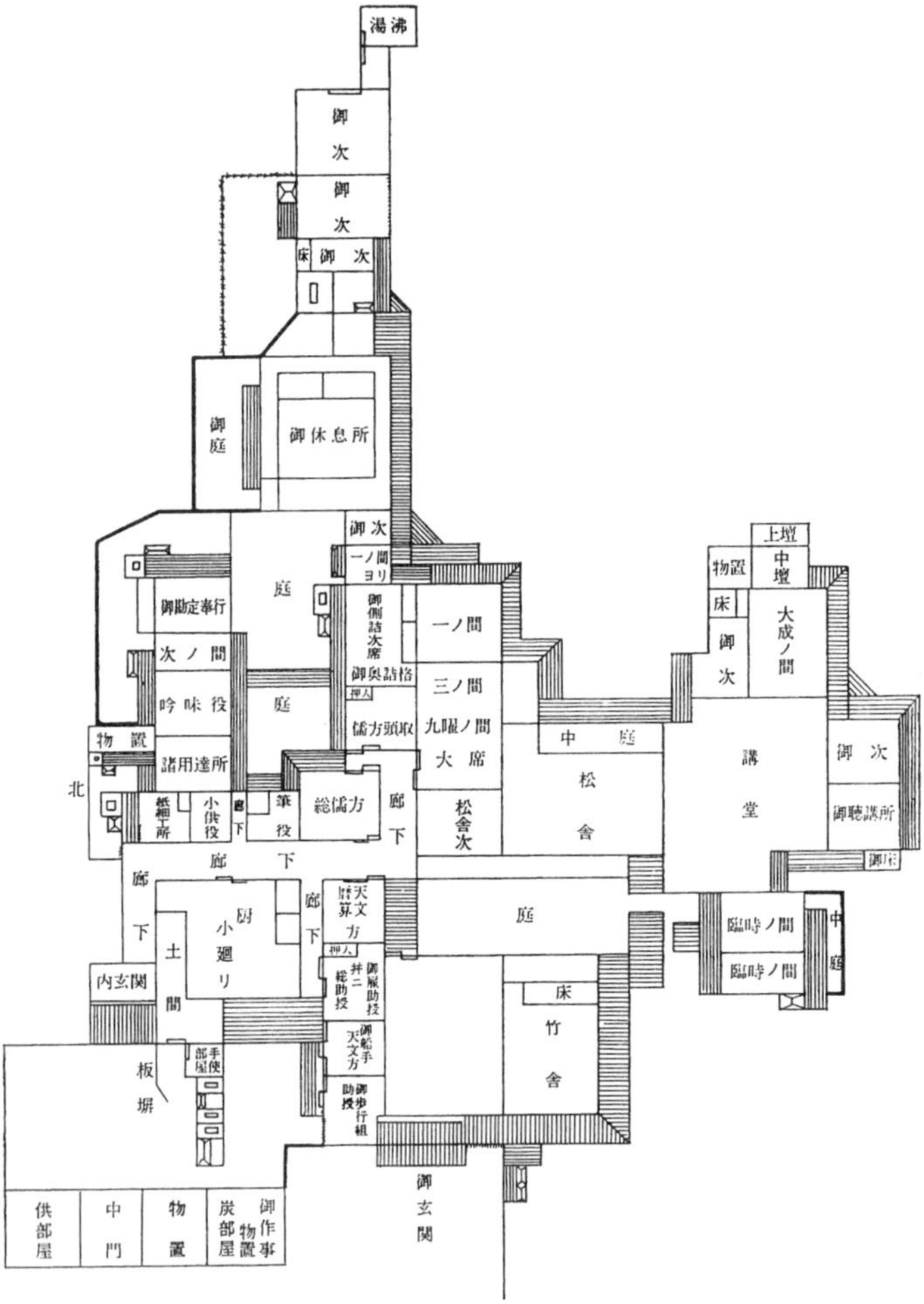

図 16　広島藩学問所の間取り図（『広島市史』第 2 巻）

頼春水（朱子学派）の三人を登用して六人であり、その任務はまず講釈等を担当し、会読の会頭、詩文会の添削等を勤めるとした。入学生は八歳以上の子弟とし、講釈聴聞は侍中・歩行組は勝手次第、篤志の陪臣・農工商まで出席を許可して、五倫五常の道徳思想を会得し、封建的秩序に適合した人材を育成するとしている。

開設された学問所の建物は約三〇〇〇坪で、孔子を祭る聖廟に続いて講堂・御聴講所・東堂（のち松舎）・西堂（のち竹舎）などがあり、「質実を主ニしてはでしき事ハなし」（頼春水「竹館小録」）と質実を旨とし、たんに学問所あるいは学館とよばれていた。また、「学制」によると学問所の役職として総奉行（一人）・支配（教館長二人）・元締（教官検校二人）・儒者（教授六）・素読師（句読師二〇人）・見廻り（士列・御歩行学監各四人）・目付（大小監察二人）、そのほか帖元・下役・泊り番・門番などがあり、総勢五〇人以上の規模であった（「春水遺響」四）。

学問所の中心であった儒者たちの任務は、さきの講釈・会読・詩文会のほか、毎日二人ずつ当番となって藩学運営を指揮することであった。その職は世襲であったが、士庶を問わず学識のある者を抜擢して儒官に任じたり、銀子や扶持を与えて学問所教育を担当させ、その充実をはかっている。天明三年（一七八三）には儒医組梅園太嶺《うめぞのたいれい》を儒官に、駒井忠蔵を学問所雇に命じ、同五年には頼春水の弟杏坪《きょうへい》に五人扶持を与えて儒官に、同八年には植田合翠の弟孝蔵と駒井忠蔵に、それぞれ五人扶持を与えて儒官に登用した。

藩学の「程朱学一統」　学問所の入学式は、天明二年（一七八二）二月におこなわれたが、その時の入学者は侍士の子弟二〇〇余名、歩行組の子弟八〇余名であったといわれる。授業のうち講釈には、格式講釈と常之講釈があり、前者は月三回藩主臨席のもと六人が交替で進講し、後者は垂加派三人を西学の間で、増田・香川・頼の三人は東学の間で、それぞれ三日間おこなうとした。このように学派偏重を避け学者の優れた資質を重視したが、教育目的は一致するものの方法が異なり議論した結果、最初から東学・西学に分離したといわれる（『新修広島市史』第四巻）。この措置も「最初より学問所は不居合、儒者ハ不和成ものと申悪評」（「春水遺響」五）を招く始末で、教授間の対立ばかりか、学生間の反目による混乱が起こった。とくに古学と朱子学を東学の間で混淆《こう》したことから両派の争いが激しくなり、古学派は東学に、朱子学派を西学に移して教授をおこなったが、学生も西学（朱子学・闇斎学）の講席は稀で、ほとんどの学生が東学（徂徠学）に移ったと伝えている。藩も学派対立を打開する必要性を認め、その対立緩和策として、朱子学（宋学・程朱学）をもって学問所の教育を統一するよう主張する頼春水を、天明三年（一七八三）八月、世子斉賢《なりたか》の伴読として江戸詰を命じた。春水は世子教育を、朱子学の教育課程にもとづいて尽力するとともに、天明四年四月には白河藩主松平定信（のち老中）に招かれて学問と政治の関係を論じ、さらに江戸在住の学者や諸藩の江戸詰儒者とひんぱんに交際している。そして同五年一月には「学統説」を著して薩摩藩儒赤崎海門に贈るなど、朱子学による教学の統一にますます確信を深めていったのである（「春水遺響」三・五・六）。

いっぽう、国元の藩では学問所の御用掛りが頼春水の「学制」を採用した当初から、朱子学派の教育内容が完備していたこと、倫理道徳の会得とそれにもとづく実践がよりふさわしいという認識があって、学派対立のなかでも春水の主張を中心に検討がすすめられ、藩主および要路の役人に、その「正学」たるゆえんを認識させていった。そして、藩は天明五年十二月、学問所の教育を朱子学に統一する口達を出したのである。春水は翌年一月江戸でこれをうけて、学館に掲示する「教授局掲示」と異学排斥の意義を公然と述べた「学統論」を著した。学問所の「程朱学一統」の内容は、つぎの四点にわたっていた。

(1)講釈は「集註」を用い、訓点は「道春点・嘉点」を参考にして「音義」を正し、学問所訓点を作る。
(2)松舎は儒学、竹舎は和礼・軍学・書道・数学・芸術などを教える。
(3)詩文はこれまで通り梅園太嶺・頼杏坪にまかせる。
(4)歴史と経書の「音義」を正すのは香川南浜を中心としていたが、以後は全員で検討して教授すること。

このいわば広島藩の「天明異学の禁」は、幕府の寛政二年（一七九〇）の「寛政異学の禁」に先立つこと五年であり、幕府や諸藩から注目されている。

ところが藩学問所において、朱子学教育の方針と課程が示され、教授方心得として「教授の面々第一程朱子学意一致なるべく候」とされたものの、相変らず学派間の対立が続いたので、寛政元年十一月師弟分けをおこない、古学派の梅園太嶺・香川南浜・駒井白水らを出勤停止とし、各自が家塾を開いて在宅教育することは認めた。

頼春水は江戸詰になって二年後の天明五年十一月に、藩主重晟の意向をうけて江戸霞ヶ関上屋敷内の物見脇に講学所を開設し、江戸詰儒者による世子の教導、随時藩主への御前講、在江戸藩士への教育をおこなうことになった。ここでも国元学問所の「程朱学一統」にしたがって、「白鹿洞掲示」や『論語』の講釈がおこなわれ、寛政三年（一七九一）七月には聴衆が六〇人を越えた（「春水遺響」六）。春水が帰国した時には、交替の儒者が担当したが、のちには教授職に国元学問所の教授が、毎年一人ずつ交代で勤めるようになった。

家老の家臣教育　武士教育への関心が高まるにつれて多数の家臣（陪臣）をかかえる藩家老のなかに、独自の教育施設を設けるものがあらわれた。それは藩学問所が陪臣に講釈の聴聞は許すが入学を許可しなかったからである。

家老上田安虎（一万七〇〇〇石）は、宝暦年中（一七五一－六三）古学で知られた家臣福山鳳洲《ほうしゅう》（一七二四～八三）を教授に任じて、広島城内の私邸に講学所を開設したと伝えられる。しかし、上田氏の講学所が本格的になったのは、古義学者山口西里《さいり》（一七三九～九九・伊予宇和島出身）を儒員に登用してからである。寛政・享和年代には西里の子西園《さいえん》（一七七九～一八五二）・鳴鶴《めいかく》（一七八九～一八二七）や、鳳洲の弟子劉元高《りゅうげんこう》（山県郡大朝村出身）があいついで教授となり、家老上田安世（一〇代）の奨励もあって文教の最盛期を迎えたといわれる。

家老浅野道興（東城一万石）は寛政元年（一七八九）、広島城内の私邸に蒙養館を設け、家臣大崎泰造を教授に任命して子弟の教育にあたった。道興自身も公務の余暇に臨校して講義を聴聞し、家臣にも奨励している。その後、三宅内外・湯川新太郎が教授となり、生徒数も年々増減があるものの、一〇〇名以下のときはなかったといわれる。

家老浅野氏（三原三万石）は広島城内の私邸で元文年間（一七三六〜四〇）より学問に秀でた家臣に経史を講釈させ、多数で聴聞していたが、天明二年（一七八二）の藩学問所開設を機に儒者秋山十三郎父子を登用した。家老浅野忠敬は文化十三年（一八一六）城下小姓町の屋敷に朝陽館を設け、侍講をつとめていた朱子学者湯浅華崖《かがい》（一七八一〜一八三八）を教授とした。翌十四年には陽明学者吉村秋陽（一七九七〜一八六六）を助教とし、嘉永元年（一八四八）に教授・学館総裁に任じられた。最盛期には生徒数が一五〇名になったと伝えられる。また、華崖の建議で文政二年（一八一九）三原城内二の丸に明善堂を創設し、教頭に備中の儒者西山復軒（一七六一〜一八四〇）を、助教に大戸元庵を任じて学事の興隆をはかった。続いて同八年（一八二五）竹原の儒者石井豊洲（一七七六〜一八六二）が招かれて教頭となり、その職を二〇余年勤めて多くの門下生を育成した。生徒数は常に約二〇〇名であった。

塾教育の普及　一八世紀以降藩内各地に学者の輩出する状況が出現する。それは藩の文教政策によ

表12　広島藩の庶民教育機関（開設年次別）

年　代	郷塾	家塾	私塾	寺子屋
～安永（　～1780）		3	1	
天明・寛政（1781～1800）	4	4	8	1
享和・文政（1801～1820）		1	6	37
天保～弘化（1830～1847）		6	16	94
嘉永～慶応（1848～1867）		4	24	65
合　計	4	18	55	197

『日本教育史資料』巻9による.

って取り込まれていくが、その基盤となったのは、広島城下をはじめ三原・尾道・竹原・三次など、町々の富裕層のなかに学問に関心をもち、家塾や私塾で学ぶ町人層が急激に増えていったからである。同じことは農村部でも、割庄屋・村役人を含む富裕な農民・豪農層の間にも、職業倫理を前提とした知識の修得はもちろん、家業を維持し、経済的変動にも対応できる能力・実行力を身につけることの可能な教育機関が待望されてきた。

そこで、すでに述べた武士教育のための藩学（黌）のほかに、藩内各地に開設された庶民教育機関を年代別に一覧すると表12のとおりである。そのうち、寺子屋はあくまでも日常生活で必要な読み・書き・計算などの初歩知識を修得する場である。その設立数は、享和年間（一八〇一―〇三）までまだ微々たるものであったが、化政期に入って各地に設立されはじめ、天保以降急激に増加して幕末まで続くという特徴をしめしており、一九世紀からの日常生活における庶民の学習意欲の高まりを背景にもっていた。

これに対してより程度の高い教育、さらに専門的な知識を授けたのが塾の施設であった。塾には郷塾・家塾・私塾の別があり、その設立年次は、いずれも天明・寛政年代の藩学興隆期にあったことが注目され、武士・富裕な町人・豪農の修学要求の高まりと一致していた。

郷塾は藩または民間の有志者が設置した教育施設である。管理・運営には藩が関与することもあったが、多くは複数の有志者に任され、教授は招聘ないし委嘱されていた。

広島城下六丁目（現大手町）の修業堂は、天明五年（一七八五）八月、藩学問所が朱子学教育に統一されたことにより、出勤停止になった古学派の香川南浜が、藩主重晟の意向によって寛政元年（一七八九）に開いた郷塾であった。南浜は「学範」を著して古学教育の大綱を示し、およそ五〇〇～六〇〇人が弟子の礼をとったが、これは藩学より学生数がはるかに多く、藩の古学教育を奨励するという意向にもとづいていた。

寛政四年（一七九二）南浜が没すると、藩主重晟は修業堂の存続を命じ、役方をおいてこれを藩立とし、駒井忠蔵・梅園太嶺を教授とした。文化元年（一八〇四）には別に医学所を設け、教頭の太嶺のほか長喜庵・立川省庵を助教に任ずるなど、医学教育をもはじめている。

以上のほか、郷塾には尾道町に朱子学医師橋本和義の培根堂（尾道講習所）、竹原下市に儒医頼春風の竹原書院、倉橋に朱子学者島居好之の敬長館が開設されており、地域の要望に応えるべく多くの子弟に塾教育を施していた。

つぎに家塾は、幕府や藩に登用された学者が藩の意をうけて開設するか、あるいは藩の認可のもと勤務の余暇に学生を集めて私邸などで教授する塾のことである。天明以前に藩儒の天津源之進・寺田臨川・植田艮背らが開いた塾もこれに相当するが、天明・寛政年代には朱子学者頼春水の嶺松廬《れいしょうろ》、古義学者山口西園の敬業堂、少し遅れて古義学から陽明学に転じた吉村秋陽の咬菜《こうさい》塾が著名で、門人も防長のほか九州・四国の諸藩から広範囲に遊学するものが増えていた。しかし、家塾はしだいにふるわなくなり、天保以降は私塾に席を譲る有様となった。

また、私塾は民間の学者が、自分の信奉する学説または学派を明確にかかげて開設し、その人物や学識を慕って集まってくる学生に教授する施設である。だいたい一八世紀半ばから開設され、天明・寛政期は藩内で八塾、化政期から幕末までに四六塾が開講しており、とくに開港以降に急増する特徴をみることができる。塾主の出身は武士・牢人がもっとも多く二九人、つぎに農・商人（町村役人を含む）二〇人、医者一〇人、僧・神主各三人とあり、規模も学生数二〇人から数百人におよんでさまざまであった。寛政・文化年代には漢学を教授する武士・牢人が広島・三原の城下で開設していたが、天保期以降は尾道・竹原・三次などの町場や、農村の市町など人口の集中しているところにも広がった。私塾教育は漢学中心でほぼ男子を対象としていたが、なかには医学や国学（和学）・仏教学・洋学を教育する者もいた。私塾でもっとも早かった佐伯郡廿日市の光明寺坊守渡辺英子塾は、元文元年（一七三六）の開設で、和学・筆道・歌学を教え、最盛期には男二〇人、女三〇人の入門があった（『廿日市町史』資料編Ⅳ）。また、文化初年に開設された賀茂郡寺家《じけ》村医師野坂完山の完山塾は、東西に学寮を建て、医者の子弟で医学修業する者と儒学を学ぶ者にわかれ、文政十二年（一八二九）には門人一九六人、滞留門人二六人であった。そのうち他国からの遊学者は九人で、石見三人、周防二人、備中・長門・伊予・豊後各一人、うち僧四人とあった（野坂家「家記」）。

さらに神官で著名な末田重頓《すえだじゅうとん》（一八二二～六九）は、はじめ完山塾に学び、二五歳のとき豊後日田広瀬淡窓《たんそう》の咸宜園《かんぎえん》に遊学し、都講にまでなった。安政元年（一八五四）帰郷して私塾隣浄園をおこしたが、同三年、豊田郡入野《にゅうの》村清田春及の事晴園を継ぎ、さらに高宮郡大毛寺《おおもじ》村に帰って両延八幡宮《もろのべ》の祠職を継ぐとともに、追随してきた門人と三亦舎《さんえきしゃ》を設けて教育活動を続けた。重頓の教育は、咸宜園の教育法（三奪の法＝入門時の年齢を奪って序列は入門の先後により、その時の才学を奪って優劣は課程の進歩により、その時の身分を奪って尊卑は月旦〈毎月作成される塾生の評価表〉の高下による）を採用して子弟の勉学を督励し、多くの人材を養成した。三亦舎には芸備両国のみならず出雲・石見など数ヵ国の学生が遊学してきていた（『可部町史』）。

六　歴史認識への足音

「事蹟緒鑑」と「済美録」（藩主伝記）　広島藩が成立してほぼ一世紀をへた一八世紀以降になると、藩社会の確立にともなう子孫への継承の論理と、社会変動への危機感がその背後にあって、それらに対応する歴史認識から基本的な歴史資料の確保と修史事業が切実に要請されるようになった。具体的

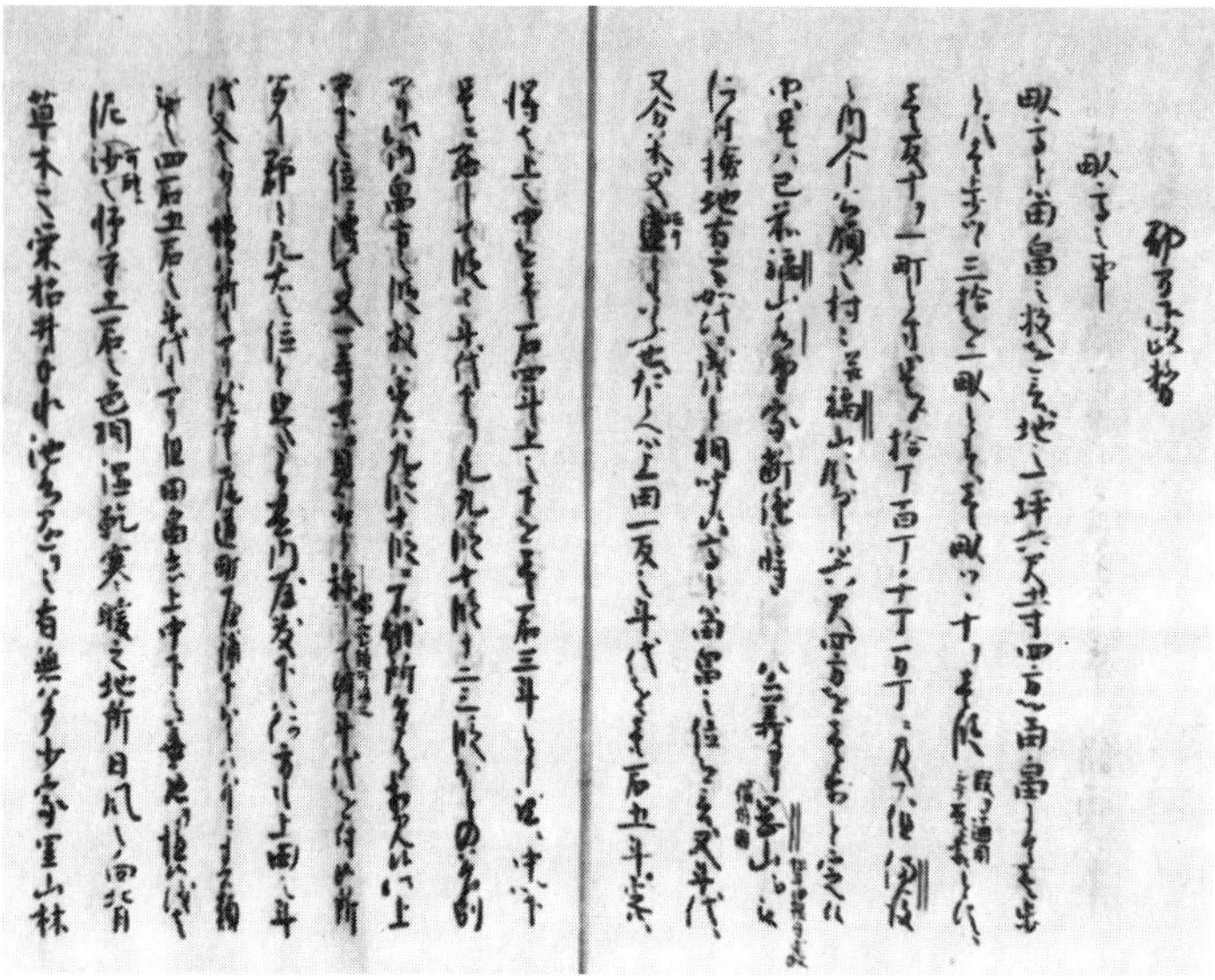

図17　浅野宗恒自筆本「芸州政基」（浅野長孝氏蔵,『広島県史』資料編Ⅱより）

には一七世紀前半に幕府提出の「浅野家譜」が、その後もたびたび提出が命ぜられ、そのつど再調査したため決定版（定本）の必要に迫られたこと、また、黒川道祐《どうゆう》の「芸備国郡志」も、歳月をへてみると記述が粗く、郡名の変更や社会経済構造の変化もすすんで現状との相違が目立ち、改訂あるいは新訂を求められるようになった。こうした動向をうけとめて藩社会の歴史意識の形成に展望を切り開いたのが五代藩主浅野吉長であった。吉長はみずから享保元年（一七一六）に「浅野御家譜」を編し、寺田臨川に命じて同四年「諸氏系譜」を編修させたのをはじめとして、藩域の歴史・藩政の沿革をもり込んだ規範の記録として「温故録」や「芸州政基」・「芸備諸郡駅所市町絵図」・「広島藩御覚書」などを編集して政務に役立てようとした。

その延長線上に位置づけられる広島藩の史伝編修がある。藩は幕府の『寛政重修諸家譜』や、『徳川実紀』の編修情報をいち早くとり入れて史伝の編修に結びつけた。すなわち、藩伝来の旧記類がぼう大な量に達し、その検索が困難で時間がかかるところから、その分類整理と検索に便利な「事蹟緒《しょ》鑑《かん》」の編修を企画した。まず、もっとも活用必須の元文元年（一七三六）から寛政四年（一七九二）まで半世紀間の文書・記録を五七項に分けて、その沿革を摘記した「事蹟緒鑑」（一一四冊）を寛政五年（一七九三）に編修し、ついで、同八年には慶長年間（一五九六―一六一四）から享保二十年（一七三五）までの一世紀半ば近くを「上古事蹟緒鑑」（六五冊・附録三冊）として編修し終えた。なお、この広島城中（国元）の記録編修に対して江戸藩邸においても、文化十三年（一八一六）、藩邸に伝わる旧記類（慶長～文化十一年まで）を整理して国元と同じ体裁（五一項）の「事蹟緒鑑」（一〇五冊）を脱稿している。

このように広島城中本・江戸藩邸本「事蹟緒鑑」は、大項目をさらに分けて、編年体で年月日・典拠・事項などを摘記し、各分野の沿革を体系的に整えていて、藩所蔵の古文書・古記録を集大成した編纂物になっており、諸家譜や伝記・史書類の編さんには欠かせない基本史料として広く利用されることになった。

こうして藩は、寛政十二年（一八〇〇）十一月、藩主家の系譜ならびに藩治の沿革を編修する目的のもとに、城中用達所内に「御記録編纂御系譜編修係」（用達所歩行三人）を開設した。まず、藩主家の系譜作成に取り掛かり、享和三年（一八〇三）にそれが終了すると、藩主斉賢《なりかた》は引き続き歴代藩主の伝記編さんに着手するよう指令した。そのため、今までの編修局を新規に「御旧記調席」と改名して係役人を八人（御用達所詰池田直一ほか歩行七人）に増すとともに、用人松村平馬や儒官頼春水らを参与させるなど、編修体制が大幅に強化されたのである。かれらは三之丸新蔵に収められた藩主家の古文書・記録や、勘定所の旧記類の調査にあたるとともに、家中に対して先祖由緒書・略系図や、元和年間（一六一五―二三）までの藩主家に関する書付類を提出させるなど史料の収集・調査を幅広くおこなって、文化五年（一八〇八）ごろまでに「旧臣録」「諸士略伝」と名付けた家臣系譜の編修を終えた。歴代藩主の伝記の方は、さらに儒官頼杏坪《らいきょうへい》らを参画させて編修の促進をはかり、文政元年（一八一八）五月、浅野家の初代にあたる太祖伝正院（長政）から顕妙院（綱長）にいたる六代の「御代記」を完成させたのであった。

続いて体国院（吉長）の伝記編修に着手したが、その事務メンバーは大きく変って用達所詰中島六太夫・筒井極人が管掌し、書翰方・歩行組・物書役一一人が編さんに携わり、文政三年に体国院（吉長）御代記、ついで鶴皐院（宗恒）御代記までを完成させた。ここにいたり、完成した御代記に凡例・目録等を付して「済美録《せいびろく》」と改めた。「済美」とは『春秋左氏伝』文公十八年にある語で、子孫が父祖の業を継承して美徳を成しとげる意であり、広島藩にとって歴代藩主の事蹟を明らかにした編年体の藩譜実録として後世に継承する事業となった。

なお、恭昭院（重晟《しげあきら》）以降は、明治になって泉邸に設けられた浅野家史編修所において継続され、最後の藩主長勲《ながこと》の済美録は明治末年に終了した。こうして、初代長政から一四代長勲まで歴代の済美録は、全四九六巻八九三冊と浩瀚《こうかん》なものになっている。編修所では、ほかに「三次分家済美録」（全二一巻二二冊）を編修し、さらに広島藩が幕末維新期（嘉永六～明治四年）に開国や王政復古など国事に奔走した経緯を記録した「芸藩志」（全一五一巻・付図一巻）および藩治の沿革をまとめた「芸藩志拾遺」（二四巻）などが編さんされ、いちおう藩政期から引き継いだ史書編修事業を終了している。

『芸備孝義伝』の編さん　広島藩は領国支配をすすめていくうえで、早くから領民教化の手段として郡村の孝子・義人・奇特者らを選んで表彰する制をとっていた。それを政策として積極的に取り上げたのが一八世紀後半で、その事蹟調査は、藩社会の歴史意識の形成にも役立つものであった。広島藩では、すでに元文元年（一七三六）に『二一孝伝』（寺田臨川著）、寛延元年（一七四八）に『孝女伝』（天津源之進著）、同二年『孝子伝』（同著）と四人の伝記が出版されていた。

ところが、寛政元年幕府は諸国に孝義表彰者の提出を命じたあと、大学頭林述斎《はやしじゅつさい》ら幕府儒官らにこれを編さんさせて、寛政十二年（一八〇〇）に完成、翌年『官刻孝義録』として出版された。このなかに安芸国九七人、備後国一〇五人の孝義者が収載されていた。

広島藩は、この幕府の企てと併行して孝義伝の編さんを大々的におこなうことになった。藩は寛政三年、領内で表彰の対象となった者全員の伝を編さんすることとし、事蹟調査の提出を命じた。編さんは儒官頼杏坪を中心に和文に巧みな藤原茂親・深津和央らを参画させて、寛政九年『芸備孝義伝』

（初編・九巻九冊）を脱稿した。そして、享和元年（一八〇一）「広島府学蔵版」として京都の瑤芳堂《ようほうどう》から発行され、藩は幕府・昌平黌に献本するとともに、領内の町年寄・割庄屋に配布し、随時領民に読み聞かせようとした。この初編には明暦三年（一六五七）から寛政三年六月までの二二〇人余の行状を収めていて、簡潔な和文と、岡岷山《みんざん》の手になる挿図が随所に描かれている。

続いて享和二年に二編（七巻七冊）が脱稿し、文化三年（一八〇六）、同じ瑤芳堂から出版された。これは初編以後寛政十一年までの一八六人の行状を収め、太田午庵《ごあん》が挿図を描いている。また、三編（一七巻一七冊）は儒官金子霜山《そうざん》・加藤棕盧《そうろ》らが編さんし、天保十四年（一八四三）広島で彫刻、世並屋伊兵衛が製本して京都の文藻堂《ぶんそうどう》から発行した。寛政十一年九月から天保元年までの孝義者三九〇人余の行状を載せた。さらに拾遺（二巻二冊）も弘化元年（一八四四）に出版され、初・二編の遺漏三六人を収載している。

以上のように広島藩学問所が版権をもつ『芸備孝義伝』（初・二・三編・拾遺）が相次いで出版され、明暦以来天保元年の間に合計三八二人の孝子・義人・奇特者行状をまとめて領民に示した目的は、これらの表彰者を藩社会人のイメージ像として定着させることにあった。文政元年、京都から初編・二編の版木を取り寄せて世並屋に摺らせ、希望者に安く頒布した際に、頼杏坪は「一統流布仕べく候へば、第一御教化の一助にも相成べく」と賛意を表している（「杏翁意見」）。

「芸藩通志」　広島藩の地誌は「芸備国郡志」（黒川道祐編）以来、久しく編修をみなかったが、化政期になってぼう大かつ完備した「芸藩通志」が編修された。その経緯は、一八世紀後半になると「芸備国郡志」の記述が粗く、郡名変更や地域の変化が顕著になってきたので、新たな地志が要望されるようになり、藩主重晟は国郡志改訂を検討したものの、孝義伝の編さんと重なって見送られた。しかし、次の斉賢の代になった文化元年（一八〇四）、侍講として江戸詰中の頼杏坪に国郡志の改修が命じられた。杏坪は藩領域の町方・郡村のすべてから「下調帳」を提出させ、それを基礎に編修することを企画し、入念な編修組織作りをへて文政元年（一八一八）、藩に編修局を開設させ、郡役人のなかから「下調べ用係」を任命して下調帳の提出促進にあたらせた。各町村の下調帳は文政三年には提出を終え、各郡の「郡辻書出帳」も提出された。

編修局には、杏坪のもと加藤棕廬・頼舜燾（杏坪の長男）・津村聖山ら古文・古文書の調査・解読にすぐれた学者六人が参画し、河原南汀《かわはらなんてい》ら四人の画家が図画を描いた。かれらは「古今ヲ剤量シ、遠近ヲ考稽シ、先ヅ旧志一録スルヲ視、又雑臣等ノ見聞スル所ヲ合セテ之ヲ参訂シ、且ツ各々地図ヲ作リ、毎ニ部右ニ置ク」（序文・原漢文）など七年の間、再三稿を改めて文政八年九月、和文一五九冊を脱稿し、書名を「芸藩通志」と名付けた。

「芸藩通志」（一五九巻一五九冊）は、まず、安芸・備後（他領を除く）両国の全体にかかわることを総国の部に記し、ついで広島府・三原府・厳島・尾道の町方はそれぞれ一志をつくり、そのあとに安芸八郡・備後八郡の郡志をまとめた。また、地図は芸備一六郡の両国全図にはじまる沿革図から各町・

郡村までの略図を配し、巻末の二〇巻を天正以前を主とした古文書・古器物・名勝図・芸文にあてている。

杏坪はこの書によって「東南海滋《せい(みずべ)》之郡」と「西北山陬《すう(へんぴ)》之郡」の相違や、村々の貧富の現状を正しく把握して政治をおこなってほしいと述べており（序文）、そのため各郡代官所に郡ごとの写本が備えられた。また、「通志」編さん姿勢は、領民にとっても郡村の現実と歴史意識を刺激するものとなり、それぞれの地域史の創造にも大きく役立っていった。いわゆる備忘からはじまった旧記・年代記の類も、地域の沿革や気象・風水害から諸事件を含む一連の記録物が、広く作成されるようになるのもこのころからである。

地誌と年代記　「芸藩通志」の編さん事業は、領内町方・郡村のすべてから「下調帳」を提出させたが、それらが基礎になって各地で地誌が編修された。その主なものに「知新集」・「三原志稿」・「尾道志稿」・「竹原志料」・『厳島図絵』などがある。

国郡志改修の資料提出を命じられた広島町奉行では、西町奉行菅求馬が推進役となり、文化十一年（一八一四）、町年寄格山県屋九郎右衛門らに資料調査を命じ、文政二年（一八一九）には町方付歩行飯田篤老《とくろう》を編修担当とし、その下に補助者若干名をつけて西町奉行所内に編修所を設けた。篤老らは城下各町村・寺社等から旧記・古文書を提出させたほか、町奉行所・藩庁の古記録を参照して編修作業をすすめ、同五年四月稿本全部を脱稿して藩の編修局に提出した。その後、篤老はこれを写しとって二五巻の体裁に仕上げ「知新集」と名付けた。「知新集」は、「芸藩通志」の広島府にくらべるとはるかに詳細で、第一帖は国名・郡名・里名・道程・風俗等総体にかかわることを記し、第二〜八帖は広島五組・新開組を町村別に沿革・寺社・橋梁・町門・戸口・旧家・人物などを記し、第九〜二四帖は宗派別の寺院と神社の沿革・堂宇・宝物・古文書等を記し、第二五帖は附録として広島城のことをまとめる。

三原では天明ごろ、三原城・城属五ヵ村の社寺・名勝・古跡を巡覧する形式の解説をした「備後国三原廻」(木原尚房著)が作られたが、国郡志改修の際は文化八年、西町行司役目代青木充延《みつのぶ》が御用係を命じられ、調査・編修をはじめた。充延は同十三年に没し、その子充実《みつざね》が引き継いで文政二年に完成し、藩に提出された。充実はその控えをまとめて「三原志稿」(八巻)と名付けた。

尾道では早くから町人の間に文芸活動が盛んになり、名所・旧跡や歴史への関心を反映した見聞記や地誌がみられた。寛政三年(一七八一)妹尾稲井(通仙亭・商人)の自序のある「塵塚」(一八巻)は、尾道を中心に備後地域の名勝・旧跡や、古書の抜書・見聞をまとめている。勝島惟恭《いきょう》(商人)は寛政ごろ、芸備両国の地名・寺社由来・名家の来歴や詩歌に関する文芸論をまとめて「行余紀聞」(前・後・続編)を著した。惟恭は享和三年(一八〇三)、さきの「行余紀聞」とその遺漏を補い、合集編修して「芸備風土記」一〇巻(安芸風土記五巻・備後風土記五巻)とした。これは国郡別に整然とまとめられ、「芸備古跡誌」ともよばれた。また、尾道が提出した「下調帳」は、町年寄亀山士綱が文化十三年に脱稿したもので、「尾道志稿」（一一巻）としてまとめられた。なお、士綱は文政八年に「尾道志稿後編」（三巻）を著した。

頼杏坪の出身地である竹原下市では、元禄六年（一六九三）、寺本立軒が「竹原下市一邑志」を著したが、国郡志改修の下調帳は他所の模範になるようにと入念に作成され、後にこれをもとに「竹原志料」（七冊）が編修されており、町勢（二冊）のほか、人品・芸文・風俗などすぐれた内容となっている。

一八世紀半ばから「日本三景」の一つと称されるようになった厳島には、貝原益軒（広島出身）が元禄二年（一六八九）に出版した「厳島勝景図并記事」がある。その後、同十五年小嶋常也が『厳島道芝記』（七巻八冊）を出版して、宮島の厳島神社（外宮・摂社・末社を含む）をはじめ寺院・弥山《みせん》・島廻り・年中行事などを詳細に解説しており、格好の名所案内記となっている。

「芸藩通志」においても、厳島志に巻一三から三二までの二〇巻があてられ、そのうち五巻を地志にあて、のこる一五巻に古文書・古器・芸文を収めている。頼杏坪は文政十一年（一八二八）、厳島は名勝第一の地であり、これを独立させ記事・景勝図を増補し、「厳島全志」として出版しようとしたがはたせなかった（「杏翁意見」二三）。しかし、同じころ、広島の宮崎之意の発意で国学者岡田清が、山野峻峰斎らに多数の図画を描かせて『厳島図会』（一〇巻）を編さんし、天保十三年（一八四二）に出版した。出版は広島の山口宗五郎が彫刻し、広島の樽屋惣左衛門・世並屋伊兵衛、大坂の河内屋儀助を発行所としている。

以上のように広島藩や学者・知識層の歴史認識にもとづく史書・地志類編修の動向は、藩社会全体の歴史意識の形成に大きく役立ち、領民がそれぞれの社会的地位を確定させ、家や自己認識の営為として史的な記録作りを広汎に普及させていった。妹尾稲井が「芸備風土記」の成立事情として「往年本藩諸郡に命じて寺社の縁起・名所・旧跡等を書しるしめ給ふ。其草案諸郡に散在し、親戚・友人の家々に伝はれるを借り集め、それを基本として聞見せる所を増補す」（凡例）と述べているように、各地で伝来されている古文書・古記録や史書等に関心を寄せる風潮が広がり、社会生活のなかに史的素養が備わるようになったのである。

七　芸轍と安芸門徒

芸轍の宗教活動　近世期に「備前法華《びぜんほっけ》に安芸門徒」とよばれた広島藩安芸地方の真宗信仰の基盤は、どのように確立されたのであろうか。

一八世紀半ばに広島藩領の寺院総数は一二一〇ヵ寺を数えるが、そのうち真宗寺院が四五％を占めていた。分布をみると、安芸国では宮島・豊田郡を除いた七郡全部と備後国の世羅・三次両郡で過半数に達していて、〝安芸門徒衆〟に「もたれ」て宗勢をはっていた。真宗寺院の多くは、一六世紀後期から一七世紀にかけて建立あるいは旧仏教諸派からの転宗であった。その理由として、旧仏教諸派の寺院を保護していた在地領主が没落・移住して信仰上の、あるいは経済的保護を失ったこと、浄土真宗への信仰が農民層へ浸透し、門徒農民に経済的基盤をもとめて旧寺院の改宗がすすんだこと、決定的には福島正則の総検地による徹底した寺社領の没収があったことなどが指摘されている（『広島県史』近世1）。

幕藩体制の確立とともに、幕府の「諸宗寺院法度」による宗教統制が強化され、寺請制度によって寺檀制が成立していくが、複雑な本末関係はかならずしも既定方針どおりにはいかなかった。とくに福島正則が十余ヵ寺の真宗寺院を移転させて建てた広瀬寺町は、仏護寺とその「寺内」の諸寺院（十二坊）という別を立てていたが、それぞれが檀家をもつ独立の寺院として機能していた。ところが、元禄十四年（一七〇一）広島藩が本末関係を体系づける必要から、仏護寺を本院とし、十二坊の寺内塔頭《たっちゅう》化をすすめたことを発端に、仏護寺対十二坊の紛争が起こった。そのさい十二坊側は、藩に庇護された仏護寺に一歩も譲らずみずからの主張を貫いており、多くの門信徒に支えられた抵抗の強さをみせつけている。その背景には形成されつつあった真宗門徒（安芸門徒）の同行講組織に支えられた芸轍《げいてつ》とよばれる真宗学侶の宗教活動が活発になっていたことが認められる。

芸轍の成立過程では、一八世紀初頭、安芸出身の理円（一六六二〜一七五一）や義鏡（年不詳〜一七一六）が、西本願寺の能化《のうげ》知空のもとで宗学を研修し、門下四天王とよばれ、ながく本山学林で活躍したのち、佐伯郡草津村教宣寺と山県郡穴村（現安芸太田町）正覚寺の住職を継ぎ、地域の入学僧たちへの講義を通して真宗の正意を伝えたことにはじまる。そして、一八世紀後半、高田郡粟屋村尊徳寺の古貫（一七〇五～七二）や、高林坊の宗郎のように本山学林で宗学を深め、広島仏護寺をはじめ各地での講釈が安芸国の真宗教説の水準を高めた功労者といわれたが、それとならんで広島寺町報専坊慧雲《じうん》（一七三〇～八二）の宗教活動もはじまった。慧雲は一七歳で上方に赴き、摂津祐貞寺住職僧樸《そうぼく》に師事し学殖を身につけて帰郷し、専報寺住職として活動するかたわら、寺内に学寮甘露社《かんろしゃ》を設けて一六〇人にのぼる門下学侶の育成にあたった。その代表的な僧が大瀛《だいえい》・僧叡《そうえい》・大運・雲幢《うんしょう》らである。慧雲は安永三年（一七七四）から天明二年（一七八二）の間に都合三回、本山学林で「観経」・「教観綱宗」などの講義をおこなって、その学識を高く評価され、門徒の組織化や信仰の純粋性への戒めなど、宗学研究を実践面へ活かした。その例として門徒の組織化では、化境《けきょう》制とよばれる大寄・小寄同行《どうぎょう》の地域的な結成をすすめたり（後述）、真宗信仰の純粋性を主張して、広島城下をはじめ安芸国各地で「神棚卸《かみだなおろ》し」や、伊勢神宮の祓札《はらいふだ》・大麻の不受・拒否の動きが広がり、神道との対立がはげしくなっていった。

このように慧雲によって培われた芸州真宗学は、大運（一七五七～一八〇〇）の安芸郡畑賀村品秀寺の学寮、雲幢（一七五九～一八二〇）の佐伯郡古江村の幻華庵《げんかあん》学寮、大瀛（一七五九～一八〇四）の沼田郡楠木村芿園社《せいえんしゃ》、僧叡（一七六二～一八二六）の賀茂郡広村長浜知泉社などに引き継がれて、学僧の養成や学徒の教育が積極的におこなわれた。この風潮によって優秀な学侶が各地に輩出し、それを進める学統、いわゆる芸轍の活躍がはじまったのである。

大瀛と三業惑乱　大瀛は宝暦九年（一七五九）山県郡中筒賀村（現安芸太田町）医師養哲の子として生まれ、一一歳のとき慧雲の甘露社に入った。一八歳で上京、本山学林で研修を終え、各地に講説して名をあげた。天明八年（一七八八）帰国後、甲奴郡甲山正満寺、高宮郡中野村勝円寺、石見国邑智《おうち》郡小原村浄土寺などの住職をへながらも宗学研究や講説につとめ、寛政六年（一七九四）広島城下に近い楠木村の芿園社において、子弟への教導と講説に専念することになったのである。ところが、同九年五月、本山学林七代能化に就任した智洞が前能化功存の三業帰命《さんごうきみょう》説を継承して、いっそうの推進・徹底をつよめる動きにでてきた。そのため、かねてから学林主流の三業帰命説の非を指摘し、一心帰命説を主張していた芸轍学侶の反対運動が、大瀛を中心として急速に展開されることになった。大瀛はまず、学林の説への反駁・論難の書を執筆し、翌十年五月には「十六問尋書」を提出したり、享和元年（一八〇一）五月には『横超直道金剛錍』三巻を刊行して活発な運動を展開していった。とくにこの著書には仏護寺因順や石泉僧叡が序文を寄せ、上梓費用も芸備の学侶・門徒の醵出によるもので、僧・俗あげての学林の誤りに対する是正運動となった。このような動きは芸備以外でもみられ、寛政十一年（一七九九）豊前国出身の学僧道隠は「傍観芸洛」を著し、京の学僧春貞は能化智洞と対論する動きがあった（『本願寺派学事史』）。

それらに対する学林側の反撃も激しく、大瀛の著書の好調な販売をおそれて、京都所司代に絶版を訴えたり、道隠の糾明など反対派の弾圧を強めている。

この論争の行方は、享和三年（一八〇三）六月、京都所司代の召喚により大瀛らは上京し、道隠らとともに智洞と討論した。そして翌文化元年（一八〇四）二月、幕府の寺社奉行所において対決することになり、江戸にのぼった大瀛らは、再三にわたる能化智洞との討論のすえ、鋭い宗論を展開してしばしば智洞を沈黙させるなど成果をあげた。その結果、ついに本山学林においても智洞らの三業帰命説を退け、大瀛ら安芸学侶の主張する一心帰命説の方向において教義の統一をはかったのである。

以上のように真宗学侶を支援した芸備の寺院・門徒の宗教活動は、一八世紀後半期の宗界覚醒に大きな役割をはたしたといえよう。

安芸門徒の組織化と化境制　近世の寺檀制度が成立したとはいえ、複雑な本末関係により村々の農民門徒は、かならずしも近隣の寺院を旦那寺にすることはなかった。しかも、ほとんどが真宗門徒となった芸備の地域では、村落内の地縁集団が宗教的色彩を強めてゆき、独自の地域的信仰集団といえる同行講を形成していった。こうした状況のなかで、門徒は寺檀関係をもつ寺院（師匠寺）と、同行講を通じて日常的に法縁をうける地域の寺院（地下寺《じげでら》）との、二重の法縁関係を結ぶことになった。そのことは、さらに進んで本来門徒の伝道組織であった真宗講が、一八世紀を機として地域の手次寺や道場の経済的・護寺団体的な性格を持つようになったことを意味している。

宝暦十年（一七六〇）から天明元年（一七八一）の間に結成された広島城下の御花講・御仏飯講・尼講などは、地元では「御本山講」と名付けたが、京都本山では「芸州広島三講」とよばれて、本山に冥加金を納めるための寺・門徒集団であったし、仏護寺山科講中・廿八日講中などは、本堂再建の費用負担をおこないながら、毎年懇志銀を京都本山へ上納していた（「安芸国諸記」八番―一）。郡中村々の同行講についても、宝暦・明和年代に山県郡加計《かけ》村の山崎同行をはじめ、佐伯郡古江村の大寄同行、沼田郡小《お》河内《がうち》村の高野講・沢田講、賀茂郡吉行村の寄講、同郡兼沢村の小寄同行など各地にみられたが、天明元年（一七八一）までに藩内ほとんどの町村に大寄・小寄の同行講が結成されており、その組織化がすすんだといわれている（『広島県史』近世2）。

同行講の組織化にあたっては、報専坊慧雲をはじめ各地の芸轍学侶たちの教導に負うところが大きく、とくに安芸国中・北部では、もっぱら「ケキヨウ」（化境）という言葉が用いられている。すなわち、同一地域内の真宗門徒および信徒（預り門徒）の集りである同行講は、その地域内の寺院によって仏事が執行され、教化をうける仕組の集団に整備されていったのである。その場合、まず豊田郡小泉村（現三原市）の葬式講にみるように、「真言宗・禅宗・浄土宗者死人ノ家ニテ七日ノ間夜々講組寄集リ、十三仏ノ仏名ヲ唱、鉦ヲ叩キ申候、真宗ハ其義無シ、近年ハ幡《はた》・天蓋《てんがい》モ相止メ申候」（「小泉村国郡志御用ニ付下調書出帳」）と簡略化がみられ、さらに賀茂郡吉行村（現東広島市）のように、葬礼のとき家族・親戚に代って「講中の者悉皆《しつかい》引受世話仕候」（「吉行村国郡志御用ニ付下調書出帳」）と、同行講が葬儀の代行をおこなう風ができつつあり、真宗の葬儀作法・法式が他宗に較べて大きく簡略化の傾向を示していたといえよう。

また、いっぽう村内に寄講《よりこう》をつくり、当番制をとって定日に集まり、「僧ヲ招キ読経・法話ヲ聴聞し、其跡ニテ教訓道しるへ抔ヲも読、第一御国恩忘却仕らず、銘々行状慎方の儀ヲ示し合、因《ちなみ》ヲなすの寄り合として、月々ニ相催申候」（「吉行村同前」）とあるように、地域の信仰を介した相互扶助的団体の形成がみられる。

そのほか、同行講の共有財産も蓄積されていき、仏具や会食用の什器類、入会山・同行頼母子地などを所持する場合もみられる。また、同行講の日常生活上の規制でも、「若《もし》不行状の者有ラハ異見ヲ致ス、其余我儘ヲ募レハ講中ヲ省、吉凶と因者なき故、自ト本心ニ立戻リ厚ク講中へ入り貰フ、依テ過ヲ改メル多し」（「兼沢村国郡志御用ニ付下調書出帳」）と、講仲間から脱退させる「同行ばね」の制裁も伝えられている。

このように化境制による安芸門徒の同行講組織の地域的整備がすすんでいくにつれて、従来の寺檀制にいくつかの克服の必要な課題が生じている。

その第一は、距離的に隔たった檀那寺と檀家との関係がしだいに疎遠になっていったことである。たとえば、広島寺町善正寺の場合、文政十二年（一八二九）に「当時檀家の義は過半佐伯郡ニこれあり、遠方の事故、兼テ寺役法要手次寺へ頼置候へバ、葬式等も斯別《かくべつ》当寺へ案内もこれなきニ付、師旦の間柄自然と疎遠勝ニ相成、甚ダ以不本意ニ候」（「法専寺門徒一件」）と、翌年から祖師忌・報恩講に佐伯郡の檀家廻《めぐ》りをすると通知したところ、地元の手次寺・村役人の間に紛争が生じ、結局檀家廻り反対を決議した旨を連絡している。その理由は、地域優先の化境制により遠方の有力寺院の檀家を預かり法施を執行することで、地元の小寺院等が経済的に救済され、その基盤ができつつあると主張している。

こうした紛争は各地で起こっているが、同行組織の地域優先の体制は変らず、村々の小寺院・道場の経済的基盤は、同行講の整備とともに固められていったのである。

第二は安芸国村々の手次寺・道場など小寺院が経済的地歩を固め、独立性を高めた結果、真宗本来の教義ともいうべき神祇不拝の思想が広まり根付いていったことである。

第三には寺檀制とは別に、同行講による地域的な結束力が、幕藩制の動揺と社会不安の高まりのなかで、民衆の一揆行動の中核に転化する可能性をも指摘しなければならない。藩はすでに「郡中村々ニ古来より大寄り・小寄り・同行と唱へ、仏寺ノ講組取結び居候儀、方角寄候ては追々多人数ニ相成、四、五十人或ハ百人計りも結び居候哉」と、騒動・一揆への懸念を示していたが、弘化二年（一八四五）の山県郡太田組十ヵ村の扱苧《こぎそ》専売反対一揆（太田騒動）や、慶応三年（一八六七）藩の趣法米流用を糾弾した恵蘇郡一揆（高野山騒動）、あるいは明治四年（一八七一）旧藩主上京阻止に端を発した全藩一揆（武一騒動）など、多くの一揆・騒動を検証する必要があろう。

第六　揺れる藩政と維新変革

一　幕末期の政治情勢

守旧派政権の経済政策　広島藩主浅野斉賢《なりかた》が文政十三年（一八三〇）十一月二十一日に病没すると、その継嗣をめぐり家中のあいだに派閥が形成される。それは世子勝吉《かつよし》（斉粛《なりたか》）がまだ一四歳で病弱なことから前藩主の弟で四三歳の長懋《ながとし》（右京）を推す声が高く、馬廻り組番頭《ばんがしら》の日比内記・沢左仲《さちゆう》・浅野左門ら一一人が連署して建白する一幕もあった。しかし、年寄首座関蔵人《くらんど》・年寄今中相親らは、沢左仲の年寄抜擢など番頭勢力を切り崩し、家中の輿論をおさえて幼主勝吉を擁立した。勝吉は天保二年（一八三一）正月に襲封、翌三年七月元服して斉粛を名乗ったのであり、あわせて関蔵人ら守旧派の藩政執行部の地位も確定した。

斉粛の治世は天保・安政年代の幕末突入期にあたり、幕府公役の負担や天保の大凶作・飢饉が重なって藩財政が極度の窮乏におちいり、加えてペリーの来航による開国か攘夷か国論の緊迫する情勢が激化する時期であった。幕府公役は、天保七年（一八三六）二月の美濃・伊勢両国川々普請手伝いをはじめ、同十年八月の江戸城西の丸再建手伝い、弘化二年（一八四五）の江戸城本丸普請手伝いとつづき、総工費は一五万〇二八五両を要し、また、同四年江戸霞ヶ関桜田の上屋敷焼失にともなう再建費、将軍家末姫との婚儀など臨時出費がきわめて大きく増加している。天保の大凶作・飢饉もすでに述べたように、藩内の町方・郡中の被害は甚大で、諸物価の暴騰に加え藩札の濫発や兌換停止の対策がおこなわれたので、領国経済が混乱し、各地で一揆や打ちこわしが頻発するなど社会不安はいっそう深まっていった。

天保十二年（一八四一）、年寄首座関蔵人が隠退すると、かわって今中相親が執政職につき、松野唯次郎・横山十介を登用して商業・金融政策を強行した。その一つが「六会法《ろっかいほう》」とその関連策であった。「六会法」とは藩内一円を対象とした融通講のことで、集銀を「融通銀」と称して綿座《わたざ》改所が管理し、国産買い占めにあて領外販売を促進することで金融打開をはかることをねらいとした。六会法は天保十四年（一八四三）三月から実施されたが、集銀方法を高割とし、町年寄・割庄屋らが取締役となり、持高一〇石を一口（掛米五俵〈一石五斗〉）と定め、これを六ヵ年継続して総計三七万八〇〇〇石（領高四二万石、加入者のべ四万二〇〇〇人として年間六万三〇〇〇石×六年）と見込んだ。そして、集銀を管理する綿座改所は、毎年花籤《はなくじ》興業をおこない、加入者に一〇〇〇俵から一〇俵まで四五〇本の花籤米（年額三〇九〇石・藩札払い）を与え、残りを融通銀として増殖し会期満了後に掛米代を返却する方式であった。こうして、六会法は藩内一六郡で加入者を募り、予定口数のほぼ一〇〇％近い加入率をあげ、初回の掛銀のうちから花籤興業でのこった融通銀を、木綿改所の木綿専売と大坂積登せ事業の資金にあて、二回目も弘化二年（一八四五）三月、扱苧《こぎそ》改所の扱苧専売と大坂登せ資金とするなど、木綿・扱苧を中心とする国産専売・大坂販売資金としたのであった。つまり、六会法による融通銀では銀札の濫発という手段をさけて、すでにだぶついている銀札を領国全体の「高割増納」の方法で回収し、これを買い占め資金として運用したところに特徴があった。

このため、暴落をつづけていた銀札価が弘化元年八月以降しだいに回復し、諸物価も二割方下がるなど一定の成果がみられたものの、政策の推進から矛盾や反動が露呈されてきた。木綿・扱苧では、生産者農民が高い干鰯《ほしか》代や多くの労働力を費して製造した商品を生産費より低い価格で買いたたかれたため、反対運動に走るきっかけになった。扱苧では、弘化二年八月「太田騒動」とよばれる特産地農民・在郷商人のはげしい扱苧専売制反対一揆が起こり、専売制の全面的撤廃をかちとって沈静化している（隅屋文庫「麻苧御仕法一件諸扣」）。六会法の二回目は、加入者の減少・拒否が重なって同二年八月廃止を余儀なくされた。二年間の掛米代を翌三年から三ヵ年で返済を約束した

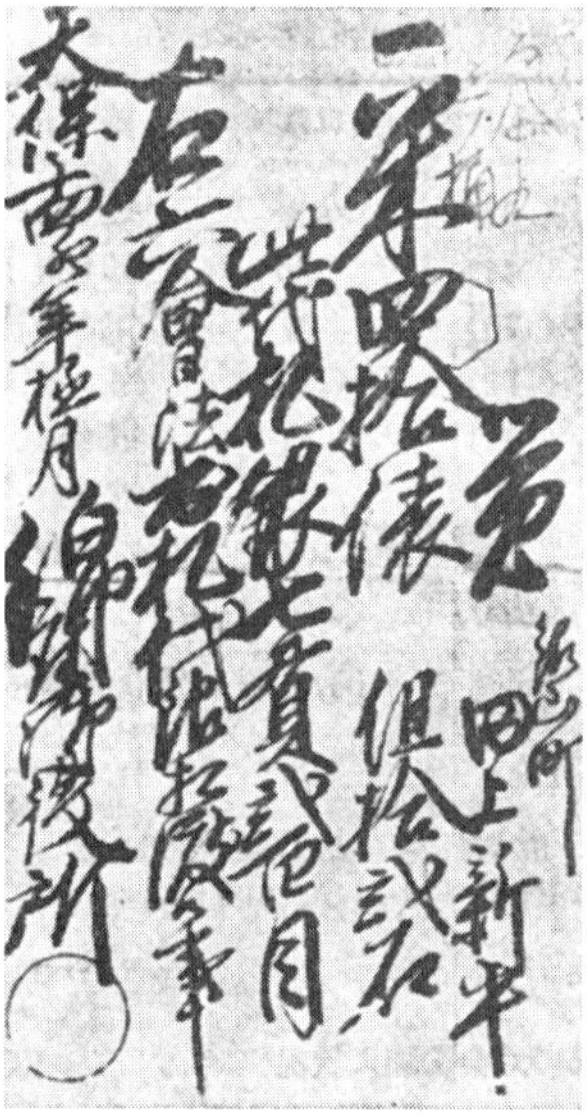

図18　六会法第1回花籤の当り手形（天保14年）

が、多くは「寸志」として上納したことにし、返済されなかった（「芸藩志拾遺」巻五）。

弘化三年以降、銀札はますます下落し諸物価の騰貴ははなはだしく、銀札の通貨としての機能はほとんど失われた。つまり、公定相場の米一石につき正銀八六匁に対して、藩の上り銀（銀札）三貫三八三匁余と、実に四〇倍近くになったのである。そこで、財政担当の横山十介は、配下の滝戸幸蔵の建議を用いて弘化四年十月、改印札を発行し旧札の平価切下げの非常手段をおこなった。それは旧札四〇に対して改印札一をもって引き替えたので四十掛《かけ》相場と称された。翌五年正月、藩は従来の両替屋八人の取引業務を停止し、新たに豊島屋円助・銀山町大塚屋才次に両替屋を命じて、改印銀札発行と旧銀札との引き替えを促進させたが、領民は藩の処置を疑って交換を希望する者は少なかった。そこで、藩は播磨屋町平野屋儀右衛門ほか二人を両替屋に追加して交換業務をさかんにするとともに、豊島屋円助と平野屋儀右衛門には銀札預り証券の趣旨で「預り切手」の発行を許可し、高額の取引に利用させた。しかも、これが濫発されて銀札の崩壊をいっそう促進させた。嘉永二年（一八四九）十月平野屋で預り切手の引き替えに支障があって、「平野屋・豊島屋破産セリ」の流言が城下にひろがり、動揺した民衆が両店に殺到して打ちこわし、銀札騒動に発展した。その後も銀札の下落はますますはなはだしく、嘉永五年正月初頭には旧銀札三二貫目前後がようやく金一両に相当する暴落を示したのである。

ここにいたって藩は、銀札崩壊の現実に対処せざるをえず、ふたたび平価切下げの非常手段にふみ切り、正月九日に有名な五百掛の令を発したのであった（「村上家乗」続編巻六）。これは旧銀札三二貫五〇〇目を金一両と交換する公定相場として、新改印札の六五匁を金一両と引き替えたので、まさに新改印札の価値は旧札の五〇〇倍となり、「五百掛相場」といわれた。藩は閏二月五日より新・旧札の引き替えをはじめ、旧札の通用期間を八月晦日まで、以後無効としたので、とりあえず、藩札整理はすすんだ。こうして守旧派政権は、改革派の台頭を押えて藩政を担当したが、結局失政をかさねて幣制紊乱《へいせいびんらん》と財政の危機的状況を出現させただけで、緊迫した国際情勢に対応できる優秀な人材を育成する教育や、新洋式銃砲を導入する軍事力の充実・整備にまったく手がつけられなかった。

ペリー来航と開国・海防　日本の近海にロシア・欧米諸国の船が出没し、通商を要求するようになったのは、一八世紀半ばからである。アメリカは西部開拓をすすめて太平洋に進出し、ロシア・イギリスは清国に勢力をのばすなかで、日本に接近してきたといえる。寛政四年（一七九二）ロシア使節ラックスマンや、文化元年（一八〇四）にはレザノフが根室・長崎に来航して通商を求めたり、文化五年オランダ船を追って長崎に侵入したイギリス軍艦フェートン号の事件など、たびかさなる外国船の薪水・食糧の強要に対して文政八年（一八二五）の無二念打払令や、アヘン戦争後の天保十三年（一八四二）には、外国船への薪水給与令をだすなどの対応があった。

オランダ国王は、弘化元年（一八四四）幕府に国書を送って、欧米では蒸気船と軍事兵器の進歩がめざましく、日本の孤立は戦争の危険を招くと開国を勧告してきた。幕府はようやく海防の必要性を痛感し、海岸防禦掛りを設けて、老中首座阿部正弘（福山藩主）・老中牧野忠雅（長岡藩主）を任じた。広島藩でも異国船の出没にそなえて洋式軍備の充実に着手し、嘉永三年（一八五〇）、藩ではじめての大砲鋳造を計画して手臼砲モルチールを安芸郡牛田村で鋳造させ、江戸に三門、広島に三門を配備した。

かくて、嘉永六年六月、アメリカ合衆国東インド艦隊司令長官ペリーの率いる軍艦四隻が浦賀に入り、ペリーは幕府浦賀奉行にアメリカ国書を渡して、来年ふたたびきて返答を求めると告げ、江戸湾をふかく一周して退去した。国書には日米間の和親交易、米国船への石炭・食糧の給与、米国海難民の救助の三件を要求するものであった。幕府はこれを翻訳して諸大名に示し、通商の可否につき意見を徴した。これに対して三三藩が回答を寄せたが、その内訳は拒諾さまざまであり、大勢としてアメリカの要求を拒絶せよというものであった。広島藩でも意見書を提出したが、その大意はつぎのようなものである（「芸藩志」巻二）。

渠《かれ》和親を以て来候儀ニ付、従来の御制禁と云ニ依て一概ニ討払と申事ハ如何が御座あるべきか、此度の儀一時の御権道を以て御取計これあり、彼我の情実篤と御洞察の上和戦の策御決議ニ相成しかるべき哉と存じ奉り候、

その趣旨は、一概に討ち払うのではなく臨機応変の処置をもって取り計らい、双方の事情が明らかになったうえで和戦を決すればよいとしている。これをもって、広島藩は許否を明言せず態度不明の藩とする向《むき》もあるが（渡辺修二郎『阿部正弘事蹟』）、当時藩国元の改革派の攘夷的強硬な意見と江戸藩邸

の柔軟な見解を折衷して作成したもので、アメリカが和親（開国）を求めている以上、一時通商交易を許し、そのうち武力を蓄えるべきであると、開国に賛成していると思われる。

幕府は同年十一月、諸大名に対し来春アメリカの使節が来た場合、その要求の「御聞届ノ有無ハ申し聞かず」平穏に取りはからって退去させる。もし万一乱暴に及べば、諸大名は国家のため忠勤に励むようにと布告した（『懐旧記事』）。ペリー率いるアメリカ艦隊七隻は、翌安政元年（一八五四）正月ふたたび来航し、条約の締結をつよく要求した。幕府はその強硬さに屈して日米和親条約を結び、①アメリカ船が必要とする燃料や食糧などを供給すること、②難破船や乗組員を救助すること、③下田・箱館の二港をひらいて領事の駐在を認めること、④アメリカに一方的な最恵国待遇を与えることなどをとりきめた。ついで、幕府はイギリス・ロシア・オランダとも同様の和親条約をむすび、日本の二〇〇年にわたる鎖国政策はくずれさった。

文久の郡制改革　文久元年（一八六一）五月、広島藩主浅野長訓《ながみち》は、襲封後はじめて入国すると、六月から約一ヵ年をかけて領内諸郡を巡視した後、藩政改革の態勢固めをおこなった。政権中枢の年寄役は、菅勘解由《かげゆ》のみのこし、新たに野村帯刀・蒲生司書・辻将曹《しょうそう》・八島外守・石井修理・仙石志摩を登用し、四人から七人に増員した。また家老・一門の藩政参与を命じ、用人クラスも植田乙次郎・黒田益之丞・川合三十郎・船越洋之助らを登用して国事周旋・軍事・財政関係の実務能力を発揮させた。

文久の郡制改革は、職制の改廃からはじまって殖産興業・農兵取り立てへと続き、ついに封建領主制の危機感から、兵農分離の建前をこわす農兵による軍事力の増強へと駆り立てられた。まず、文久三年正月、従来の郡御用屋敷を郡御用役所に改称し、九局（安芸五・備後四）を統合して総局とし、すべての郡役諸役人を出頭させるとともに、各郡（九局の郡元）に代官勤番所を設けて代官・手付を派遣した。ついで、七月には郡奉行のうえに新たに郡代（年寄野村帯刀の兼務）をおき、郡御用役所を御用達所の業務・郡方掛り（八月に郡役所）とし、勧農方（撫育・開地方・生産方など）・賞罰方・当用方（諸願引受・社倉囲籾など）・郡免割方（普請方など）・吟味方・銀方（勘定方・年貢取立方など）・臨時方（他国掛引方・諸見分など）の七課をおいた。また、代官勤番所は異変に備えて九ヵ所から一四ヵ所に増設された（「芸藩志」巻二四）。

重視された政策に、財政危機を脱するため、年貢完納と郡村入費の節減があげられた。各郡勤番代官が指揮して村内百姓を持高別に上（一〇石以上）・中（六石以上）・下（三石以上）・下々（三石以下）の四等に分けた混成組（五〜一〇人）をつくって完納を競わせるなどおこなわれた（伊吹家「御紙面書扣」）。また、殖産興業も勧農方に生産掛り・武器製造掛りを設け、用人今村文之丞を総括者に銅山方・鉄方・油方・紙蔵・山方・製銃方・開港方・藍方・皮革方などの生産増強・通商交易を推進させた。新たに近江国から蚕種商・養蚕婦を佐伯・山県両郡に移入して養蚕業を定着させ、他郡にもひろめて生糸貿易の基礎をつちかった。製茶業も慶応元年（一八六五）山県郡太田一〇ヵ村を対象に六ヵ所の製茶場を設けて宇治風炉製の製茶技術を定着させ、ほかに佐伯・安芸・高宮・賀茂・豊田諸郡にも郡中茶掛り役をおいて専売統制を実施して外国貿易の生糸につぐ輸出品となった。その他藩の殖産興業の対象になった国産は、大坂市場に搬出されたほか、開港場を通して海外に輸出され、武器・艦船の買入代金となる海外正貨の獲得にむけられた。

さらに農兵の取り立ては、文久三年（一八六三）からはじまった。藩主長訓は同年四月、攘夷実行に備え「農兵練習所規」を発して、農兵の編成方式を決定した。すなわち、農兵は小組（伍長一人・組員五人）・一組（組頭一・四小組）・一備《いちそなえ》（頭取一・四組）に編成し、一備一〇一人をもって部隊の単位とした。藩はまず瀬戸内沿海部の防禦を対象に佐伯郡廿日市・能美島、安芸郡倉橋島・下蒲刈島・瀬戸島、豊田郡忠海《ただのうみ》・御手洗《みたらい》、御調《みつぎ》郡因島《いんのしま》・向島《むかいしま》の九ヵ所で、有志者を募って農兵を組織し、それぞれに藩士四、五人を派遣して西洋砲術や武芸訓練にあたらせた。また、六月には倉橋島・鹿老渡《かろうと》・大崎上島・御手洗・瀬戸田・因島・向島の七ヵ所に砲台をきずき、各砲台に藩士・新組四、五人を派遣するとともに付近の農兵隊を付属させた。この農兵隊システムは、元治元年（一八六四）三月までに領内全郡にほぼ編成されたが、その成立基盤には多くの課題があった。たとえば、隊によって鉄砲装備や武芸習熟度に大差がみられたこと、御調郡向島の農兵隊は鉄砲・砲術の習得が九〇％、山県郡加計《かけ》村の農兵は武芸習熟が八二％と高かったが、多くは期待に添うものではなかった。そのため、賀茂郡竹原町の「市中有志」が醵金でゲベール銃四〇挺を献上したり、二〇〇両を献金して武器購入にあてるよう願いでたり（「竹原下市覚書」）、御調郡尾道町でも町年寄ら一三人が鉄砲六〇挺を献上するなど（『新修尾道市史』

第六巻)、藩内有志者の武器・資金の提供が農兵維持に大きな役割をはたしたといえる。そのほか、農兵訓練も藩士を派遣したものの、訓練場や武器等の確保が容易でなく、各地の豪商農の設備提供や献納に依存していた。そして、農兵自身にも訓練や功績による昇級規定もなく、「常々農業出精致し農間に武芸心掛け」の域をこえることなく、農繁期に入るといっせいに稽古休業にはいる状況であった。この限界突破は、第二次長州戦争のなかで正規兵の補充のために、鉄砲中心の再編成を要請されてからであった。

藩兵の洋式編成と薩芸交易　広島藩は文久改革のなかで、懸案の洋式軍制の編成と洋式鉄砲の購入・製造をはかった。

文久三年(一八六三)三月、藩は従来の軍事編成を鉄砲主体の新軍制に切り換えて混成大隊とし、①大砲四門、浮組足軽二四人付属、②遊撃大砲四門、③銃卒・四〇人一組の四隊、④遊撃隊に編成し、各隊に番頭または小姓組番頭をおき、全体を総司が統率した(「芸藩志」巻二〇～二二)。その際、藩兵の使用小銃をゲベール銃に決定した。ところが、長崎で購入しようとして、幕府抱えの浦製鉄所からミニエール銃(ライフル銃)六〇〇挺(代価七二〇〇両)の分売をうけた。当時西南雄藩はこぞってゲベール銃からライフル銃に移行しつつあったので、広島藩も切り換えの好機であったが、ゲベール銃に固執して同年五月、薩摩藩で不要になったゲベール銃五〇〇挺を買いとったり、領内でも鉄砲職工にゲベール銃を製造させている(『鹿児島県史』第三巻)。

　また、広島・薩摩両藩は、それぞれの豪商を通して交易を開始した。すでに薩摩藩の官商鬼塚助右衛門は、広島の豪商豊島屋儀三郎を介して、製糖用鉄鍋の材料となる銑鉄を広島藩勘定所から購入することからはじまって、広島より薩摩へ産米を輸送し、薩摩より金銭を渡すなどの交易があった。文久三年八月、薩英戦争の事情視察に薩摩を訪れた広島藩の宮田権三郎は、薩摩藩用人伊知地《いじち》壮之丞とのあいだで、薩摩藩は広島藩に一〇万両を貸与し、広島藩は年々米一万石を交付、その金利は年八朱とするなどの約定をかわした。この約定は、最終的に広島藩から銅一〇万斤、鉄三〇〇〇駄、米三万石、繰綿五〇〇〇本、木綿二〇〇〇丸（一九五〇反）を送り、薩摩からは現金銭のほか生蠟・硫黄花などを得ている。このように薩芸交易はしだいに大規模なものになり、広島藩は貿易港に御手洗港を指定した（「芸藩志」巻二九）。なお、薩摩藩の「石室秘稿」（国立国会図書館憲政資料室蔵）によると、御手洗港の薩摩御蔵で製糖用平釜を毎月三〇〇丸ずつ、大坂値段より一割方やすく買い入れ、能美木綿五七〇〇反、大原木綿三五〇〇反、他に上物二、三〇〇〇反も買い付けたとある。

　広島藩は慶応二年（一八六六）七月、長崎の薩摩屋敷で汽船万年号（代金五万両）の買い付けを成立させ、さらに宮島を基地とする芸長交易をも開始した（「芸藩志」巻六八）。

二　長州戦争と広島藩

第一次出兵令と領内警戒　幕府は元治元年（一八六四）七月、禁門の変の罪を問うために、長州征討の勅命を西国二一藩に伝達した。八月に入ると征長総督に徳川慶勝《よしかつ》（前尾張藩主）、副総督に松平茂昭《もちあき》（越前藩主）を任命し、本営を広島に決定した。ついで、広島藩など一〇藩による岩国口の攻撃をはじめ、石見口・徳山口・下関口・萩口からの攻撃部署を諸藩に指令した（『維新史料綱要』第五）。そして、岩国口の先手は広島藩、二の手は福山藩と決まり、一〇藩とも九月上旬までに広島へ集結、十一月十八日を期していっせい攻撃に入るてはずとなった。広島藩では九月一日、藩主長訓《ながみち》に代って世子長勲《ながこと》の出陣がきまり、家老浅野右近・上田主水《もんど》ら二七〇〇人余の従軍が命じられた。かくて、十一月十四日家老上田主水・番頭寺西雅楽《うた》・同天野保允の三大隊が征討先陣として佐伯郡国境へ出発した。この先陣の総人員は三三二七人で、そのうち軍夫が過半の一七四〇人を占めていた（「芸藩志」巻三六・三九）。

さて、広島が征討軍の本営となり、諸藩軍勢の集結がはじまると、広島藩は領民の動揺を抑える布達を八月・九月の両度に発するとともに、国境に接した奴可《ぬか》郡東城《とうじょう》町と佐伯郡小方《おがた》村に浅野豊後と上田主水を、それぞれ銃兵一隊とともに派遣した。広島城下の防衛でも廿日市駅・江波《えば》島・海田市《かいたいち》駅・可部駅に関門を設け、城下の各橋詰に見張りをおいて警戒を厳重にした。また、八月八日以後は、海田市・廿日市間に渡船を設けて旅客を迂回させ、城下通行をいっさい差し止める措置をとった。しかし、陸路・海路ともに兵員・軍需物資の輸送を確保するため、宿駅・海駅とも運輸繁多となり、広島城下でも町人は「お入込み」と称して、「食物を始め商人は余程金銀を殖し、日雇・中背《なかせ》（仲仕）らは賃儲け多く、近年にもこれなき融通の由承る」（『広島市史』第三巻）と、いわゆる戦争景気に沸いた面も知られる。

長州藩の謝罪と征長解兵　元治元年八月七日、長州藩は使者木梨彦右衛門を広島へ遣わし、禁門の変は三家老らが毛利父子の意向をとり違えたことから起こったもので、三家老の処罰によって謝罪するとし、広島藩の周旋を依頼してきた。また、八月二十一日には万事をまかされた岩国藩主吉川経幹《きっかわつねまさ》が佐伯郡草津町の海蔵寺で広島藩の浅野式部らと会見し、禁門の変の釈明と今後の処置は幕府の差図を待つ、とした毛利敬親《たかちか》の上申書を幕府に取り次ぐことを要望した。広島藩はただちに三宅万太夫を鹿児島に、黒田益之丞を熊本に派遣して長州処分の協議をよびかけ、薩摩藩から西郷吉之助を広島に派遣する意向を得た。

かくて、十一月二日来広した西郷は、辻将曹と協議のうえ、植田乙次郎とともに岩国に赴き、吉川経幹に会い、先の上申書の内容の実行、すなわち三家老の処刑を勧告してのちいったん帰広した。そして、十八日のいっせい攻撃の期限も迫っていることから、十一日ふたたび植田を岩国に送って、最後の決心をうながすべく交渉させている。

　こうして十一月十四日朝、長州藩三家老の首級が広島国泰寺に届けられたので、下広途中の総督にかわり尾張藩家老成瀬隼人正が首実検をおこない、総督府として十一月十八日の防長進撃を無期限に中止する命が下されたのである。広島に到着した総督は、十一月十六日幕府監察とともに吉川経幹を詰問したのち、毛利敬親自身の謝罪書の提出と山口滞在の七卿を他藩へ移し、山口城を破壊することを命じた（「芸藩志」巻三五）。そして、総督府は尾張藩家老・幕府目付の一行が、防長鎮静巡視として山口・萩等を視察して帰広した十二月二十七日、従軍諸藩の解陣を布達し、それぞれ帰国することを指示した。ついで、老中稲葉正邦をはじめ脇坂・板倉らの幕府吏僚も帰途につき、総督徳川慶勝も翌慶応元年（一八六五）正月四日、広島を出発した。

第二次出兵令と戦闘回避　征長総督徳川慶勝は、元治元年（一八六四）十二月末、幕府へ長州処置の意見書と征討終了の報告書を提出した。ところが幕府のなかに総督の処置は寛大にすぎると、毛利父子・七卿の江戸召換に固執して、毛利氏の親戚藩や広島藩に指令し実現させようとしたが、いずれも困難であると上申している。この間に長州藩の事情は一変し、高杉晋作の下関挙兵を皮切りに内戦二ヵ月をへて藩政を急進派が掌握して、藩是にいわゆる「武備恭順」を確立していった（『防長回天史』第五編上）。幕府はこの情勢をみて毛利父子の召換を至難として慶応元年四月、第二次出兵に将軍親征を決定し五月十六日を進発日としたが、以後ほぼ一ヵ年にわたり幕府と長州との間で征長をめぐるかけ引きがおこなわれる。その間、幕府は征長先鋒総督に徳川茂徳《もちなが》（前尾張藩主）を任命したり、再征の攻撃部署を安芸口・石見口・上関口・下関口・萩口の五ヵ所とし、第一陣に広島（安芸口）・福山（石見口）・鹿児島（萩口）など一〇藩、第二陣に彦根・福岡など一〇藩、応援に岡山・鳥取など一〇藩、あわせて三〇藩に対して十二月十日までに出兵するよう下命した（『維新史料綱要』巻六）。さらに翌慶応二年（一八六六）正月、上京した将軍家茂《いえもち》は、勅許をえて、長州藩の一〇万石削封、毛利敬親父子の蟄居、三家老の家名断絶、激徒首領の拘引などを内容とする処分を決定して、老中小笠原長行《ながみち》を広島に派遣し、長州側に伝えることをもって終了しようとした（「芸藩志」巻五三）。到着した老中小笠原は、広島藩を動かして長州処分を執行しようとしたが、広島藩では長州への寛大な処置と開戦阻止の周旋に奔走しており、岡山・鳥取・徳島など諸藩と連絡をとって一大連合運動をおこすことが顕著になったから、その中心となっていた年寄野村帯刀や辻将曹に謹慎を命じている。このような情勢のなかで、新たに征討先鋒総督に就いた徳川茂承《もちつぐ》（和歌山藩主）が広島に赴くことになったので、まず先鋒副総督の老中本荘宗秀（宮津藩主）が広島に到着して、老中小笠原を九州方面監軍として小倉に転出させ、野村・辻の謹慎をといた。しかし、結局、広島藩は開戦間近の六月四日、征長戦には名義がないと、先陣出兵を辞退するにいたった。このため幕府軍はあわてて広島藩の先鋒をといて藩境守備にまわし、彦根・高田両藩兵を前面に進出させた。当時幕府軍として広島に屯集した兵数は二万五〇〇〇人（うち軍夫一万二三〇〇人）程度で、予定の幕府軍四万五〇〇〇人、諸藩兵五万人の四分の一と遠くおよば

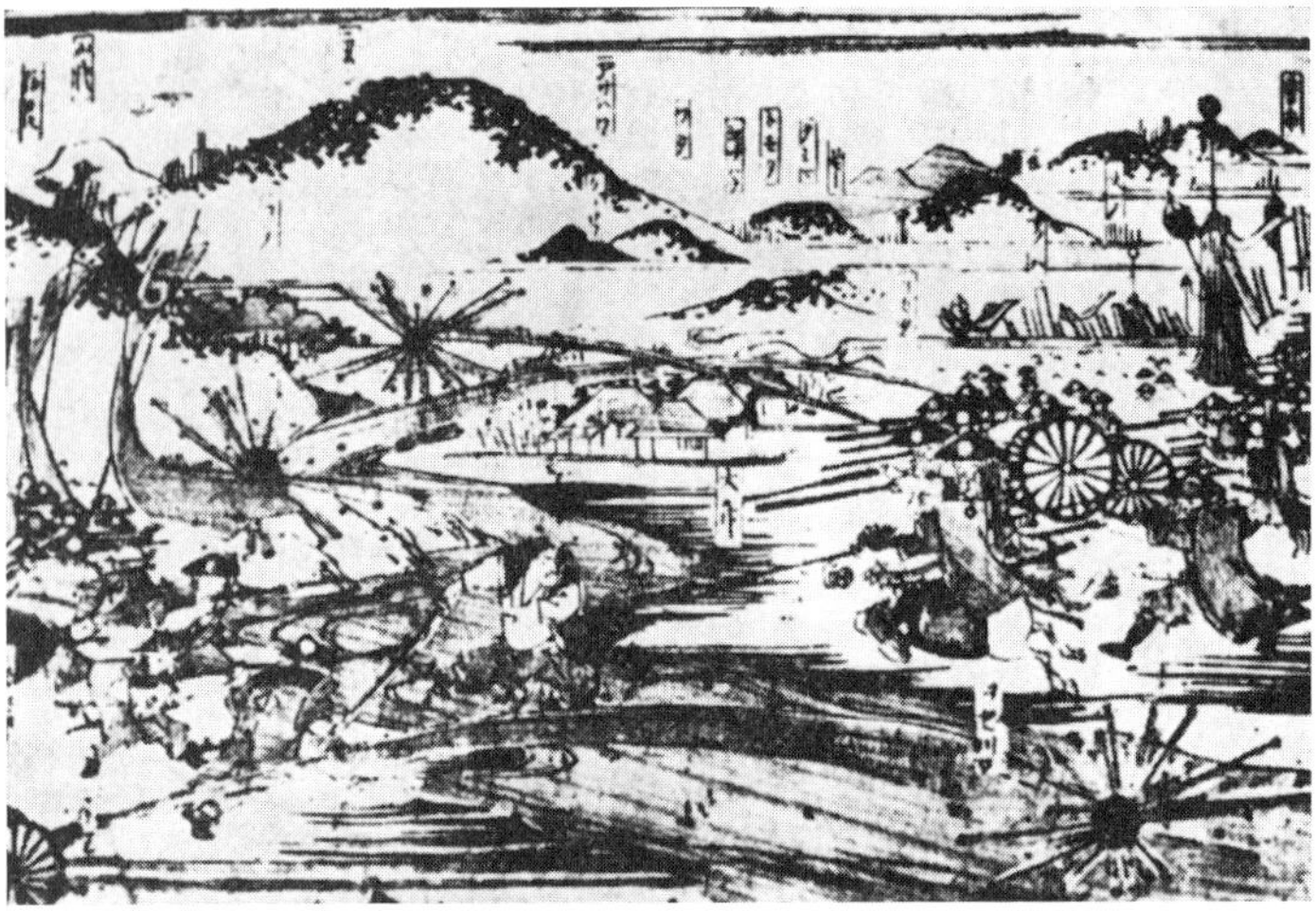

図 19　第二次長州戦争開戦図（藤沢ヒナ氏蔵，『広島県史』近世 2 より）

なかった。

これに対して、武備恭順を方針としていた長州藩は、慶応元年五月ごろから坂本龍馬らの周旋で薩摩藩と接触し、その仲介で八月にはミニエール銃四〇〇〇挺・ゲベール銃三〇〇〇挺など新鋭武器が供給され、翌二年正月には薩長攻守同盟が結ばれたので、九州諸藩兵を牽制することになり、幕府軍の足元を大きく攪乱したのであった。

かくて、慶応二年（一八六六）六月七日、幕府軍艦が周防国大島郡を砲撃して第二次長州戦争がはじまり、安芸口では六月十四日彦根・高田藩兵が小瀬川（木野川）で戦い、石見口では十六日、小倉口では十七日に兵火を交えて、全面的な戦争状態に入った。安芸口での衝突は、優秀な鉄砲をもつ長州歩兵軍により彦根・高田藩兵は大敗となった。十五日に幕府兵の撤退令がでたので、国境にあった大垣・彦根・高田など諸藩兵も、すべて廿日市以東に退却した。長州兵は勢いづいて廿日市以東に進撃しようとしたので、防衛出動中の年寄石井修理・番頭二川主税ら率いる広島藩兵は、廿日市市街の民家を焼いて長州兵の進撃を阻止するとともに、津和野街道沿いの要地に兵を配備し、西国街道を越境した長州兵を包囲・圧迫する態勢をきずいた。そして、三家老の軍隊をはじめ藩大隊・応変隊・農兵隊を加えて廿日市・保井田・白砂の線以東に集結し、幕府軍・諸藩軍を合せて七月二十八日を期し、いっせい攻撃に転じて長州兵を広島藩領から追い出すことになった（「芸藩志」巻六〇〜六四）。

これより先、開戦より一ヵ月をへた慶応二年七月十六日、広島藩は西本清介・植田乙次郎を長州に派遣し、高森駅で広沢兵助（真臣《さねおみ》）・小田村素太郎と会談して、長州藩兵の進出停止と広島駐在の征長軍の解兵を合意した。広島藩はただちに交渉を開始して七月十八日、広島・岡山・徳島藩主の連署で朝廷・幕府に征長軍解兵を建言し、藩主長訓も総督茂承《もちつぐ》に征長停止と長州処分を諸侯会議で決するよう建議した。なお、薩摩藩も関白二条斉敬《なりゆき》に征長解兵の朝命降下を建白・請願していた（『維新史料綱要』巻六）。

このような情勢のとき、将軍家茂が七月二十日大坂城で薨じたり、八月十一日小倉城陥落などが重なって、幕府は八月二十日家茂の喪を発し、翌日休戦の沙汰書を発した。これにより、幕府の軍艦奉行勝安房（海舟）が九月二日厳島大願寺書院で長州の広沢兵助・春木強四郎（井上馨）らと会し、①幕府は百事を改革し、吏員の進退を断行する、②兵事を止め諸侯会議で防長処分をおこなう、③帰坂する幕府兵を長州は追撃しない、の三点を約条した（「芸藩志」巻七二）。しかし、会津・桑名両藩の京坂跋扈《ばっこ》が事情を一変させ、勝が約束した幕政改革も諸侯会議も反古《ほご》になり、役目を辞退した勝は江戸へ帰った。これとは別に征長総督徳川茂承は、九月二日広島に在陣する幕兵・諸藩に帰国の日限を示し、みずからも四日宇品《うじな》を出帆帰坂した。かくて、九月十九日幕府より征長中止令が出され、芸石両道からの退兵が通知された（「芸藩志」巻七三）。

三　王政復古と維新変革

藩の国是と動揺　広島藩は長州戦争が休戦したのを機に、藩の国家構想を策定しようとした。第一に藩領が侵略をうけ被災した反省から軍制の不備を克服するため、執政辻将曹を中心に藩内の各地に在郷銃卒隊を創設しようとしたが、財政難を理由に反対者もあって間もなく中止になった。しかし、藩士木原秀三郎の建言をもとに強力な独立諸隊が構想され、慶応三年（一八六七）九月に賀茂郡志和組八ヵ村を屯集地に神機隊が結成された。同じころ、世子長勲の内旨をうけて総督津田徳三郎・副総督西川理三郎のもと、家中有志を募って安芸郡尾長村を屯集地とする発機隊、その他同隊を見習って藩内の各地に一〇数隊の独立隊の結成がみられた（「芸藩志」巻一〇〇）。

第二は藩の国家政策＝国是を定め、藩論を統一することであった。長州戦争を藩の立場から総括した「治本策」（広島藩校教授木原慎一郎著）の建言をうけた広島藩は、慶応二年八月、寺尾小八郎に命じて「定方要旨」を起草させ、これを藩の国是として藩士に示したのであった。そこには、いまだ理論的に整理された国家論になっていないが、朝廷を国政の直接執行権をもたない上級権力とし、幕府はこれを補佐執行する機関とし、外藩諸侯が「天幕の儀にも参与」するという公武一致の体制を提唱したものである。これが長州戦争の終結した慶応二年に広島藩が描いた構図であり、幕藩体制の再編成か部分修正にとどまる公武合体論の再確認にすぎず、新しい国家構想に踏み込んでいなかった。

ところが、慶応三年半ばからの日本の政治情勢は、いっぽうで土佐・広島・薩摩藩などによる大政奉還の動きと、他方で薩摩・長州に広島藩も加わった武力討幕の動きが抬頭して、相互に交錯しつつ、その実現をめざしていた。そのころ（同三年七月）の世評は、諸藩の態度を①復古勤王（鹿児島・萩藩など）、②佐幕勤王（福井・名古屋藩など）、③待変蚕食（佐賀・高知藩など）、④佐幕（水戸・和歌山・会津・桑名・高松藩など）、⑤依勢進退（金沢・仙台・広島・久保田藩など）と五分類して紹介している（『維新史料綱要』巻七）。広島藩は金沢・仙台両藩などとともに「依勢進退」、つまり天下の大勢によって進退する藩、典型的な曖昧藩・日和見《ひよりみ》藩とみられていた。

広島藩は幕府の徹底改革に言及するなかで政権返上にたどりつき、朝廷への大政奉還の建白書を用意し、土佐藩と同時提出の約束をとりつけていたが、同年十月三日土佐前藩主山内容堂は、薩長芸三藩による討幕同盟の密議に土佐勤王党も参加する態勢にあったことから、これらの討幕挙兵を未然に防ぐ意図で、将軍慶喜に大政奉還を建白した。驚いた広島藩も十月六日、在京の辻将曹が藩主長訓の名で、奉還建白書を幕府に提出した。ただ、両藩における建白内容の決定的な違いは、広島藩の幕府の専制政治が国家の現状を救う能力のない点を指摘して大政奉還を建白し、奉還後の具体的な政権構想を欠いていたのに対して、土佐藩のは現状を王政復古の一大機会ととらえ、将軍慶喜に大英断を求めるとともに、奉還後は九ヵ条からなる公儀政体論構想が急務と述べているように、坂本龍馬の「船中八策」を踏《ふま》えた国家構想が展望されていることに尽きると思われる。

さて、広島藩の政治行動の特徴は、地理的立場もあって討幕論へも与したことにある。慶応三年八月十四日、薩摩の西郷・大久保と長州の御堀《みほり》耕助らとの会合で武力討幕論のまきかえしがはかられ、討幕挙兵と、その戦略が協議された（『維新史料綱要』巻七）。大久保は広島藩もこの挙に加わるよう辻や植田乙次郎に説いて同意させ、九月二十日、薩長芸三藩同盟を成立させたのである（「芸藩志」巻七九）。それは九月二十五日ごろ薩摩兵が三田尻に到着するので、長州・広島両兵は御手洗《みたらい》港に会合し、三藩兵がそろって上京する手はずであった。ところが、広島藩は植田が持ち帰った三藩同盟の内容をみて、世子長勲《ながこと》や辻が大政奉還の建白を見守る必要もあると、三藩兵の東上延期の特使を鹿児島や京都薩摩邸に送った。これを知った大久保は、広島藩の国論変更と断じ、最初から期待しなかったが、あまりの変節で問題にもならない（『大久保利通文書』第二巻）とのべ、また、長州藩品川弥二郎も「婦女子ノ申様言葉バカリ吐キ、実ニ憤懣ニ堪ヘ申サズ」（同上）、さらに討幕派公卿中御門経之《なかみかどつねゆき》も「広島藩ノ態度優柔不断、憂慮ニ堪ヘサル」（『維新史料綱要』巻七）と、大久保に告げるなど、大方から批判をあびることになった。

こうして、十月八日薩摩の小松・西郷・大久保、長州の広沢・品川、広島の辻・植田らが会して、兵をもって王政復古の大業を断行することを議決し、討幕の勅命降下を要請していったん聴許されたものの、十月十三日討幕の密勅が薩長両藩のみに下され、広島藩は除外された。その訳《わけ》は広島藩の態度が日和見であることと、討幕軍の中核になる新鋭銃で装備された強力な軍隊をいまだ持つことができないでいることにあったといわれる（『広島県史』近代1）。同じ十月十三日、徳川慶喜は京都二条城に四〇余藩の重臣を召集して政権返還のことを諮問のうえ、翌十四日大政奉還を上表し、翌十五日朝廷はその奏聞を許可した。その後、譜代藩を中心に佐幕論が抬頭するなか、広島藩は応変隊二隊（四三六人）を大坂に送ったが、十一月十六日の薩長芸三藩の出兵協議にもとづき、島津茂久率いる薩摩藩軍隊（三〇〇〇人）の入京、毛利内匠率いる長州藩八中隊の西宮上陸、後陣に長州・広島藩両軍の尾道駐留など、京坂に軍事的圧力を加えて、政局を一挙に打開する王政復古のクーデターに打ってでたのである。こうして、十二月九日岩倉具視《ともみ》は西郷・大久保らとはかって徳川氏の辞官納地を三卿（中山・中御門・正親町三条）に示して承伏させ、五藩主（薩摩・土佐・広島・尾張・越前）の「容易ならざる大事御評決ノ儀」に、王政復古を宣言して、摂政・関白・征夷大将軍などを廃して新たに総裁・議定・参与の三職をおくこととし、総裁以下の新政府の人事を任命した。さらに五藩の軍隊を宮廷内外の諸門・公卿の邸宅などに配置守衛させ、会津・桑名両藩兵の守備を解いた。同日夜には小御所御前会議が開かれて、徳川氏の辞官納地をはじめ新政府案が承認されたのである。その際、最大の議題が徳川慶喜の処遇問題で、薩摩・広島両藩は辞官納地を、土佐・越前・尾張三藩は慶喜の擁護に賛成する両意見がするどく対立し紛糾したが、浅野長勲（広島藩世子）の山内容堂（前土佐藩主）説得により、さしもの激論も終息したという（『明治政史』首編）。なお「王政復古政府」の総裁は有栖川宮熾仁親王《ありすがわのみやたるひと》で、広島藩からは議定として浅野長勲が、参与には辻将曹・久保田平司・桜井与四郎が任命され、新政府の有力な構成員になっていた。

戊辰戦争と広島藩　慶応四年（一八六八）正月三日、徳川慶喜の幕軍および会津・桑名両藩兵が京都にむけて反撃してきたのを、薩長土などの藩兵が鳥羽・伏見に迎え撃って大勝したのをはじまりとして約一年半にわたって戊辰戦争が展開された。鳥羽・伏見の戦では、在京の広島藩兵八〇〇人弱が岸九兵衛に率いられて、伏見ついで山崎の守衛にあたり、南部健介の率いる応変隊砲兵一隊もこれを応援した。また、尾道に駐留していた芸長両軍は上坂を命ぜられ、途中、福山・姫路・龍野諸藩の帰順をすすめて大坂に到着し、警備についた。備後・備中幕領地の鎮撫について、広島藩は処置総裁を年寄蒲生司書に命じ、追討軍を結成して錦旗を奉じ、福山から甲奴《こうぬ》郡上下《じょうげ》村の幕領陣屋・笠岡・玉島をめぐって任務を完了したので、二月十三日朝廷に報告した（「芸藩志」巻一一七）。

このほか、広島藩兵は北陸・東北・関東各地に出兵従軍している。北陸道従軍第一隊は、先手物頭《さきてものがしら》調子三太夫が率いる先手足軽・応変隊を合せた混成隊（一五八人）で、鎮撫総督高倉永祐《ながすけ》にしたがい、慶応四年正月二十日、京都を出発し、敦賀《つるが》・金沢・富山・小諸《こもろ》・軽井沢をへて、四月四日江戸に到着し本願寺に本陣を構えた。第二隊は寺西盛登率いる銃隊足軽・新整組四小隊（大砲二門・五七六人）で、七月三日宇品を出港、征討総督仁和寺宮《にんなじのみや》に属し薩摩・長州・秋月藩兵とともに、新発田《しばた》・新潟をへて会津攻撃に参加した。第三隊は福尾尚太郎率いる応変隊（二五〇人）で、小倉・佐土原藩兵とともに敦賀・新潟・沼垂《ぬったり》に到着したが、すでに会津は落城しており、十一月に帰藩した。

仙台口従軍第一隊は、黒田益之丞率いる神機隊（三〇〇人）の精兵で、四月二十七日江戸品川に上陸し、六月二十五日より筑後・筑前・因州・長州・館林・肥後諸藩兵とともに奥州仙台口攻撃に加わり、九月二十日仙台藩は降伏した。この従軍には太平洋岸を北上して久の浜・広野・浪江と激戦がたび重なり、「本隊は当初三百人の兵卒も漸次減少して僅か八十人を残留するに至れり」といわれるほど死傷者を出している（「芸藩志」巻一二五）。第二隊は八月二十一日、三村覚衛を隊長に神機隊（一八一人）が出張ったが、江戸で藩士八島栄之丞率いる新整組（二〇〇余人）と合流し、備前藩兵とともに水戸表・奥州亘《わたり》表・仙台などに転陣し、「芸州会議所」を設けて占領対策の施行にあたった。

さらに日光口従軍隊は、北陸道第一隊と交替するため、二川主税率いる応変隊（三二九人）を派遣したもので、六月十四日同第一隊の応変隊員五五人を合せて日光表の警備についた。八月二十三日肥前・宇都宮藩兵とともに会津攻撃を命ぜられ、九月十四日からの若松城総攻撃に参加した。九月二十九日、会津から帰京し、江戸から海路江波《えば》に凱旋した。

以上のほか、広島藩の汽船万年号・達観号は奥州方面に出動し（万年号は暴風のため柏崎沖で沈没）、また豊安号は奥州・蝦夷地海域まで出動した。なお、広島藩の戊辰戦争出兵総数は二二七二人、そのうち死者七八人（藩士五六人、小人・家来七人、夫卒一五人）、負傷者一一八人（藩士一〇七人、小人・家来三人、夫卒八人）とある（「芸藩志」巻九八）。

版籍奉還と藩庁改定　明治二年（一八六九）正月、最後の広島藩主を継いだ浅野長勲は、薩長土肥の四藩主につづいて新政府に版籍奉還を建白した。新政府は六月十七日、全藩の版籍奉還を承認して各藩主を華族に列し、知藩事（のち藩知事）に任命するとともに藩地の行政を委託した。これをうけて広島藩は、同年八月藩知事浅野長勲名で委任趣旨を藩内に諭告して、藩最後の改革政治をすすめた。

まず、藩治機構の改革では、すでに明治元年五月十八日、藩政の総理府といわれた御用達所と年寄制を廃して、政事堂と制度・軍事・郡政・会計局との一堂四局制をとった。政事堂は藩政を総裁し、重要政務を裁定する権限をもち、総督・副総督（浅野飛驒）・参政（石井修理・原新五兵衛・桜井与四郎）・顧問・大監察（二人）・側右筆（二人）で構成された。制度局は祭祀・制度・刑法の三掛《かかり》、軍事局は軍事掛、郡政局は郡奉行、会計局は米銀掛などをおき、機構の簡略化、行政の簡易敏捷性をねらった。その後も十月二十九日、政府は藩治職制を制定公布して、各藩がそれぞれ伝統的な行政機構・職制を漸次改革するための規則を定めたのをはじめ、段階的に数次にわたる制令改正をおこなって、二年六月の版籍奉還となるが、さらに明治三年九月十日、政府は最終的に「藩制」を公布して、版籍奉還後の諸藩行政の推移を考慮しつつも、中央集権化の方向で藩制度に一定の規則を付与したものである。

これに対して広島藩でも、そのつど慎重に対応しながら、二年八月二十四日および十一月二十四日の両度、藩庁職制の大規模な改定をおこない、最終的に明治三年十一月十五日に藩職制・事務分掌を改定したのである。この改定の特色は、過去二年半にわたって広島藩庁の統轄機関として登場した政事堂を廃止するとともに、新たに藩庁職制を学校・軍務・庶務・刑律・監察の五部制とし、各部は少参事・権少参事がこれを督することになった。したがって、藩政全体は知事・大参事・権大参事が統轄する体制を整えたことになる。なお、官禄（年俸）は石高で定められ、知事五〇〇石・大参事二七〇石・権大参事二〇〇石・少参事一三〇石・権少参事一〇〇石・大属五〇石・権大属三三石・少属二六石・権小属二〇石・史生庁掌一五石であった（『広島県史』近代1）。

以上のように維新期の藩庁政治は幕末期改革の不徹底を持ち込んだうえ、王政復古や版籍奉還の政情が要求したものを背負って改革政治に直面したことになる。しかも、改革の中途で贋金事件の取調べや、明治二年の大凶作が大きく影響して、改革自体が形式的な制度変更に終始して内容を深めることができなかった。その最大の原因は、財政改革が失敗して財政的な裏付けが得られず、いわゆる朝令暮改に終わったことにある。

軍事編成と財政整理　広島藩の軍事編成には、当面の課題として長州戦争・戊辰戦争期につぎつぎに結成された諸隊の解散と正規軍の再編があった。戊辰戦争の大勢がほぼ決した明治元年（一八六八）九月に応変隊ほか一五隊があった。二年七月に藩は諸隊再編成令をだして、戦功のあった応変隊・新隊・神機隊の三隊のみ、そのまま屯集させ、他の諸隊（一二隊・約二〇〇〇人）はいったん解散し、そのなかから強壮な者を撰抜して協和軍（七分隊九〇二人）を組織したが、一ヵ月後の八月には隊名を廃して藩兵の四等隊（兵員二二五五七人）に位置づけたものの、十二月になると一般隊員に銀札五四〇目ずつを与えて解散させている（「芸藩志」巻一〇五）。

藩正規軍の改革は、明治元年六月、先手足軽・側足軽新組を改正して銃隊三大隊を編成していたが、三年三月、兵部省の常備兵編成規則にのっとり、士族の一大隊（隊士六〇〇人・有司三一人）と卒族の五大隊を編成した。そして、兵部省兵員・武器調査によると、広島藩は総兵員一〇大隊・六〇〇〇人を目標としたが、現実は七大隊・四二〇〇人、加農《カノン》砲一五台（弾薬二〇〇〇発）、小銃四二〇〇挺（弾丸一二〇万発）、軍艦摂津号一隻などと報告されていた。また、藩兵の軍事訓練は、明治元年十月、イギリス士官フラックモールを招いてイギリス式訓練をおこなっていたが、政府は明治三年十月「諸藩ヲシテ陸軍編制ハ仏蘭西式ニ依ル」（『法令全書』明治三年）と布告したので、広島藩も十月末に常備兵の編成を五箇中隊をもって一大隊とするフランス式の戦法を採用するにいたった（「芸藩志」巻一一〇）。

つぎに改革政治のなかでも、もっとも重視されたのが藩財政の整理であった。明治三年十月、広島藩が太政官に提出した「歳入歳出総計帳」によれば表13のとおりである。その内容の特色は、まず歳入面で総収入二八万八七二五石のうち、租税収入が八八・四%を占め、ほかに鉱山収入も一一・六%とあるが、歳出にほぼ同額の「銅鉄山稼の者仕入米」があって、両者は相殺されるので実質的に租税が唯一の収入源であったことがわかる。また、歳出面でもっとも比重の高いのが総支出の四五・七%を占めた知事以下の家禄・秩禄であり、つぎに二〇・六%の藩債処理・藩札引換など、ほかは軍事費四%、民政関係（社寺農商扶持・他所合力扶持并養老孝子奇特者褒賞）一・二%、学校費〇・三%と極端に少

表13　明治3年広島藩歳入歳出総計表

出入	費目	石高	百分比
歳入	租税	石 255,338	% 88.4
	鉱山収入	33,387	11.6
	計	288,725	100
歳出	軍資金	1,970	0.7
	軍務入費	6,000	2.1
	練兵屯集入費	3,600	1.2
	学校入費	1,000	0.3
	会計入費	1,000	0.3
	営繕入費	1,700	0.6
	東京入費	5,300	1.8
	京都入費	4,500	1.6
	大坂入費	600	0.2
	旅行・藩外往来入費共	4,000	1.4
	緒運賃米	5,100	1.8
	社寺農商扶持米外	3,500	1.2
	糾弾所費外	1,400	0.5
	徒罪場入費	300	0.1
	異宗門徒入費	400	0.1
	藩債年賦返弁凡20か年之積	59,600	20.6
	藩札引換金凡15か年之積	10,000	3.5
	知事家禄	25,534	8.8
	士卒外秩禄月給共	106,450	36.9
	銅鉄山稼之者仕入米	33,300	11.6
	予備	13,471	4.7
	計	288,725	100

『広島県史』近代現代資料編Ⅰ，1—81による．

なかった。

さて、藩にとって克服すべき課題は、藩債の処理と藩札の消却（贋金を含む）であった。総収入の二〇・六％を支出している藩債は、藩の責任において年賦償還を指示している。明治二年六月に行政官へ報告した藩の負債総額は、三七四万二二九〇両（うち他国・藩内借財三三九万〇三七四両、異人借財三五万一九一六両）であった。この負債は、藩の租税収入二五万五三三八石を一石五両替（明治三年相場）と見積り、全額償却にあてても約三年を要する莫大な額である。たしかに幕末から戊辰戦争の激動期に領内外を問わず借銀を重ね、大坂はもちろん長崎（洋商）や領内豪商から借りまくっており、嘉永初年に七二万両であった借財が、明治二年には五倍以上の三七四万両に増大したのであった。このうち、外債は正確な支払いが要求され、債主イギリス人ヒュスに洋銀五万九二三〇枚、債主同人ヲールトに洋銀一二万八〇〇〇枚を明治三年七月と閏十月の期限までにそれぞれ返却したが、別にオランダ人ホートヱンに洋銀一五万枚を借り、そのうち七万四〇〇〇枚を返却して残額七万六〇〇〇枚が未済で、明治四年二月より六年六月まで月賦返却を約定したが、利息は一ヵ月二歩ときわめて高利であった。莫大な藩内外債は家禄や職禄を大幅に削減して償却にあてた。知事自身も家禄の半額、一万二七〇〇石を拠出して藩債償却にあてている（『広島県史』近代1）。ただし、廃藩置県（明治四年七月）になると、藩債は大蔵省によって一括処理されることになり、大坂負債の大部分が大蔵省発行の公債に切り換えられた（「芸藩志」巻九四）。

また、藩札の償却も重要な問題である。明治三年（一八七〇）の藩札引換金を一万石と見積もっているが、明治二年四月の郡政会議でも、銀札問題は「実ニ方今の一大患にて」とされ、幕末から維新期にかけて無造作に乱発した銀札・米札を年賦支払いで回収する計画が立てられた。結局、廃藩置県後の報告では紙幣・米券の製造総額一八万八八二八貫余、世上に流布した額一七万九四八二貫余であった。これを時相場一両二一六匁替によると八三万両余となり、この莫大な藩札も明治政府の手で交換されるのである。

この藩札と連動したものに贋金《にせがね》問題がある。維新期の動乱は莫大な戦費捻出を必要とし、多くの藩が贋金を製造して急場をしのいだ。広島藩の贋金は、勘定奉行伴資健・石川忠奐らを中心に企画され、明治元年三月ごろから二歩金・当百銭（天保銭）・金札などの鋳造・発行がみられた。二歩金ははじめ広島城下の三上吉太郎・寺西盛登両邸で鋳造されたが、手狭なため尾長村東山荘・三原城内・水主町浅野忠英別荘の三ヵ所に移しておこなわれ、一次鋳造は元年三月から一ヵ年、二次鋳造が二年五月から三年はじめまでであった。当百銭は高宮郡可部町で、町年寄・鉄問屋木坂文左衛門が藩命をうけて明治元年四月より一次・二次と鋳造した。金札は明治三年五月太政官札を模して発行したもので、今井他人平・町人木原房吉が携ったが、取調べが厳しくなり中止した。

贋金鋳造が摘発されるのは明治二年後半からで、藩が三年二月政府へ提出した報告書によると、贋金製造は二歩金のみ、場所は東山屋敷・三原城・広島神崎の三ヵ所、期間は元年三月より九月まで、鋳造総額一九万六三九四両と、できるだけ過少に見積っている。取調べがすすんで政府は、明治三年四月、全国諸藩に対して二年五月以前の贋金関係者をいっさい赦免する布告を発した。広島藩は二年五月以降も鋳造していることが発覚しており、同三年秋に浅野忠（元副総管）・浅野忠英（元家老）・伴資健（少参事）・小鷹狩正作（元勘定所吟味役）・脇本武兵衛（元浅野忠英用人）・沖加都麻（元浅野忠英勘定奉行）らが、拘留・繋獄のうえ取調べをうけ、知事浅野長勲自身も進退伺いを出して謹慎している。廃藩後の四月に判決があり、旧藩役人らは比較的軽い刑罰であったものの、藩政改革の最終的仕上げをおこなううえで、藩庁中枢が麻痺するという大きな痛手となった（『広島県史』近代現代資料編Ⅰ）。

四　広島藩の終焉と大一揆

廃藩置県の強行　明治四年（一八七一）七月の廃藩置県によって、はじめて全国に三府三〇二県が成立した。広島県は七月二十日の藩知事の達書（廃藩置県の詔勅）により藩領域をそのままに成立し、藩知事は罷免されて東京居住を命ぜられた。七月二十四日、広島「本城」に設けた県庁において、士族全員を登庁させ、権大参事西村正倫《まさとも》が大参事以下の事務取扱いを伝達した。これは藩知事の免職と大参事石井正敏・神田直養らが贋金事件に連座し、取調べ中であったことによる。そして、八月十五日、河野敏鎌《こうのとがま》（高知県士族）が広島県大参事に任命されたものの、実際に来県したのは九月二十五日であった。その間の県内事情として、あとで述べる大一揆（武《ぶ》一《いち》騒動）の展開と関連する県庁人事に、大参事石井正敏・神田直養、権大参事西村正倫・谷口直卿をはじめ、少参事伴資健以下八三人（少参事三・権少参事四・大属六・権大属一三・少属七・権少属一六・史生三三・庁掌一、うち依願免官一二）が年末までにつぎつぎに更迭されている（「広島県史料」二）。そのため、あとは大参事河野敏鎌を頂点に権大参事西本正道《まさみち》、少参事小川文六、権少参事亀岡勝知らで中枢を構成し、十二月に参事（六年九月権令）伊達宗《むね》興《おき》（和歌山県士族）を迎えて、十一月二十七日公布の県治条例にもとづく新しい態勢の構築に努めたのである。

以上のように広島県の廃藩から置県への成立過程は、まさに中央集権化を目ざす政府の一種のクーデター方式で実施されたというべきで、存続していた藩体制を完全に解体させるものであった。しかもそれは中央政府の一方的な強行処置に対して、旧藩士たちの反対や抵抗ではなく、広島県の農民階級による大一揆（世直し一揆）をもって対応したのであった。

広島県大一揆（武一騒動）の発端　廃藩置県を契機として、天皇制国家の構築をめざす維新政府に対する農民階級の闘争は、新たな展開をみせはじめた。新政府の打ち出す地方行政や軍事政策への対決が、明治四年旧藩主引留闘争や、明治六年の徴兵令反対闘争など、西日本の諸府県に集中して波及し、農民を中心とする民衆の大規模な反対闘争となった。

明治四年八月四日にはじまる広島県の旧藩主引留歎願は、全国にさきがけておこなわれた。前藩主

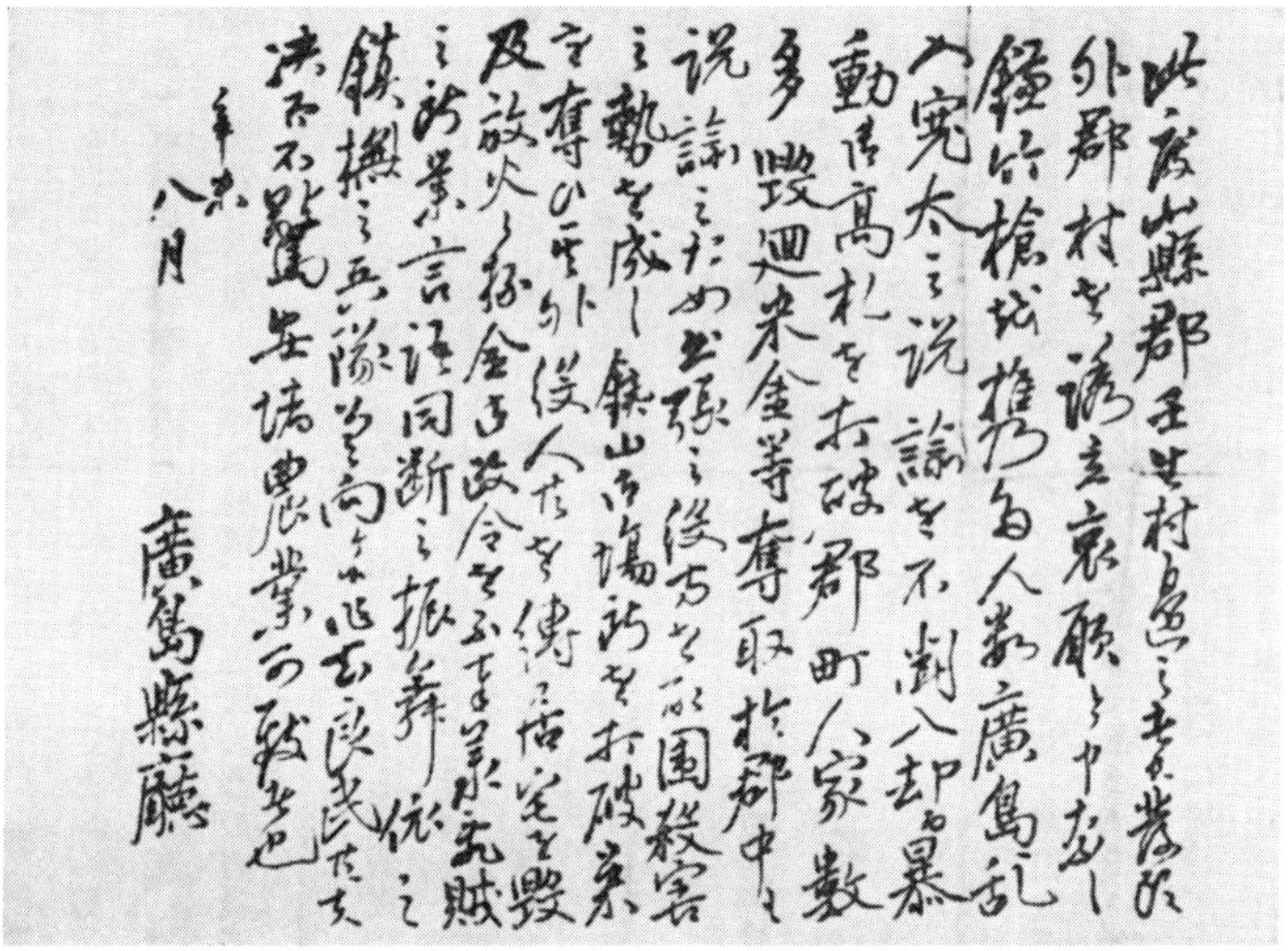

図 20　広島県庁の説諭書（広島大学大学院文学研究科日本史学研究室蔵）

浅野長訓《ながみち》一行が、水主《かこ》町大雁木《おおがんぎ》（乗船場）にむかう途中、多くの農民に行手を遮られた。「郡町の人民は、道路に充塞し、また海上は漁船を以て老公座乗の船を囲繞するの準備をなし、及び宇品の基本船をもこれを掩留する準備を整へ、遠くは音戸瀬戸口の通船を抑留して待つの報あり」（「芸藩志」巻一一五）と、諸郡の農民が多数集まって、長訓一行の発駕阻止に備えていたことが知られる。事態を憂慮した広島県は、長訓の発駕を延期して農民の懇諭・帰村を通達するにいたった。しかし、農民が広島につめかけるすう勢はとまらなかったので、八月七日、県は長訓の「説諭頭書」を携えて県下を八方面に分け、それぞれ説諭隊（官員三人ずつ二四人）を巡回させた。そして、八月十日、広島城下に集まった農民数千人は、制札の引き倒しや豪商の邸宅を打ちこわして県官の鎮撫をうけるや、「御藩内十六郡百姓共」の名の歎願書を提出して、いちおう退散していった。

　さて、この歎願書は山県郡有田村（現北広島町）武一の起草といわれる（このことからこの大一揆は武一騒動とよばれた）。その内容は、先日来の人民行動を謝罪しながらも、廃藩置県後の新しい朝政の実施にあたって、浅野長勲《ながこと》に県政を担当してほしいこと、百姓一同はこの事態を「国政の一大事」と把握しており、もしこの願いが叶わないときは身命をなげうち歎願することに決定したとつよく主張している（「芸藩志」巻一一五）。こうして、広島県大一揆の第一段階は終了し、ただちに本段階へと突入していった。

大一揆の展開と武力鎮圧　旧藩主の引留運動から暴動・打ちこわしへ発展した一揆は、県内各地に波及して大一揆の様相を呈した。まず、広島城下町では、県内各郡から集まった農民数千人は、八月十二日、城下の下層都市民と合流して大手筋二丁目の三村屋来助宅、船入村の兵部大丞船越洋之助宅、上流川《かみながれかわ》町の少参事小川忠順宅など、つぎつぎに豪商・官員宅三六軒を打ちこわしていった。県は十三日になって、この一揆を兵力をもって鎮圧することに決した。

　諸郡では、山県郡がすでに八月十一日、大塚村（現北広島町）の割庄屋稲垣龍右衛門、高野村（同上）の同山本五郎右衛門宅が集中的に打ちこわされ、上筒賀村（現安芸太田町）の同池田友兵衛が一揆勢に捕われ、都志見《つしみ》村の囲牢に入れられた。翌十二日には奥筋二〇ヵ村から参加した農民が有田村に集まって、割庄屋石橋久兵衛、同青木重兵衛宅を打ちこわし、壬生《みぶ》村へでて庄屋宅を打ちこわすと、さらに二手に分かれ、一手は川東村庄屋宅、他の一手は南方《みなみがた》村庄屋宅を打ちこわすなど暴動化した。十三日にも加計村（現安芸太田町）に設置されていた鉄山方出張所が打ちこわしをうけ、米穀を奪われ役人が縛られる事態になった（『千代田町史』通史編上）。八月十二日になると、一揆は山県郡から世羅・賀茂郡一帯へ拡大した。世羅郡甲山《こうざん》町では出張中の県官後藤兵之助が、七ヵ村から竹槍を携えて集まった農民らに襲撃をうけ自刃する一揆が起こり、加茂郡広村でも八幡社に集結した農民が、庄屋・組頭ら村役人宅を打ちこわした。八月十三日には一揆の動きが城下・山県・世羅・賀茂郡からさらに広く県内全域に波及し「一六郡中尽く乱民蜂起」という大一揆となり、事態はいっそう深刻になった。県は兵力による暴動鎮圧を決定し、十三日早朝から城下の巡邏と説得を開始した。広島城下町に投入された兵力は八小隊で、京口門より京橋へ一小隊、大手筋一丁目より矢倉下へ一小隊、元安橋より本川へ一小隊、運上場より一本木へ一小隊、その他八丁堀・北門・南門・西門へそれぞれ応援小隊を配備した。一揆勢のうち竹槍で手向かうものもあり、部隊も発砲して死者二二人、負傷者四人の被害者をだして鎮圧された。しかし、諸郡の方は十四日、安芸・高宮・高田・三次・三谿の各郡で割庄屋・庄屋ら豪農らが強要や打ちこわし被害にあい、十五・十六日にも恵蘇・御調・世羅・奴可・三上・甲奴など県東部に集中的な騒擾《そうじょう》が起こった。そして、十九日には県東部の要地尾道町に御調郡民四万数千人が押し寄せ、郡用所・庄屋・商家・寺院などをつぎつぎと打ちこわし、また鎮撫として出張中の県官を竹槍で刺して殺害した。尾道一揆は十九日・二十二日の二度にわたる三原城兵隊・二大隊の鎮圧にもかかわらず執拗に続き、「巨魁《きょかい》」二人の逮捕により二十七日ごろ鎮静化した。

広島県は八月十三日の兵力による一揆鎮圧に先立って、福山・山口・岩国・浜田の近県に使者を送って暴動の兵力鎮圧を知らせるとともに、出訴人・逃亡人の捕縛方を依頼した。また、太政官へ「乱民騒擾」の事情を報告するとともに、権大参事西村正倫以下九人の進退伺書を提出し、司法省の指示をうけて一揆の「巨魁の者」を探索・厳刑に処す命をうけている。こうして県は、十五日山県郡へ兵一大隊、十六日賀茂郡へ兵一大隊、十七日賀茂郡へ兵二中隊、御調郡三原・尾道へ一中隊、山県郡へ増兵二中隊、十八日東・北部諸郡へ神機隊などを派遣して鎮撫にあたった。また、十九日には山口・岩国・浜田・福山・松江・鳥取・高梁《たかはし》・倉敷・中津の九県へ、逃亡者の捕縛方を依頼している。こうして、さしもの県内一揆も八月二十七日ごろには鎮静化したものの、県はまだ強力な兵力による県民威圧が必要であるとし、平常化対策を積極的に推進した。

その第一は、騒動の過程で急速に広まり、打ちこわしの対象ともなった「浮説流言」を批判し、県民の誤解をとくために、九月二十三日浅野長訓が「直諭書」を布達したこと、第二は一揆首謀者の逮捕である。十月五日の太政官達書に続く、「巨魁の者」逮捕のうえは「死刑たりとも即決処置致すべき事」の指令どおり、一揆責任者に対する糾弾はいっそう酷薄なものになった。県の最終的逮捕者は五七三人にのぼったが、そのうち、有田村武一をはじめとする九人は、「先般郡市暴動巨魁」として十一月四日「即決処置」され、刑場の露と消えていった。第三は県内村ごとの請書提出がある。御調郡村々では八月二十六日ごろから、「村」を単位に「村々動乱鎮静御請書之事」が作成されていった。この請書のなかで、一揆に参加した村内百姓が自分たちの行動を反省し、以後「再発御厄介」は決してかけないと、「村」ぐるみで誓約しているわけで、諸郡への拡がりは不明である（「郡市庶民騒擾日誌」）。

一揆の要求とその性格　この大一揆の打ちこわしの対象になったのは、広島城下や尾道の町方では、両替店・金融仲買商を中心とする特権的豪商層や、県官・神機隊屯所など五〇軒余であり、郡部では町年寄・割庄屋・庄屋・組頭・社倉支配役など地方《じかた》役人のうち、藩への献金・資金調達・囲籾・専売制などの特権と高利貸・地主的機能を合せもつ地主豪農層二〇〇軒余であった。したがって、一揆勢は旧藩権力のもとで、封建的収奪の強行に加担し営利を得ていた階層をやりだまにあげたといえよう。

また、この大一揆を誘導した主体的勢力として、一揆の責任者として処刑されたのは総数五七三人（梟首《きょうしゅ》一・斬罪三・絞罪五・准流一八・徒三二・杖三二一・笞一九三）であり、そのうち死刑の九人は、百姓総代武一（山県郡）・組頭勘三郎（豊田郡）と御調郡四・世羅郡二・三谿郡一の三郡の百姓からなる。一揆勢の全体から見て第一段階では、百姓総代武一のように中間層的農民および上層農民が主導的役割をはたしたが、第二段階に突入すると、「広島出の者と当度奥出の者とハ趣意大意ニ相違ひ、甚《はなは》だ以《もっ》て不評判ニ御座候」（「郡市庶民騒擾日誌」）と、主導権は村落内部に滞留し、村役人層とするどく対立する零細貧農層および下層都市民（半プロ層）の手に移行したと指摘できよう。

つぎに一揆の要求とその性格をまとめると、第一に旧領主の県知事留任の要求があった。その要求と行動には領民の離別を惜しむ封建的心情に裏付けられるが、いっぽう的上京はこまるという民衆の意志も働いていた。つまり、ペリー来航より一六年間に全領的規模の御用金調達七回、献金二回に協力してそれぞれ身分格式を濫発されたが不要になり、また、もっとも期待した「涙金」の下げ渡しがご破算となって、極度の困窮化を怖れた行動であった。第二に太政官の統一新政への反発がある。広島県が否定と説諭に懸命になった「奸物」の「浮説流言」七ヵ条のなかに、
（イ）総百姓へ恵与される三〇〇〇両の「涙金」が割庄屋の手許で隠匿されている。
（ロ）「耶蘇《やそ》宗ノ秘仏」を納めた桐箱が、お上より割庄屋へ密かに渡されている。
（ハ）飼牛と女子（一五～二〇歳）の異人売り渡しが割庄屋に申し渡されている。
（ニ）太政官は異人が「政事」を取り扱う場所となっている。
など四ヵ条のように、新政府のすすめる宗教・戸籍・対外など諸政策に不信と反対の態度が強硬であった。とくに村落支配層の割庄屋・庄屋層を「太政官付」、その手先と認識して打ちこわしの対象としたことに顕然化している。第三に土地・租税問題への提起があった。「浮説流言」には、
（ホ）「年貢取立桝一斗二升入三杯ノ取立」になり、生計が立ち行かなくなる。
（ヘ）田畑の年貢取立てが「八畝割」でおこなわれる。

（卜）冥加金・水役（職人稼ぎ税）が多くなり、苦情申し立てが倍加している。の三条もあり、新政府の土地・租税政策が新たに苛酷な収奪体制に再編されることを懸念して反対闘争に踏みきっている。各地で一揆勢が年貢・土地帳簿や質地証文などの破棄を強行したのは、貸借米銀の徳政（廃棄）や、田畑山林を取上げて人別平等割を行うなど土地革命の要求が根強く存在していたことの証左である。このことは、やがて地租改正事業の施行を契機に、農民階級と国家との新たな全面的対決として展開していった。ともかく、この大一揆は県庁中枢を総退陣に追い込み、新しい広島県の出発点となったのである。

こうして、県内全域におよぶ一揆は、旧支配体制に衝撃的な打撃をあたえた。しかも、松山・大洲（伊予）・母里《もり》（出雲）・高松・福山・高知などの諸県にも波及し、大きな影響をあたえることになった。

五　新しい広島県へ

府県の統廃合　明治四年（一八七一）七月の廃藩置県により、芸備両国では広島藩が広島県、福山藩が福山県、中津藩飛地が中津県（なお、幕府直轄地は同二年に倉敷県）となった。そして、十一月には広島県が甲奴郡の倉敷県（一二ヵ村）、同じく中津県（一二ヵ村）を吸収して安芸国一円と備後国八郡を管轄することになった。広島県は広島城本丸に県庁をおき、同四年八月十五日、河野敏鎌《こうのとがま》（高知県士族）が県参事に任命されたが、全県一揆のため着任することなく同二十三日に免官、大蔵省六等出仕をへて、九月十五日広島県大参事心得となってようやく着任した。そして同年十二月河野が免官となり、伊達宗興（和歌山県士族）が参事、西本正道（広島県士族）が権参事に任命されている。同六年九月には宗興が広島県権令に任官したが、八年二月に依願免官となり、藤井勉三《べんぞう》（山口県士族）が権令に任命された。その間に、広島県庁は六年一月に広島鎮台が設置されたのを機に本丸・三の丸から国泰寺《こくたいじ》（中区小町）を仮庁舎として城外へ移転したが、九年十二月火事で全焼し、さらに仏護寺《ぶつごじ》（中区寺町）に移った。新庁舎が広島水主町《かこ》（中区加古町）に完成したのは十一年四月で、ただちにそこに移転した。

いっぽう、福山県は明治四年十一月の府県統廃合で廃止となり、旧福山県と備後国安那《やすな》・神石《じんせき》両郡内にあった中津県・倉敷県（以上二五ヵ村）、備中国一円を加えて深津《ふかつ》県となった。その時、矢野光儀《みつのり》（大分県士族）が権令に、森長義《ながよし》（置賜《おきたま》県〈山形〉士族）が権参事に任命されている。深津県は五年六月、福山にあった県庁を笠岡（岡山県笠岡市）に移転し、小田県と改称することが許可となり、同年十月、元笠岡代官所跡に新しい県庁舎を建設した。しかし、小田県は、諸藩領をはじめ幕府直轄領・旗本領など多様な旧領からなっているため、種々の困難な問題をかかえていて、県治はかならずしも順調に推進できたとはいえなかった。八年九月に矢野権令は依頼免職となり、津田要《かなめ》（豊岡県士族）が権参事として着任した。その三ヵ月後の十二月、小田県は廃され、岡山県に合併された。さらに翌九年四月、岡山県は備後国六郡を分離して広島県に移管したのである。ここに芸備両国一円を県域とする今日の広島県が成立したのであった。広島県は同年五月、福山支庁を設けて備後国六郡を所属させ、さらに十年六月から御調《みつぎ》・甲奴《こうぬ》二郡も福山支庁（明治十一年十一月廃止）に所属させている。明治十三年（一八八〇）四月、藤井勉三が病気のため依願免官となり、千田貞暁《せんださだあき》（鹿児島県士族）が県令に任命された。千田県令は、明治十九年七月、初代の広島県知事となり、二十二年十二月までの約一〇年間その職にあって、宇品《うじな》築港や陰陽連絡道の改修など近代化のための県政を展開した。

大区小区制と解放令　明治政府は、地方行政の単位として府県の創出に力をそそぎ、そのもとに町村の編成や、人々の職業の自由を進めるために、明治四年（一八七一）四月、戸籍法を公布し、統一的な戸籍の作成を命じた。こうして、戸籍作成に必要な区を定め、区に戸長・副戸長をおいて、その事務をすすめた。やがて、区は一般の行政区画に移行し、大区小区制に発展した。戸長・副戸長は、庄屋・組頭にかわり、町村の事務全般を取り扱うようになった。広島県は全県一揆が鎮静をみた四年十月になって、ようやく「戸籍布令」をだしてその作成に着手した。五年四月には、県内を一七大区一六九小区に区分し、大区に区長と戸長、小区に副戸長をおいている。深津県から小田県になった備後国六郡でも、六大区一一〇小区とし、大区に区長・副区長各一人、小区に戸長・副戸長各一人をおいた。この大区小区制によって、従来の町村の法制的な地位は失われたが、明治十一年七月に公布された郡区町村編制法によって、大区を廃して郡・区（都市部）とし郡区長の管轄下におき、小区を廃して町村を復活させ、戸長が町村行政を取り扱うことになった。こうして地方制度の改正と整備がすすめられ、二十二年の市制・町村制の実施によって地方自治体の基盤ができあがる。その際に成立した新市町村数は四六五（市一・町一三・村四五一）で、その前二十年の町村数にくらべると約四〇％の減少であり、大規模な町村合併がおこなわれた結果である。

明治政府は、版籍奉還によって藩主と藩士の身分関係がなくなったので、藩主と上層公家を華族とし、藩士・旧幕臣らを士族として封建的主従関係を解消し、同時に農工商などの身分を平民として、四民平等を原則とする身分制改革に着手した。明治四年八月、えた・非人《ひにん》などの称を廃止して平民籍に編入し、身分・職業・租税負担を平民同様とする太政官布告（解放令）が出された。広島・福山両県では、全県一揆のため、十月になってから県内に布達された。待望久しかった解放令に接した被差別民は、小躍りして喜び、解放の感激を確かめ合いながら、近世以来のきびしい身分差別の撤廃運動を各地でおこした。このような動向を喜ばない人びともおり、六年六月から八月にかけて、御調《みつぎ》・豊田・奴可《ぬか》・三上・恵蘇《えそ》各郡内で解放令反対一揆が起こった。また、福山周辺や佐伯郡内で、小学校教育から被差別民の子弟を排除する動きもあらわれている。さらに戸籍法の制定にもとづいて、明治五年から六年にかけて「壬申《じんしん》戸籍」の作成がおこなわれたが、これは戸主が「家」を代表し、一人の人間の人格としてではなく「家」を把握する形で、家族制度を温存していった。このことは定住地が定まらない流浪民をも戸籍に編入され、被差別部落の拡大・再生産につながっていく。解放令によって法的には賤称廃止とされたが、いっぽうで各種の経済的特権を失ったため、資本主義経済の発展とともに、多くの被差別民が生活に困窮していき、解放にはほど遠く、さらに多くの日時を要することになった。

地租改正と殖産興業　近世の複雑な土地・租税制度を、近代的な制度に改革する地租改正が実施された。地租改正はその準備として、明治五年（一八七二）の旧税法の改正と壬申《じんしん》地券の発行がおこなわれ、同六年七月公布の「地租改正条例」によって、府県単位で実施された。

小田県は五年三月県庁に地券掛りをおき、壬申地券の交付をほぼ完了した数少ない府県の一つであったが、七年に地租改正に着手した。翌八年に土地丈量の調査を済ませ、収穫量調査や土地等級調査に着手したところで、岡山県に合併された。当時の岡山県令高崎五六《ごろく》は、鬼県令ともいわれ、強権をもって岡山県の地租改正を完了させた実績があった。九年一月、高崎は旧小田県の県庁があった笠岡に各区長全員を集めて、上から収穫量や地価を決定して各大区・各町村に配賦する方法をとった。これに対して、農民が余剰を蓄えてこそ富国になると強い反対意見がだされたものの、県はこれを排除して地価を決定した。

広島県は、旧税法改正と壬申地券の発行を六年三月までに終えた。しかし、地租改正の着手は町村の抵抗により全国的にもおくれて、八年九月であった。翌九年十月から地位等級の組立てにとりかかり、十一年十二月から等級にしたがって収穫量を配賦し、地価を決定した。さらに旧小田県を含めた山林原野の地価を配賦し、地券交付をへて山林改租を完了したのは、十四年十一月であった。地租改正による土地改出率と地租増減率をみると、広島県の耕地率七七・一%、地租（耕地）一四・六%、宅地・山林一五・六%と増加している。このため改正直後から県内各地で、地価修正や地租軽減の運動がたびたび起こっている。

殖産興業期の鉱・工業については、まず、官営広島鉱山がある。近世の藩営鉄山が県庁稼《かせ》ぎをへて明治八年（一八七五）に発足したもので、たたら製鉄の技術的な改良を軸に近代化をはかった。

つぎに、明治十年（一八七七）、広島県の集約農法による綿作は、全農産物の一一・一%、金額四九万二七〇〇余円であった。翌十一年全国二ヵ所のうちの一つ、官立広島紡績所が安芸郡上瀬野村（現広島市安芸区）に建設された。十四年六月、士族授産会社が官立広島紡績所の払い下げをうけて、広島綿糸紡績会社（現広島市佐伯区）を発足させ、第一工場（安芸区）・第二工場（佐伯区）として操業をはじめた。この会社も、紡績業の近代化を刺激する役割をはたした。

このほか、備後絣と備後縞（現福山市）、備後表と花莚《はなむしろ》（現福山市）、熊野筆（現安芸郡熊野町）、仁方のヤスリ（現呉市）、広島の縫針（現広島市中区）などが、地場産業として基盤形成に必要な改良を加えつつあった。

軍事県広島へ　広島が軍事県として発展する起点は、明治四年（一八七一）八月、広島に鎮西鎮台（本営は小倉）第一分営が設置されてからである。第一分営の兵舎は広島城本丸におかれ、管轄は安芸・備中・備後・出雲・石見・周防・長門・隠岐の八ヵ国であった。六年一月、全国の鎮台配置が改定され、六軍管・六鎮台・一四営所が設置された。鎮西鎮台第一分営は、第五軍管広島鎮台となり、広島・丸亀の二営所を統率し、広島・小田・島根・浜田・山口・香川・名東《みょうとう》（現徳島県）・高知・神山（現愛媛県西部）・石鉄《いしづち》（現愛媛県中・西部）の一〇県を管轄区とした。そして、二十一年五月、広島鎮台が第五師団に改称されて広島に司令部をおいた。こうして広島は全国の六大軍事拠点の一つとなり、かつて、近世初頭に広島藩が西国萩藩の備《そな》えとされたように、日本の大陸進出にそなえ、兵員の増員と軍事施設の拡充をすすめていったのである。

広島が陸軍の軍事拠点になるのに応じて、海軍の拠点に発展するのが呉《くれ》である。五年二月、兵部省は陸軍・海軍両省に分かれたが、十九年（一八八六）五月、海軍条例によって全国を五海軍区に分け、それぞれに鎮守府を設けることになると、広島県呉に第二海軍区の鎮守府が設置された。呉鎮守府には造船部と兵器部がおかれ、その拡大充実に重点がおかれた。三十年造船部は造船廠、造兵部は造兵廠になったが、六年後には両者を統合して呉海軍工廠になった。このように広島湾をかこむ広島・呉は軍事的拠点となって、二〇世紀を迎えたのである。

あとがき

私は、一六年の歳月をかけて編さんされた『広島県史』二七巻の刊行が終った昭和五十九年（一九八五）の翌年、『幕藩制国家の展開―広島藩・福山藩を中心として―』を上梓した。その後数年して後藤陽一氏のご高配で、日本歴史叢書『広島藩』の執筆を引き継ぐことになった。ところが、その頃若干の環境変化が生じて、しばらくは執筆に専念することができなかった。つまり、新宅への転居をはじめ、広島・岡山間の通勤を前提とした岡山商科大学への転職、図書館長就任にともなう館務と学科との兼任で馴れない事務に多忙がかさなり、あっという間に十年余が経過してしまった。そのため、ようやく本格的に執筆に取り組んだのは、二一世紀に入ってからとなった。そして、断続的な史料調査をまじえながら、ようやく脱稿にこぎつけたのは平成二十五年（二〇一三）の末であった。さらに、日本歴史学会の編集をへて製作に着手したのが同二十六年十二月であり、本年四月に著者校正を終えることができた。たしかに長期にわたっての執筆期間になったが、二一世紀初頭までの地域史研究の蓄積を総合的にまとめ得たという自負もあり、一つの時代を画する書となることを期待している。

さて、本書執筆にあたっての基本的な構想は、「はしがき」にもふれた通り、芸備地方における近世史研究の成果をもり込んだ『広島県史』近世編をふまえて、この『広島藩』に結実させることにあった。さいわい、私は県史近世編において、藩政・藩財政等を担当していたこともあって、これらを生かして藩の成立から廃藩までの二七一年間を、幕藩体制の段階を示す成立・展開・解体の研究視座に依拠しながら、藩社会の特徴や自立性のあり方を解明していくことを心がけた。しかし、かならずしも構想通りには進まず、いくつかの問題を内包した事柄もあった。

まず、広島藩の藩主系譜は、初代浅野長晟から一〇代慶熾まで嫡嗣（藩祖の血流）が相続するという、大名にとって比較的珍らしい家系であったことが注目される。そのなかでも五代吉長は、宝永五年（一七〇八）二八歳で襲封し、宝永二年（一七五二）死去するまで四四年のあいだその座にあった。これは浅野家代々で最長となる。しかも、幕府の儒官室鳩巣から「当代の賢侯第一」と評されたように、学問を好み、学問と政治との一致をめざした数少ない藩主として、藩校を創始し、多くの著書をあらわすとともに、大々的に藩政機構や郡制改革を実施して、領国支配の刷新をはかった。しかし、本書ではこれらの事蹟を総合して体系的に叙述することができなかった。吉長の事蹟を網羅した研究書が是非とも必要であることを痛感している。

また、吉長の目ざした改革の延長線上にある政策のうち、六代藩主宗恒、七代藩主重晟の代で展開されたものがある。それは国産自給論を下敷にした国益政策、殖産興業の奨励であり、藩財政の建て直しに一定の成果をあげている。それらを郡村段階で直接担当し、推進役の役割をはたしたのが割庄屋・村役人（中間層）で、彼らは地主豪農・豪商としてその利益を享受する立場にあった。彼らに対して藩執行部はなんら対策を講じなかった。文政十三年（一八三〇）八代藩主斉賢が逝去し、九代藩主にまだ一四歳で病弱な斉粛が擁立されたのを契機に、守旧派・改革派など派閥勢力が台頭し、権力闘争をくり返してしばしば政務を壟《ろう》断する弊が顕著になる。さきの中間層の処遇にも、格式授与などの褒賞で済ますことが多く、彼らの地方支配の力量を活用することはなかった。同様に天保の飢饉に端を発した財政窮乏や、外圧による国際情勢への対処、洋学導入や有為の人材育成、西南雄藩にふさわしい軍事力の装備など、幕末危機に必須の革新的藩政を推進することができず、結局、「日和見藩」に甘んずるほかなかったのである。しかも、藩政組織の瓦解を決定づけたのは、明治三・四年（一八七〇・七一）におきた贋《にせ》金事件による藩幹部の失脚と、廃藩置県を契機に勃発した全県一揆（武一騒動）による県主脳陣の総退陣にほかならなかった。したがって、新しい広島県でも、県域が芸備両国に回復したものの、県組織と政務の構築は困難をきわめたといえよう。

このように幕藩制支配の視点で『広島藩』の成立から解体にいたる過程を、史実にもとづいて体系的に叙述してきたが、藩社会の展開とその変容を含めてかならずしも忠実に追求できたとはいえない面もあった。たとえば、一八世紀半ば以降の国益政策のなかで、地域の中心になって取り組んだ地主豪農・豪商の地方支配のあり方、その資産規模とその蓄積過程を含めた社会経済的性格の検討をおこなってきたとはいえないからである。しかも、彼らのあり方として、幕末期に土地保有・農業・塩業

（産業）・商業・貸金業といった複数の収入源を持ち、その収入に支えられて割庄屋・庄屋・社倉支配役といった役職にも就く社会層（中間層）であり、維新変革をへた後にも、商取引・小売・遠隔地貿易・投資家・地域の「役職」・土地所有を通じて安定的な資産形成をした名望家層、あるいは企業家層といわれるように転身したといわれるが、彼らの地域支配のあり方や、その変容を検討する視点を準備することができなかった。この点は、今後別の機会を待つほかない。

ともかく、終りにあたって終生ご指導をいただいた後藤陽一・渡辺則文両先生のご冥福を祈りながら、本書の刊行を報告したい。

二〇一五年四月

土井作治

福島氏略系図（藩主は○、養子関係は＝）

- 福島正信《まさのぶ》
  - 女子（別所重宗室）
  - ①正則《まさのり》
    - 正友《まさとも》
    - ＝正之《まさゆき》（別所重宗七男）
    - 忠勝《ただかつ》（信濃国へ移る）
      - 正長
      - 女子
    - 正利《まさとし》
    - 女子
    - 女子
    - 女子
  - 長則《ながのり》
    - 正信《まさのぶ》
  - 高晴《たかはる》
  - 男子
  - 正映

浅野氏略系図（広島藩主は○、三次藩主は□、赤穂藩主は◇、青山分家は△、養子関係は＝）

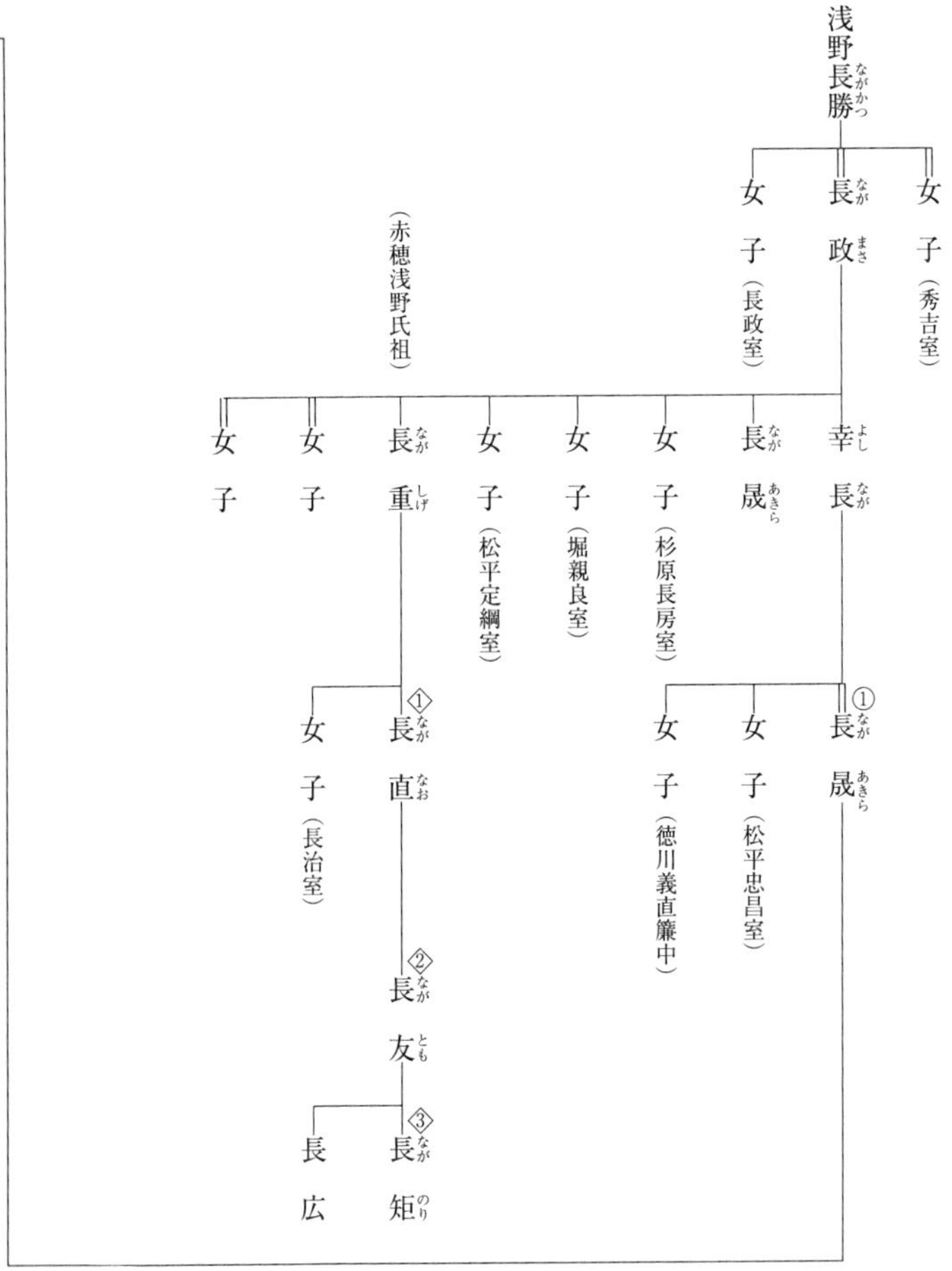

- 1 長《なが》治《はる》
  - 男子
  - 女子
  - 女子
  - 長《なが》尚《なお》（光晟次男）
  - 女子
  - 女子
  - 男子
  - 2 長《なが》照《てる》（光晟三男）
    - 3 長《なが》澄《ずみ》（綱晟次男）
      - 女子
      - 男子
      - 男子
      - 4 長《なが》経《つね》（所領還付）
      - 5 長《なが》寔《ざね》（再分知・後再還付）
      - 男子
      - 女子
    - 女子
  - 女子（阿久利姫　浅野長矩室）
  - 女子
  - 男子
- ③ 光《みつ》晟《あきら》
- 女子（家老浅野高英室）

③綱《つな》晟《あきら》
- 女子（戸沢正誠室）
- 女子（千石忠俊室）
- 長《なが》尚《なお》（長治養子）
- 長《なが》照《てる》（長治養子）
- 女子（小笠原忠雄室）

④綱《つな》長《なが》
- 長《なが》澄《ずみ》（長照養子）
- 女子（本多忠常室）

⑤吉《よし》長《なが》
- 男子
- 女子（小笠原忠基室）
- 女子（九条師孝室）
- 女子（松平義方室）
- △1長《なが》賢《かた》（青山分家祖）―△2長《なが》喬《かた》＝△3長《なが》員《かず》―△4長《なが》容《かね》＝△5長《なが》訓《みち》（慶熾養子）
- 女子（一条兼香室）
- 女子（本庄資訓室）
- 女子（水野忠幹室）
- 久《ひさ》慶《よし》（中川久忠養子）

⑥宗《むね》恒《つね》
- 女子（相馬徳胤室）
- 女子（前田綱紀養女）
- 女子（阿部正直室）
- 女子（小笠原忠総室）

- ⑦重晟《しげあきら》
  - 男子
  - ⑧斉賢《なりかた》
    - ⑨斉粛《なりたか》
      - ⑩慶熾《よしてる》＝⑪長訓《ながみち》＝⑫長勲《ながこと》
  - 快温《はやあつ》（森俊韻養子）
  - 女子（水野忠光室）
  - 女子（長容室）
  - 女子（南部利敬室）
  - 女子（秋元知朝室）
  - 長懋《ながとし》
    - 長訓《ながみち》（長容養子・慶熾養子）
    - 懋績《としつぐ》
    - 懋昭《としあき》
      - 長勲《ながこと》（長訓養子）
      - 正桓《まさたけ》（阿部正方養子）
  - 忠順《ただより》（三原浅野家）
  - 女子（小笠原長瑶室）
  - 女子（伊東祐民室）
- 忠鼎《ただかね》（水野忠任養子）
- 長員《ながかず》（長喬養子）
- 女子（松平定功室）
- 長包《ながかね》

略年表

年号	西暦	事項
天正 四年	一五七六	毛利水軍、織田方水軍を破り、石山本願寺に兵粮を入れる
七年	一五七九	毛利軍、備中・美作両国の過半を制圧する。宇喜多直家、毛利氏を離れて織田方の麾下に入る
一〇年	一五八二	本能寺の変がおこる。羽柴秀吉、毛利氏と誓紙を交換して講和をむすぶ
一三年	一五八五	秀吉と毛利氏との国境問題が、備中表の河切り（高梁川）に定まる。小早川隆景、四国出兵に毛利軍の先峰として働く。秀吉、小早川隆景に伊予国を与える
一四年	一五八六	毛利輝元、全家臣に「所領付立」を提出させて、領国知行高を把握する。また、分国掟三ヵ条を発して、九州平定の軍事動員に備える
一五年	一五八七	福島正則、秀吉の九州平定に従軍した後、伊予国今治一一万石を領す。秀吉、小早川隆景に筑前・筑後両国を宛行い、国替えを命じる
一六年	一五八八	毛利輝元、隆景・広家とともに上洛し、聚楽第で秀吉と対面する。輝元、天正一六～一九年にかけて惣国検地を実施する
一七年	一五八九	輝元、広島築城の鍬始めをおこなう
一八年	一五九〇	広島城郭の普請がほぼ完成し、城下町割も成る
一九年	一五九一	豊臣秀吉、輝元に領地高一一二万石の宛行状を下付する。輝元が全家臣に交付した打渡坪付の総

		高は七六万〇三四四石（年貢高）であった
文禄 元年	一五九二	秀吉、九州下向の途中、広島城に到着、厳島神社にも参詣する。朝鮮出兵に毛利・吉川・小早川軍の兵力四万一五〇〇人となる
二年	一五九三	浅野幸長、父長政とともに甲斐一国の大名になる
四年	一五九五	毛利輝元、広島城下周辺の諸村および尾道・鞆を公領として代官を補任する。福島正則、尾張国清洲二四万石を領知する
慶長 二年	一五九七	輝元、朝鮮渡海の掟を定め、赤間関・博多の代官に渡す。秀吉、輝元の渡海を止める
三年	一五九八	毛利領国に兼重・蔵田検地が実施され、製鉄地帯ではたたら・吹屋・鉄穴銭を高内にくみ入れる。秀吉の死去により朝鮮出兵の諸軍勢は、すべて帰還する
四年	一五九九	広島城下にキリスト教住院（教会）が開設され、信者活動が認められる
五年	一六〇〇	関ヶ原の戦後、徳川家康は輝元父子に周防・長門領国を与え安堵する。同じく福島正則を清洲から芸備両国に移封する。浅野幸長、紀伊国和歌山三七万石に封ぜられる
六年	一六〇一	福島正則、芸備両国に慶長検地を実施し、家臣の知行割をおこなう。本拠広島のほか、三原・小方・三吉（次）・神辺・鞆・東城に重臣を配し、支城制をとる
八年	一六〇三	正則、広島町奉行に命じて山陽道を城下に引き入れ、その両側に町人町を割り付け、また雲石道沿いに寺町をつくるなど、大幅な町割をおこなう
九年	一六〇四	正則、佐世元嘉邸跡に小天主堂を建て、広島教会を復活させる。なお、禁教政策により一〇年後に閉鎖する
一二年	一六〇七	正則、小方・亀居築城を完成させたものの、幕府の警戒を解くため、間もなく破却する
一四年	一六〇九	正則、この年に篠山築城の助役を命ぜられたのをはじめ、名古屋築城・禁裏修造・江戸城増築な

		ど連年にわたり、手伝い普請役を勤める
慶長一五年	一六一〇	浅野長晟、家康に仕え二五歳になり、備中国芦守二万四〇〇〇石を与えられ、大名になる
一八年	一六一三	長晟、兄幸長の死去により遺領和歌山三七万石をつぐ
元和 二年	一六一六	御調郡尾道町で自治に関する町掟を定める
三年	一六一七	徳川秀忠、正則へ領知高四九万八二二三石の判物を与える
五年	一六一九	福島正則、無断で広島城を修築した罪名で改易に処せられ、幕府から津軽へ減転封、ついで信濃国川中島四万五〇〇〇石に転じ、高井野村に蟄居となる。幕府、浅野長晟を安芸一円・備後八郡四二万六〇〇〇石に封ずる。長晟、四家老へ知行割をおこない、異をとなえた浅野知近を成敗する
六年	一六二〇	幕府、長晟に三原城の破却猶予を申し渡す。広島藩、大坂蔵屋敷の普請を完成させ、大坂登せ米一万石を送る
八年	一六二二	広島城下町を東西に分けて寺社町奉行をおき、五つの町組に大年寄、町ごとに年寄・組頭をおく。また、三原・宮島・尾道三町も町奉行支配とし、町年寄制をしく。千石夫の制を改めて一歩米の徴収をはじめる
寛永 元年	一六二四	家老亀田高綱、同上田宗箇との確執により、脱藩のうえ広島を退去する。藩の地方支配に大庄屋制を採用する
三年	一六二六	領内キリシタンの退去とそれを拒んだ二人が磔刑に処される
五年	一六二八	広島に注ぐ太田川上流山県郡地域の鉄穴流しを禁止する
九年	一六三二	浅野長治、広島藩より五万石を分知され、三次（寛文四年まで三吉）藩を立てる
一〇年	一六三三	幕府巡見使の巡視を契機に領内の道路・宿駅・茶屋の制を整備する。道幅は西国街道二間半、雲

			石道七尺、村伝いの小道三尺とする
	一四年	一六三七	広島藩、島原の乱に際し、豊後府内と江戸を結ぶ継船御用を命じられる
	一五年	一六三八	藩領の蔵入地村に地詰（内検地）を実施する。なお、給地村は正保三年におこなう
	一九年	一六四二	藩の代官制強化のため、大庄屋制を廃止する。郡中村々に村入用制が成立する。仁保島村渕崎において浜建養牡蠣法がはじまる。凶作により藩内百姓の餓死者少なからず、正保元年まで続く
	二〇年	一六四三	三次藩三次郡に牛伝染病が流行し、作牛がほぼ全滅する。朝鮮通信使の東上を安芸郡蒲刈島で接待し、鞆へ送る。また、帰途を蒲刈島で迎え、上之関まで送る
正保	二年	一六四五	浅野長直、播磨国赤穂へ転封となる
慶安	元年	一六四八	広島城下尾長山に東照宮を勧請する
	二年	一六四九	瀬戸内沿海部の三原・尾道・木浜・竹原・三津の五ヵ所に年貢蔵を設けて、大坂登せ米システムを整える
	三年	一六五〇	広島藩の徴租法として土免制を採用する。賀茂郡竹原下市村大新開に、竹原塩田（古浜）三一軒が築調される。二年後には新浜六七軒も増築される
承応	二年	一六五三	暴風雨・洪水により藩内田畑損耗高一万二〇〇〇石余に達する。藩は城下・郡中の罹災者に救恤米銀を貸与する。蒲刈に繋船を常備し、船頭・水主の給米支給のため、浦辺島方繋船米を徴する
明暦	元年	一六五五	三次藩、三次・吉田間に公艜船一五艘を新設して水運強化をはかる
	三年	一六五七	広島城下研屋町出火、革屋・播磨屋・平田屋町など七町に類焼し、侍屋敷二五軒・町家二三三軒・三ヵ寺を焼失する
万治	三年	一六六〇	三次藩、三次・恵蘇郡間の西城川通船を開削して輸送強化をはかる
寛文	三年	一六六三	藩儒黒川道祐、藩命で「芸備国郡志」二巻を著す

寛文　四年	一六六四	郡名変更が令され、佐西を佐伯、佐東を沼田、安南を安芸、安北を高宮、三吉を三次に、五郡名を変更する
七年	一六六七	幕府の中国筋巡見使が陸路三名・浦々二名、それぞれ巡視して備後福山領に入る
八年	一六六八	藩内郡村の年貢桝を京絃掛桝に統一する
九年	一六六九	広島城下紙屋町出火、白神・塩屋・鳥屋町など一〇町に延焼し、町家二三軒を焼失する。三次藩、銀札を発行する
一一年	一六七一	安芸郡蒲刈島に繋船奉行をおき、繋船米の制を整備する
一二年	一六七二	広島城下町の酒屋、酒株仲間（九六軒）を結成する
延宝　二年	一六七四	大暴風雨のため田畑損耗八万五一四五石余、広島城下・郡中の流失全壊家屋七五二七軒、損家一二〇八軒、死者六五人をだす。藩、御紙蔵を設ける
四年	一六七六	藩内大雨洪水、道橋・堤防の破損甚大となる。田畑損耗三万七〇〇〇石余、流失全壊家屋一一二二軒、死者七人となる
五年	一六七七	山県郡有田村総百姓、村入用の使途不明を訴えたので、庄屋・組頭の不正が露顕して入牢となる
七年	一六七九	佐伯郡地御前浦と能美島高田浦の漁民がなさび島漁場をめぐり争論となる
八年	一六八〇	赤穂藩、藩札を発行する
貞享　三年	一六八六	恵蘇郡下村百姓三一名、庄屋の排斥を他村庄屋に出訴して村方騒動となる。三次藩、家中の人員整理を断行する。穴村権右衛門、山県郡橋山村で中備後流の天秤吹銑鑪を操業する
四年	一六八七	山県郡加計村八右衛門、藩営鑪一ヵ所・鍛冶屋二軒の払下げをうけて、戸河内村横川でたたら経営をはじめる
元禄　元年	一六八八	賀茂郡広村大新開、御調郡栗原村沖の富浜塩田が完成する

四年	一六九一	太田川筋の船改めを実施し、艜船株を設定する。山県郡の株船五四艘に決まる
五年	一六九二	大坂鴻池善右衛門、広島藩の蔵元として江戸為替御用、鴻池了信、大坂借銀方御用となる
七年	一六九四	賀茂郡阿賀浦漁民、佐伯郡地御前浦漁民と廿日市沖の網漁入会を争い、藩に直訴するも、翌年下浦漁場への立入禁止となる
九年	一六九六	広島城下に鉄座を設けて藩内産鉄の専売統制を実施する。広島出身の宮崎安貞、「農業全書」一〇巻をあらわす
一〇年	一六九七	浅野綱長、幕府より美作国津山城在番を命ぜられる。藩、江戸夫役を現地調達し、領民の代銀納制でまかなう。各郡から積み出され広島城下で買売される扱苧・荒苧に運上銀が課される。なお、享保二年からは他国売のみに限られる
一二年	一六九九	三次藩主浅野長澄、京都の勘者松波勘十郎を招き、藩政改革にとり組む。広島藩は延宝年代から続けた給地村の代官支配を廃して、知行地戻しをおこなう
一三年	一七〇〇	家老上田義行、佐伯郡小方村に紙座を設け、知行地に紙楮見取り制をしく。三次藩、草津牡蠣仲間を一八組と定め、大坂販売の振興をはかる。また、三次・吉田間の藩営艜船一五艘を三次町年寄ほか一四名に払い下げる
一四年	一七〇一	浅野長矩、江戸城中で吉良義央に切り付け、即日切腹のうえ、除封・断絶する。三次藩、産鉄・紙に藩専売制をしき、生産者に支払う銀札を濫発する。広島仏護寺一二坊のうち三寺が宗門改めを拒んで、一二坊紛議がはじまる。竹原塩田の大俵塩領外売が二五万俵に達する
一五年	一七〇二	浅野長澄、松波勘十郎を罷免する。赤穂浪士四七人、吉良義央を討ち、主君の仇を晴らす
一六年	一七〇三	仏護寺一二坊のうち八住職を領外追放に処して、紛議をおさめる
宝永 元年	一七〇四	京都商人辻次郎右衛門、城下商人三原屋清三郎・天満屋次兵衛を銀札元に、五種の銀札を発行通

			用させる
宝永	三年	一七〇六	広島城下三川町に紙座（紙蔵）を設け、藩内の紙楮に専売制を実施する
	四年	一七〇七	幕府の藩札通用停止令により、広島藩も銀札の通用を停止し、銀札の四割を正貨兌換とし、残りを預り手形で処理する
	五年	一七〇八	広島藩主浅野綱長、病没により浅野吉長が襲封する
	六年	一七〇九	浅野吉長、職制改革を実施して家老を顧問とし、執政職（年寄数名）に人材を抜擢する
正徳	元年	一七一一	山県郡鉄師ら、御用金を用立てて鉄座を抜け、鉄の自由売を確保する
	二年	一七一二	浅野吉長、「郡方新格」を宣言し、郡中から所務役人四〇人、頭庄屋八一人を任用して郷代官制を採用する
享保	元年	一七一六	藩の徴租法を土免制から定免制にきりかえ、定額貢租の確保をはかる
	三年	一七一八	三次藩で惣百姓一揆。ついで広島藩内各郡を単位に惣百姓一揆がおこり、一揆総勢三〇万余と伝わる。藩は一揆要求をほぼ認めたのち、一揆首謀者を逮捕し、処刑する。死刑四九人・入牢等一二九人・欠落九四人
	四年	一七一九	浅野長経死去により三次藩断絶し、所領を宗家浅野吉長へ還付する。吉長、長経の弟浅野長寔に五万石をふたたび分知したが、翌五年長寔死去により、遺領はふたたび宗家吉長へ還付される
	一〇年	一七二五	広島城下白島の稽古屋敷に講学所（講学館）を設ける
	一五年	一七三〇	浅野吉長、弟長賢に三万石の廩米を与え、青山内証分家を立てる。幕府の藩札解禁により、広島藩は城下商人三人を札元に五種の銀札を発行通用させる。当初は正貨・銀札併用を認めたが、翌一六年からは札遣いのみとなる
	一七年	一七三二	うんか大発生による凶作飢饉は田畑損耗三一万四〇〇〇石、翌年三月の飢渇三二万四二五五人、

二〇年	一七三五	餓死八六四四人を数えた。藩は幕府拝借二万両のほか、大坂借米・領内御用金・才覚銀など四万五四七〇石を町方・郡中飢人救米として放出・救済にあてる 全家中の永代禄実施を機に明知・給知村総地概を申し渡すが、家中の一部や有力百姓の反対で古帳に復す。海田市村の儒者加藤友益、恒久的備荒対策に応じて「社倉攷意」をあらわす
元文　二年	一七三七	広島藩の大坂蔵屋敷で先納切手を大量に発行し、浜手を中心に騒動が起こる
寛保　三年	一七四三	藩は経費節減のため白島稽古屋敷を廃止し、講学館も閉鎖する
寛延　元年	一七四八	暴風雨・洪水のため藩内の堤防決壊一七七六ヵ所、田畑損耗五万五三五二石余、流失全壊家屋六四二一軒、死者一三二人となる
宝暦　二年	一七五二	浅野宗恒、吉長の死去により広島藩を襲封する
三年	一七五三	幕令にならって高一万石につき籾一〇〇〇俵を貯える囲籾制を施行する
四年	一七五四	浅野宗恒、財政緊縮を柱とした諸役所定請銀（予算制）の減額や、家中永代禄の廃止をはじめとする宝暦改革をはじめる
五年	一七五五	暴風雨・洪水・虫害あり、藩内田畑損耗一二万〇二九〇石余、流失損壊家屋二三〇四軒、死者一一人、藩は被災者に囲籾一ヵ年分を放出する
八年	一七五八	広島城下白神五丁目出火、元安川以東のほとんどが焼失する。城中櫓四ヵ所、米蔵・紙蔵各二ヵ所、侍屋敷一二七軒、町家三〇五〇竈、百姓家一〇〇竈、寺社二二ヵ所、土蔵七〇におよぶ
九年	一七五九	竹原塩田の浜子、賃上げ闘争をおこす
一一年	一七六一	広島藩と蔵元鴻池善右衛門との間に「相対掛合」が成立する
一三年	一七六三	浅野宗恒致仕、家督を世子重晟が襲封する。豊田郡瀬戸田浜の三原屋貞右衛門、芸備両国の塩田経営者を説いて休浜協定を成立させる。真宗僧慧雲、甘露社を設け、学侶の育成にあたる

明和	三年	一七六六	尾道町に問屋役場をおき、船問屋株四八軒を決める
	七年	一七七〇	浅野重晟、藩内全村に社倉法の成立を令し、救麦・永貸穀・永利穀の貯えをすすめる
安永	七年	一七七八	暴風雨・洪水のため藩内の堤防決壊五万二〇七〇間余、田畑損耗二一万三五七八石余、流失全壊家屋一八七一軒、損家五一三二軒、死者一二人の被災となる
天明	元年	一七八一	学問所の開設につき御用掛・儒者を定める。増田来次・頼春水・香川南浜に各三〇人扶持を給す。藩は大坂置為替をすすめ、札歩・下り歩をそれぞれ五〇匁減額する
	五年	一七八五	広島藩、学問所の教育を朱子学に統一する
	六年	一七八六	天明二年以来の連続的な凶作飢饉により恵蘇郡伊予組ほか備北の百姓五〇〇〇余人が一揆を起こす。翌春には広島城下や尾道町でも打ちこわしが起こる
	八年	一七八八	藩が真宗門徒や僧侶に対し、他宗を誹謗したり、神社を軽んじて神棚卸しをするのを戒める
寛政	二年	一七九〇	広島藩、町医星野良悦に刑死人の解剖を許可する
	五年	一七九三	星野良悦、木製人骨（身幹儀）製作で藩から賞賜され、江戸でも杉田玄白ら蘭学者に激賞をうけて、幕府医学館に納める
	八年	一七九六	藩伝来の文書・記録を分類摘記した「事蹟緒鑑」が編修される。豪雨・洪水のため藩内の堤防決壊四万三七〇〇余間、落橋六五八、田畑損耗一三万一四三三石余、流失全壊家屋一七七〇軒、損家五五一二軒、死者一六九人の被災となる
	一二年	一八〇〇	広島藩、御記録編纂御系譜編纂係（御旧記調席）を設け、歴代藩主伝記や諸士略伝の編修をはじめる
享和	元年	一八〇一	『芸備孝義伝』初編（九巻）を京都瑤芳堂から刊行する。なお同じく二・三編・遺漏とも弘化元年までに広島府学蔵版として出版される

文化 元年	一八〇四	真宗僧大瀛、江戸寺社奉行の許で西本願寺学林僧智洞と宗論する
八年	一八一一	幕府の許可のもと広島藩は、城下・尾道・三原・宮島に油座を設けて専売制の強化をはかる。
一〇年	一八一三	海保青陵『稽古談』で藩財政の運用を「商売上手」評価する
一一年	一八一四	京都町人近江屋伊左衛門ら、芸州飛脚取次所をはじめる
一四年	一八一七	藩勘定方に諸品方（物産方）を設置し、城下豪商を登用して国産の開発・助成をはかる
文政 元年	一八一八	藩用達所旧記調席で編集中の歴代世紀のうち、長政から綱長まで六代の「済美録」が完成する。 頼杏坪ら「芸備国郡志」改編のため、国郡志編纂局を開設する
八年	一八二五	頼杏坪ら「芸藩通志」一五九巻を脱稿し、藩主浅野斉賢に上呈する
一〇年	一八二七	頼山陽、松平定信に「日本外史」を献ずる
一一年	一八二八	暴風雨・洪水により藩内の田畑損耗一二万六八四一石余、流失倒壊家屋一六〇三軒、損家一万二一〇四軒、死者五一人となる
天保 四年	一八三三	多雨・冷害により田畑損耗七万二三三五石余に及ぶ。米価騰貴のため広島城下の米商、打ちこわしを受ける
五年	一八三四	広島藩、三次鉄でつくる千歯扱の普及を奨励する
七年	一八三六	広島藩、幕府の美濃・伊勢両国川々普請公役のため、京・大坂に四万六二八〇両余の藩債を募る。 六月から秋にかけて雨降り続き、米穀不熟のため田畑損耗二五万五五一七石に達す。ほか流失倒壊家屋四〇六軒、死者三一人となる
九年	一八三八	夏・秋冷害、米穀不熟により藩内の田畑損耗一七万〇四〇〇余石におよぶ
一〇年	一八三九	広島藩の借銀調達のため大坂蔵元・掛屋鴻池善右衛門・加嶋屋作兵衛・鴻池市兵衛に千草屋宗十郎が加わって四軒組合を結成する

天保一一年	一八四〇	長雨続き大洪水、広島城下水主町・国泰寺村の堤防越水、藩内田畑損耗一二万七二七四石余、流失倒壊家屋三二〇軒、死者四五人となる
一四年	一八四三	財政窮乏解決策として六会法を実施し、第一回花籤興行をおこなう
弘化 二年	一八四五	山県郡太田筋農民、扱苧専売趣法の撤回を求めて騒動する（太田騒動）
四年	一八四七	旧銀札の平価切下げ手段に四〇分の一の割合の改印札を発行し、四十掛相場と称される。尾道諸品会所を藩営として諸品役所に改める
嘉永 二年	一八四九	三宅薫庵、長崎から帰路の佐渡長野秋甫から牛痘種をえて、広島城下ではじめて種痘接種を行う。銀札預り切手濫発により、広島城下の豊島屋円助・平野屋儀右衛門、町民の打ちこわしを受ける
五年	一八五二	広島藩、新銀札を発行し銀三二貫五〇〇匁を金一両と交換の定め。これにより銀札・綿座切手とも五〇〇分の一の平価切下げとなる新改印札を発行し、旧札との兌換を強制する
六年	一八五三	山県郡鉄山、すべて藩営に移行される。広島藩、領内で大砲を鋳造していることを幕府に報告する。三家老、藩政改革の建白書を藩主浅野斉賢に呈す
安政 二年	一八五五	大砲・小銃製造のため、藩内の寺院梵鐘の提出を命ずる
六年	一八五九	広島城内に鉄工場を設け、大砲車台や小銃製造をおこなう
文久 元年	一八六一	藩主浅野茂長（長訓）襲封後はじめて帰国し、六月から約一ヵ年をかけて藩内諸郡を巡察する
二年	一八六二	浅野茂長、藩政改革の訓令をだす
三年	一八六三	浅野長訓、京都警衛として藩士二〇〇人を上京させる。ついで追加上京の藩士を募る。英国汽船を購入して震天丸と命名する。藩の軍制を西洋式に改編し、砲術隊調練・西洋式練兵をはじめる。藩内郡村から農兵取立を令し、農兵練習・編成方式を定める。浅野長訓、攘夷の勅旨・幕令をうけ、その決行を藩内町村に布告する。攘夷実行のため藩内海岸の要地である倉橋島・鹿老渡・大

		崎上島・御手洗・瀬戸田・因島・向島の七ヵ所に砲台を築き、守兵を配備する。鹿児島藩と広島藩との間に薩芸交易がはじまり、豊田郡御手洗港を拠点にする。浅野長訓、青山内証分家の居館を高田郡吉田郡山のふもとに建設する
元治 元年	一八六四	幕府、長州征討の勅命を西国三一藩に伝達し、征長総督前尾張藩主徳川慶勝、副総督福井藩主松平茂昭に命じ、広島を征長の本営とする。征長軍総督より諸道警備の命があり、広島藩は城下の防衛に廿日市駅・江波島・海田市駅・可部駅に関門を設ける。一二月征長軍総督、従軍諸藩に解陣を触れる
慶応 元年	一八六五	一一月幕府、広島藩に長州再征の先峰を命じる
二年	一八六六	幕府、広島藩の先峰を解き藩境の守備を命じる。広島藩、征長軍が敗退し広島に長州軍が迫ると、郡中に警報を発する。総督府より征長中止の勅書が伝達され、幕府軍艦奉行勝安房（海舟）、長州藩使者と厳島大願寺で休戦の約条を結ぶ。戦場となった佐伯郡の一五町村で焼失家屋二〇六七軒、罹災者一万人以上におよぶ
三年	一八六七	広島藩、応変隊・発機隊・神機隊などを募集する。薩長芸三藩の討幕軍事同盟が成立する。浅野長訓、土佐藩についで政権返還の建白書を幕府に提出する。王政復古の大号令発布、世子茂勲（長勲）議定職となる。尾道にええじゃないか騒動がおこり、竹原・広島にも波及する
明治 元年	一八六八	戊辰戦争がはじまる。広島藩兵は鳥羽・伏見の戦いに八〇〇人が参加し、北陸・東北・関東各地に出兵従軍する。藩勘定奉行の企画で広島城下水主町・尾長村、三原城の三ヵ所において偽二分金貨の鋳造をおこなう。新政府の布達にもとづき藩職制の改革を実施する
二年	一八六九	広島藩主浅野長訓、病により致仕し、世子長勲が家督をつぐ。版籍奉還、浅野長勲広島知藩事となる。藩、貨幣贋造の自訴表を提出、鋳造総額一九万六三九四両と見積もる

明治 三年	一八七〇	広島藩、兵部省の常備兵編成規則にもとづき士族・卒族を五大隊（一大隊五個中隊）に編成し、フランス式の戦法を採用する。藩庁職制を学校・軍務・庶務・刑律・監察の五部制とする
四年	一八七一	廃藩置県、芸備両国に広島・福山・中津・倉敷の各県が発足する。広島に鎮西鎮台第一分営が設置される。広島県大一揆（武一騒動）がおこる。広島県庁、兵力による暴動鎮圧を決定する。一揆責任者として死罪九人ほか五六四人が処罰される。広島県は参事伊達宗興を迎える
五年	一八七二	広島県内を一七大区、一六九小区に区画し、大区に区長・戸長、小区に副戸長をおく。小田・広島両県、地租改正に先立ち壬申地券を交付する。広島新聞が創刊される。深津県、小田県と改称し、県庁を笠岡に置く
六年	一八七三	広島に陸軍第五軍管広島鎮台が設置される。広島県庁、広島城をでて国泰寺を仮庁舎とする。伊達宗興、広島県権令に任官する
七年	一八七四	小田県臨時民選議院を開設する
八年	一八七五	官営広島鉱山が発足する。小田県が岡山県に合併される
九年	一八七六	岡山県、旧小田県（備後六郡）の地租改正を終える。岡山県は備後六郡を分離して広島県に移管する。芸備両国を県域とする広島県が成立する
一一年	一八七八	三新法（郡区町村編制法・府県会規則・地方税規則）を定める。広島県大区小区を廃し、広島区と二二郡、一五郡区役所をおく。官立紡績所が建設される。興風社『広島雑誌』を創刊

参考文献

一　地域史

赤穂高等学校歴史研究部編『播州赤穂の城と城下町』　一九五九年
『新修広島市史』第二・三・四巻（全七巻）　一九五八～六二年
後藤陽一編『瀬戸内御手洗港の歴史』　一九六二年
『加計町史』通史上巻・資料一・二巻（全四巻）　一九六一～六二年
『呉市史』第一・二・三巻、資料編近世Ⅰ・Ⅱ（八冊）　一九五四～七〇年
後藤陽一『広島県の歴史』県史シリーズ（旧版）　山川出版社　一九七二年
『竹原市史』第一～五巻　一九五九～七二年
『可部町史』　一九七六年
青木茂『新修尾道市史』（全六巻）　一九七一～七七年
『福山市史』近世編（全三巻）　一九六三～七八年
『広島県史』通史編近世一・二、近世資料編Ⅰ～Ⅵ（全二七巻）　一九七二～八四年
『海田町史』通史（二冊）　一九八六年
『廿日市町史』通史二、資料編二～四巻（全七巻）　一九六九～八八年
『吉舎町史』上（全二冊）　一九八八年

『上下町史』（全四巻）　一九九一～九八年
『東城町史』通史編・資料編Ⅱ～Ⅳ（全六巻）　一九九一～九九年
岸田裕之編『広島県の歴史』　山川出版社　一九九九年
『豊町史』通史・資料編（全二冊）　一九九三～二〇〇〇年
『戸河内町史』通史編上・資料編上（全七冊）　一九九三～二〇〇二年
『千代田町史』通史編上・近世資料編上・下（全五巻）　一九八七～二〇〇四年
『瀬戸田町史』通史編（全五巻）　一九九〇～二〇〇四年
『三次市史』(1)～(4)（四冊）　二〇〇三～二〇〇四年
『三原市史』通史編Ⅱ・Ⅲ、資料編Ⅱ～Ⅳ（七冊）　一九七〇～二〇〇五年
『油木町史』通史編上巻（全三巻）　一九九五～二〇〇五年
『加計町史』通史編、資料編Ⅰ～Ⅲ（全六巻）　一九九七～二〇〇六年

二　著書・論文

後藤陽一「瀬戸内海地域における近世村落の形成について」『史学研究』四七　一九五二年
渡辺則文「近世後期における塩業労働者の闘争形態とその背景」『歴史評論』七〇　一九五五年
脇坂昭夫「近世初期豪商の性格と問屋制の成立」『史学研究』八五　一九六二年
　なお、脇坂昭夫論文集「瀬戸内港町と商品流通」（『瀬戸内海地域史研究』第五輯、文献出版、一九九四年）に再録されている。
畑中誠治「宝暦・天明期瀬戸内諸藩における経済政策とその基盤」『歴史学研究』三〇四号　一九六五年
有元正雄『地租改正と農民闘争』　新生社　一九六七年

森泰博『大名金融史論』　大原新生社　一九七〇年
渡辺則文『日本塩業史の研究』　三一書房　一九七一年
武井博明『近世製鉄史論』　三一書房　一九七一年
土井作治「近世国益政策の特質―一八世紀後半広島藩の場合―」『史学研究』一二四　一九七四年
後藤陽一編『瀬戸内海地域の史的展開』　福武書店　一九七八年
土井作治「近世期鉄生産における藩・鉄師と農民の対抗」『歴史評論』三五〇号　一九七九年
井上洋「幕末・維新期の鉱山政策と広島鉄山」　渡辺則文編『産業の発達と地域社会』　渓水社　一九八二年
青野春水『日本近世割地制史の研究』　雄山閣出版　一九八二年
後藤陽一『近世村落の社会史的研究』　渓水社　一九八二年
岸田裕之『大名領国の構成的展開』　吉川弘文館　一九八三年
土井作治『幕藩制国家の展開―広島藩・福山藩を中心として―』　渓水社　一九八五年
鈴木幸夫「広島藩大庄屋制に関する一考察」『安田女子大学紀要』一四　一九八五年
西村晃「幕末における広島藩と薩摩藩の交易について」『(広島市公文書館) 紀要』九　一九八六年
頼祺一『近世後期朱子学の研究』　渓水社　一九八六年
土井作治「芸備両国における慶長検地と貢租制」　有元正雄編『近世瀬戸内農村の研究』　渓水社　一九八八年
横山定「一七一八 (享保三) 年広島藩百姓一揆における打ちこわしについて」『芸備地方史研究』一六八号　一九八九年
谷山正道「廃藩置県と民衆―西日本における旧藩主引留め〈一揆〉をめぐって―」　京都大学『人文学報』七一　一九九二年
片岡智「広島藩における漁場領有構造の特質」『瀬戸内海地域史研究』第四輯　文献出版　一九九二年

本城正徳『幕藩制社会の展開と米穀市場』　大阪大学出版会　一九九四年
福尾猛市郎・藤本篤『福島正則』（中公新書）　中央公論新社　一九九九年
勝矢倫生『広島藩地方書の研究』　英伝社　一九九九年
岡山藩研究会編『藩世界の意識と関係』　岩田書院　二〇〇〇年
長谷川成一『弘前藩』（日本歴史叢書）　吉川弘文館　二〇〇四年
児玉識『近世真宗と地域社会』　法蔵館　二〇〇五年
中山富広『近世の経済発展と地方社会—芸備地方の都市と農村—』　清文堂出版　二〇〇五年
本多博之『戦国織豊期の貨幣と石高制』　吉川弘文館　二〇〇六年
林　基『松波勘十郎捜索』上・下　平凡社　二〇〇七年
光成準治「関ヶ原前夜における権力闘争—毛利輝元の行動と思惑—」『日本歴史』七〇七号　二〇〇七年
光成準治『中・近世移行期大名領国の研究』　校倉書房　二〇〇七年
岩崎清美『近世日本の歴史意識と情報空間』　名著出版　二〇一〇年
佐竹昭『近世瀬戸内の環境史』　吉川弘文館　二〇一二年
三宅紹宣『幕長戦争』（日本歴史叢書）　吉川弘文館　二〇一三年

三　史　料

黒川道祐「芸備国郡志」　寛文三年（一六六三）成立　広島市立中央図書館蔵
　『続々群書類従地理部』・備後史談会『備後叢書』に活版収録　一九二八〜三三年
浅野宗恒自筆写本「芸州政基」一冊　享保一八年（一七三三）成立
　『広島県史』近世資料編Ⅱに全文収録　一九七六年

「御覚書帖」七冊　享保一一年（一七二六）成立
『広島県史』近世資料編Ⅰに「広島藩御覚書帖」として全文収録　一九六三年
賀美永蔵『農制随筆』上・下一冊（板行）　宝暦六年（一七五六）
広島城中本「事跡緒鑑」一七九冊附録三冊　寛政五（一七九三）～八年（一七九六）成立
江戸藩邸本「事跡緒鑑」一〇五冊　文化一三年（一八一六）成立　広島市中央図書館寄託浅野文庫
広島県立文書館（マイクロフィルム・写真版）において全収録　一九六五～七〇年
広島藩主の歴代世紀「済美録」四六六巻八九三冊　文政元（一八一八）～明治四四年（一九一一）　広島市中央図書館寄託浅野文庫
広島県立文書館（マイクロフィルム・写真版）において全収録　一九六五～七〇年
三次分家「済美録」一二一巻一二二冊　明治四四年（一九一一）成立　広島市中央図書館寄託浅野文庫
三次市双三郡史料総覧編纂委員会『三次分家済美録』として翻刻　一九八〇年
「芸藩通志」一五九巻　文政八年（一八二五）成立
『芸藩通志』五冊　活版翻刻　一九〇七～一五年
『復刻芸藩通志』三冊　『復刻芸藩通志』刊行会　一九六三年
飯田篤老「知新集」一二五巻　文政五年（一八二二）成立
『新修広島市史』第六巻資料編に全文収録　一九五九年
岡田清『厳島図会』一〇巻　木版　天保一三年（一八四二）
「芸備郡要集」別名「理勢志」（郡所務方マニュアル）　享和元年（一八〇一）成立
『廿日市町史』資料編Ⅱに全文翻刻　一九七〇年
頼杏坪「杏翁意見」（文化一一～文政一二）

「春草堂秘録」(文化七~文政一〇) 広島大学文学部日本史研究室蔵
『広島県史』近世資料編Ⅵに全文収録 一九八二年
「芸藩志」(幕末・維新期の動向) 一五一巻附図一巻 明治四二年(一九〇九)成立
「芸藩志拾遺」(藩政務の沿革) 二四巻 大正二年(一九一三)成立 広島市中央図書館寄託浅野文庫
「芸藩志拾遺」は『広島県史』近世資料編Ⅰに全文収録 一九七三年
「芸藩志」・「芸藩志拾遺」全二六巻を影印版として刊行 文献出版 一九八七年
「村上家乗」(広島藩家老東城浅野氏家臣村上氏の安永七(一七七八)~明治一四年(一八八一)までの日誌) 広島大学文学部日本史研究室蔵
広島県立文書館資料集三・四で慶応二・三・明治元年分を刊行 二〇〇四~六年

索　引

丸数字は，はしがきのページ数を示す．

人　名

あ　行

か 行

さ 行

や　行

ら・わ行

事　　項

あ　行

か　行

さ　行

た　行

な　行

は　行

ま　行

や・ら・わ行

著者略歴

一九三〇年　岡山県生まれ
一九五四年　広島大学文学部卒業
現在　岡山商科大学名誉教授　文学博士

主要著書
『広島県史』近世1・2（共著、一九八一・八四年）
『幕藩制国家の展開』（渓水社、一九八五年）
『吉備と山陽道』〈街道の日本史〉（共著、吉川弘文館、二〇〇四年）

日本歴史叢書　新装版

広島藩

二〇一五年（平成二十七）七月二十日　第一版第一刷発行

著者　土《ど》井《い》作《さく》治《じ》
編集者　日本歴史学会　代表者　笹山晴生
発行者　吉川道郎
発行所　株式会社　吉川弘文館
東京都文京区本郷七丁目二番八号
郵便番号一一三―〇〇三三
電話〇三―三八一三―九一五一〈代表〉
振替口座〇〇一〇〇―五―二四四
http://www.yoshikawa-k.co.jp/
印刷＝株式会社　理想社
製本＝誠製本株式会社
装幀＝清水良洋・李生美

ISBN 978-4-642-06670-9

『日本歴史叢書』（新装版）刊行の辞

歴史学の研究は日に日に進み、新しい見解の提出や新史料の発見も稀ではない。そうした日本歴史研究の発展の中で、ある事件、ある問題、ある人物などについて、まとまった知識を得ようとすることは、歴史研究者と自認する人でも容易ではない。まして多くの方がたにとって、現在の日本歴史研究の成果を身近のものとすることは困難なことである。

日本歴史学会では、それぞれの研究に基づく正確な歴史知識の普及発達を計るために、『人物叢書』と『日本歴史叢書』の刊行を進めてきた。その目的達成のためには、それぞれの題目について最も権威ある執筆者を得ることが第一の要件であったが、幸いにすぐれた執筆者を得ることができて、学界に於ても高く評価され、多くの方に読者になって頂いた。

『日本歴史叢書』は四九冊に達したが、既に品切れになったものも多く、求められる方の希望に添えないことも稀ではなくなった。そこで、今回既刊本の体裁を一新し、定期的に配本できるようにして、読書界の要望に応えるようにした。なお、未刊の書目についても、鋭意刊行を進める方針であり、その体裁も新形式をとることとした。これによって正確な歴史知識の普及という当初の目的に添うことができれば幸いである。

平成六年八月

日本歴史学会

代表者　児玉幸多

⑲武士の成立　元木泰雄著
⑳肖像画　宮島新一著
51 維新政権　松尾正人著
52 豊臣秀吉の朝鮮侵略　北島万次著
53 日本の貨幣の歴史　滝沢武雄著
54 帝国議会改革論　村瀬信一著
55 近世の飢饉　菊池勇夫著
56 興福寺　泉谷康夫著
57 荘園　永原慶二著
58 中世武家の作法　二木謙一著
59 戦時議会　古川隆久著
60 朱印船　永積洋子著
61 津藩　深谷克己著
62 ペリー来航　三谷博著
63 弘前藩　長谷川成一著
64 日本と国際連合　塩崎弘明著
65 参勤交代　丸山雍成著
66 佐賀藩　藤野保著
67 キリシタンの文化　五野井隆史著
68 城下町　松本四郎著
69 幕長戦争　三宅紹宣著
70 開国と条約締結　麓慎一著
71 広島藩　土井作治著

▽以下続刊

▽残部僅少の書目もございます。
品切の節はご容赦ください。